以厚积薄发四字篆印一方
赠高等教育出版社

厚积薄发

李岚清
二〇〇七年初秋

生也有涯
学無止境

任继愈

教育部哲学社会科学研究后期资助项目

中国水资源法：理论基础与制度构建

The Water Resources Law of China: Theoretical Basis and Institutional Construction

○ 张莉莉 著

中国教育出版传媒集团
高等教育出版社·北京

图书在版编目（CIP）数据

中国水资源法 : 理论基础与制度构建 / 张莉莉著
. -- 北京 : 高等教育出版社，2022.9
ISBN 978-7-04-057697-9

Ⅰ. ①中… Ⅱ. ①张… Ⅲ. ①水资源管理-法律-研究-中国 Ⅳ. ①D922.664

中国版本图书馆CIP数据核字(2022)第013130号

ZHONGGUO SHUIZIYUAN FA——LILUN JICHU YU ZHIDU GOUJIAN

策划编辑 丁 扬　　责任编辑 丁 扬　　封面设计 张志奇　　版式设计 马 云
插图绘制 杨伟露　　责任校对 刘 莉　　责任印制 耿 轩

出版发行	高等教育出版社	咨询电话	400-810-0598
社　　址	北京市西城区德外大街4号	网　　址	http://www.hep.edu.cn
邮政编码	100120		http://www.hep.com.cn
印　　刷	河北信瑞彩印刷有限公司	网上订购	http://www.hepmall.com.cn
开　　本	787 mm×1092 mm　1/16		http://www.hepmall.com
印　　张	13		http://www.hepmall.cn
字　　数	220千字	版　　次	2022年9月第1版
插　　页	2	印　　次	2022年9月第1次印刷
购书热线	010-58581118	定　　价	49.00元

物 料 号　57697-00

总　　序

哲学社会科学是探索人类社会和精神世界奥秘、揭示其发展规律的科学，是我们认识世界、改造世界的有力武器。哲学社会科学的发展水平，体现着一个国家和民族的思维能力、精神状态和文明素质，其研究能力和科研成果是综合国力的重要组成部分。没有繁荣发展的哲学社会科学，就没有文化的影响力和凝聚力，就没有真正强大的国家。

党中央高度重视哲学社会科学事业。改革开放以来，特别是党的十六大以来，党中央就繁荣发展哲学社会科学作出了一系列重大决策，党的十七大报告明确提出："繁荣发展哲学社会科学，推进学科体系、学术观点、科研方法创新，鼓励哲学社会科学界为党和人民事业发挥思想库作用，推动我国哲学社会科学优秀成果和优秀人才走向世界。"党中央在新时期对繁荣发展哲学社会科学提出的新任务、新要求，为哲学社会科学的进一步繁荣发展指明了方向，开辟了广阔前景。在全面建设小康社会的关键时期，进一步繁荣发展哲学社会科学，大力提高哲学社会科学研究质量，努力构建以马克思主义为指导，具有中国特色、中国风格、中国气派的哲学社会科学，推动社会主义文化大发展大繁荣，具有十分重大的意义。

高等学校哲学社会科学人才密集，力量雄厚，学科齐全，是我国哲学社会科学事业的主力军。长期以来，广大高校哲学社会科学工作者献身科学，甘于寂寞，刻苦钻研，无私奉献，开拓创新，为推进马克思主义中国化，为服务党和政府的决策，为弘扬优秀传统文化、培育民族精神，为培养社会主义合格建设者和可靠接班人作出了重要贡献。本世纪头 20 年，是我国经济社会发展的重要战略机遇期，高校哲学社会科学面临着难得的发展机遇。我们要以高度的责任感和使命感、强烈的忧患意识和宽广的世界眼光，深入学习贯彻党的十七大精神，始终坚持马克思主义在哲学社会科学的指导地位，认清形势，明确任务，振奋精神，锐意创新，为全面建设小康社会、构建社会主义和谐社会发挥思想库作用，进一步推进高校哲学社会科学全面协调可持续发展。

哲学社会科学研究是一项光荣而神圣的社会事业，是一种繁重而复杂的创造性劳动。精品源于艰辛，质量在于创新。高质量的学术成果离不开严谨的科学态度，离不开辛勤的劳动，离不开创新。树立严谨而不保守，活跃而不轻浮，锐意创新而不哗众取宠，追求真理而不追名逐利的良好学风，是繁荣发展高校哲学社会科学的重要保障。建设具有中国特色的哲学社会科学，必须营造有利于学者潜心学问、勇于创新的学术氛围，必须树立良好的学风。为此，自 2006 年始，教育部实施了高校哲学社会科学研究后期资助项目计划，旨在鼓励高校教师潜心学术，厚积薄发，勇于理论创新，推出精品力作。原中央政治局常委、国务院副总理李岚清同志欣然为后期资助项目题字“厚积薄发”，并篆刻同名印章一枚，国家图书馆名誉馆长任继愈先生亦为此题字“生也有涯，学无止境”，此举充分体现了他们对繁荣发展高校哲学社会科学事业的高度重视、深切勉励和由衷期望。

展望未来，夺取全面建设小康社会新胜利、谱写人民美好生活新篇章的宏伟目标和崇高使命，呼唤着每一位高校哲学社会科学工作者的热情和智慧。让我们坚持以马克思主义为指导，深入贯彻落实科学发展观，求真务实，与时俱进，以优异成绩开创哲学社会科学繁荣发展的新局面。

教育部社会科学司

前　言

水是生命之源，是生态环境的基本要素，是人类赖以生存的基本条件，涉及供水安全、防洪安全、粮食安全、经济安全、生态安全等。世界人口的增长和工业的发展，导致水消耗量激增，水污染加剧，水资源危机日趋严重。目前，中国也面临较为严重的水资源问题，如饮用水紧缺、污水处理率低、水污染严重、水土流失严重、水功能混乱等。水资源不足可能会成为影响我国实现经济“新常态”的瓶颈之一。

目前我国政府已充分认识到水资源问题的严峻性，并致力于通过政策和制度改革建设节水型社会。2002 年修订的《水法》是目前我国水资源领域的基本法律规范。它为制定水资源规划和水量分配方案提供了一个全面的框架，其中规定了水资源的所有权、集体使用权、取水权、水资源规划、水资源开发利用、节约用水、水量分配、水资源节约与使用、水事纠纷处理和法律责任。随着 2008 年《水许可与水资源费征收管理条例》《水量分配暂行办法》《取水许可管理办法》和 2021 年《民法典》及其他相关法律、法规、规章的实施、修订与完善，包括水资源所有权、管理体制、水权分配、用水管理、水权转让等有关水权管理的一系列管理制度已初步建立。同时，针对日益严重的水问题，国民经济和社会发展规划纲要、《关于实行最严格水资源管理制度的意见》强调实行最严格的水资源管理制度，加强用水总量控制与定额管理，严格水资源保护，加快制定江河流域水量分配方案，加强水权制度建设，建设节水型社会。

尽管目前我国的水资源制度建设日渐系统化、体系化，但不可否认，其中仍存在诸多问题。例如在治理模式方面，工业化进程的加快和市场经济的高速发展使得传统政令式的集中管理体制已无法适应当今社会的需要；在制度体系方面，水资源所有权制度、水权及其流转制度，以及相关水资源管理制度都存在或缺失或不完善的问题。基于对这一严峻现实的回应，关于水资源及水资源法的研究逐渐成为理论界的热点。从目前国内研究现状来看，关于水资源法律制度的研究尚未系统化、体系化。其主要原因之一在于水资源法的基本范畴——水权——的概念仍处于不确定的状态，直接造成水权基础理论体系的混乱。因此，水资源法有进一步深入、系统研究的必要。在此背景下，本书从经济法的视角出发，探究在设计水资源法律制度时如何通过对相关制度规则的梳理，既保证市场活力从而达到水资源优化配置的目的，又保证必要的良性市场秩序从而满足公共利益的诉求。对这一问题的研究，有益于水资源法理论基础的完善，为水资源领域法律问题的进一步研究奠定可供交流的话语平台，有益于促进水权和水市场法律制度体系的建立与完善，有利于推动水资源基本法的完善。

当然，水资源法的研究是一项系统性工程，由于能力、知识所限，本书所展示的研究成果难免存在种种瑕疵。不足之处，尚乞同人指正！

张莉莉

目　　录

导论

一、研究的必要性分析

水是生命之源。作为一类重要的自然资源，水不仅哺育了众多古老的人类文明，而且是现代工业文明不可或缺的枢纽。可以说，对水资源的开发和利用贯穿了整个人类文明的历程。同时，人类的行为对水资源也有种种影响。近百年来，工业化文明的出现和传播，使得包括水在内的自然资源受到前所未有的消耗。尽管水资源是可再生资源，但由于人们危机意识淡薄、人口迅速膨胀和环境的持续恶化，水资源供给与人类生活需求之间产生了极其尖锐的矛盾。我国淡水资源总量为 28 000 亿立方米，占全球水资源的 6%，居世界第四位，但人均只有 2 300 立方米，是全球 13 个人均水资源最贫乏的国家之一。如果扣除难以利用的洪水、径流和散布在偏远地区的地下水资源，我国现实可利用的淡水资源量更为贫乏，人均可利用淡水资源量约为 900 立方米。且随着人口数量的增加，我国对用水量和供水能力的要求将进一步增长，如不采取有效措施我国面临的水资源形势将更加严峻，水资源供需矛盾突出、水污染严重、水土流失严重、水环境脆弱等诸多水资源问题也将日趋严重，并且很可能成为制约国民经济与社会发展的瓶颈。而导致这些问题的原因，除水资源人均占有量低、水资源分布不均匀、人口压力和环境恶化等客观因素之外，我国自身特有的问题更加值得深入探讨。基于对我国面临水资源危机这一严峻现实的回应，近年来关于水资源法的研究逐渐成为理论界的热点。从制度现状与研究现状来看，该项研究尚有进一步推进的必要性。

从制度现状来看，2016 年修改的《水法》是目前我国水资源领域的基本法律规范。它为制定水资源规划和水量分配方案提供了一个全面的框架，规定了水资源的所有权、集体使用权、取水权、水资源规划、水资源开发利用、节约用水、水量分配、水资源节约与使用、水事纠纷处理和法律责任。随着 2017 年《取水许可与水资源费征收管理条例》、2021 年《民法典》及其他相关法律、法规、规章的实施、修订和完善，包括水资源所有权、管理体制、水权分配、用水管理、水权转让等有关水权管理的一系列管理制度已初步建立。同时，在政策法规的推动和水权理论的指导下，许多流域和地方也因地制宜地进行了有益的实践与探索。例如，20 世纪 80 年代开始的黄河流域水量分配、2000 年浙江省东阳市—义乌市水权转让实践、甘肃省张掖市农业税权管理中的农民用水水票制度、内蒙古自治区水权转让实践、霍林河流域水权初始分配实践等，为我国水权管理和制度建设积累了丰富的经验。针对日益严重的水问题，《国民经济和社会发展第十二个五年规划纲要》及 2012 年《关于实行最严格水资源管理制度的意见》强调实行最严格的水资源管理制度，加强用水总量控制与定额管理，严格水资源保护，加快制定江河流域水量分配方案，加强水权制度建设，建设节水型社会。2016 年，经国务院同意，国家发展和改革委员会、水利部、住房和城乡建设部联合印发了《水利改革发展“十三五”规划》，提出了“十三五”水利改革发展的总体思路、发展目标、主要任务、总体布局和政策措施。尽管目前水资源制度建设日渐系统化、体系化，但不可否认，其中仍存在诸多问题。

第一，在治理模式方面，从历史发展来看，传统农业社会中为应对周期性的自然灾害而形成的“一乱一治”治理方式很好地诠释了政府集中管理的特别优势，因而至今这种政令式的集中管理模式仍然有其合理的存在空间。然而，随着我国工业化进程的加快和市场经济的高速发展，由于运转效率低下，这套传统继受下来的管理体制已经无法适应当今社会的需要，这就要求突破旧有的水资源治理模式进行制度创新。

第二，有关水资源所有权的制度缺失。水资源具有经济、社会和生态的多重功能。由于水资源的社会和生态价值具有共享性与非排他性，如果将水资源社会和生态价值的所有权赋予任何一方，都会不公平地剥夺他方的利益。因此，水资源社会和生态价值的所有权必须赋予全体社会公民，原则上归国家所有。尽管我国现行法律规定水资源属国家所有，但由于规定过于概括和原则，导致实践中常常将国家基于水资源经济价值的所有者代理人身份而履行的公共管理职责，取代国家基于水资源社会和生态价值的所有者代理人身份而履行的公共管理职责。这两种公共管理职责所追求的价值目标是不一致的：前者追求的是如何发挥水资源的生产要素功能；后者追求的是如何发挥水资源的公共服务功能。实际上，长期以来，我国水资源公共管理呈现的是行政管理特征，而非行政管理和公共服务并重的特征。

第三，有关水权及其流转的制度缺失。一是水权的权利属性不明确，其应有的权利属性被异化为政府的管理权力属性。二是权力约束机制不健全。虽然现行法律法规赋予行政相对人就具体行政行为侵犯其合法权益提起行政诉讼、不服行政机关行政决定提起行政复议、参与水资源论证等权利，但因权利（责任）范围、程序或措施的狭小、缺乏、不力，而不具有较强的操作性和效益性。三是初始水权配置的协商、纠纷处理和公众参与制度不完善。虽然《水法》对水事纠纷作了规定,《取水许可和水资源费征收管理条例》对公众参与作了规定，但缺乏针对区域、行业水权和取初始水权配置的协商、纠纷处理及公众参与制度的安排。四是在降低水权流转的交易成本和保障交易安全方面尚缺乏必要的制度支撑。

第四，有关水资源管理法律法规的缺失。在水功能区保护和水质监测、建设项目论证制度、建设项目环境影响评价制度、公民合作机制等方面，现行法律法规虽有相关内容，但缺乏具体的程序规定。

从国内研究现状来看，关于水资源法律制度的研究尚未系统化、体系化，主要原因之一在于水资源法的基本范畴——水权的概念仍处于不确定的状态。虽然《水法》规定了单位、个人开发利用水资源的权利，但其界定过于模糊，水权的主体、客体并不清晰，直接造成了水权基础理论体系的混乱。因此对水资源法律制度有必要给予进一步系统的研究。

在此背景下，本书着眼于两个创新点来对水资源法进行研究：一是研究内容的创新，即对水资源法法律体系和制度体系的建构，需要民商法制度、经济法制度以及行政法制度相互协调；二是研究视角的创新，即在设计水资源法律制度时，如何通过对相关制度规则的梳理，既保证市场活力从而达到水资源优化配置的目的，又保证必要的良性市场秩序从而满足公共利益的诉求，这是值得反复平衡的制度设计问题，而对于这一问题的回答不能仅仅从行政法或者环境法的角度出发，还必须从民商法和经济法的角度予以思考。基于此，本书的内容具有以下意义：

首先，从理论上看，本书致力于建构一个完整的水资源法理论基础与制度体系，该体系有助于促进理论认识的统一，并促进水权科学、统一的体系的确立，从而为水资源领域法律问题的进一步研究奠定可供交流的话语平台。

其次，从实践来看，本书提出的观点有利于促进水权和水市场相关法律制度规范的建立和完善，有利于促进适应我国国情的水资源管理体制和运行机制的建立，有利于推动水资源基本法的完善。

第一，水资源法研究有利于建立适应我国国情的水资源管理体制和运行机制，建立水行政主管部门统一管理城乡地表、地下水资源，统一管理水量和水质以适应市场经济发展要求的集中统一、精干高效、具有权威性的水资源管理体制，以及在水资源的调查评价和保护、开发利用的各个环节，建立健全、完善的管理运行机制。

第二，水资源法研究有利于实现水资源所有权和使用权的分离，明晰各个产权主体的权利关系，使得水市场在国家的宏观调控下优化配置水资源，促进水资源从低效益用途向高效益用途转移，通过市场机制更加客观真实地反映水的价值，进而提高水资源利用效率，建立节水型社会。

第三，水资源法研究有利于明确开发利用者的水产权和水利工程产权，通过政府宏观调控与市场调节机制相结合形成合理的水资源价格，推动使用水资源按价付费制的建立，进而实现水资源有偿使用制度，缓解水资源供需矛盾。

第四，水资源法研究有利于促进水权和水市场相关法律制度规范的建立和完善，进而促进有限水资源的充分、高效利用，改进水质和加强改善水设施以及服务水平，最终将有利于新时期治水方针、治水思路的实施，以及依法治水的实现。

二、研究内容与方法

本书以中国水资源法的理论基础与制度建构为研究对象，共包括四个部分。

首先，就水资源法的立法基础与框架进行研究，其实质在于论证水资源法立法的必要性和可能性。第一，从经济学角度出发，自然资源的不可分拨理论、外部性理论、公共物品理论、合理利用理论为水资源法的立法提供了必要的理论支持。第二，通过对我国现行水资源法律规范的检视，可知现行水资源法律规范的宏观性、协调性以及责任观念存在缺失，原因在于政府与市场两种调节机制的有效结合被忽略、水资源的整体性被忽略、社会和公民的水资源权利被忽略。这为水资源法的立法提供了现实基础。第三，通过对域外水资源立法实践的考察，可知其发展趋势表现为从区域控制到流域控制、从单向立法到综合立法。这为我国水资源法的立法提供了实践支持。第四，水资源法应被定位为具有纲领性、综合性的法律规范。就立法框架而言，首先应明确其立法理念即资源化、多元化和权利化理念，遵循综合性立法与专门性立法相结合，实体性立法与程序性立法并重，事先预防、事中监督与事后治理性立法并重等立法原则。而后以此为基点建构属于自身特有的理论体系，即明确核心概念体系，建立公平、效率、可持续利用等基本法律原则。同时，对立法框架的研究还包括对水资源法律制度架构的研究，体现为水资源管理机制的确立、各主体权利和义务关系以及程序机制的明晰。

其次，就水资源法律关系予以解析。水资源法律关系揭示了相关主体在具体的水资源法律活动中的法律地位和相互关系。第一，针对现行《水法》中统一概念缺失、概念与立法理念分离的不足，分析了作为水资源法律关系客体的水资源的概念及其意义，认为水资源的内涵本身所蕴含的可持续发展理念、市场化理念直接影响了水资源法理念的形成，同时，水资源的财产属性直接决定了水资源法的制度建构。第二，对水资源法律主体进行厘清，认为其包括水资源管理主体和水资源市场主体，前者包括水资源所有权主体即国家和集体、水资源管理主体即政府及其部门、水资源管理的中间层主体即行业协会和用水户协会等社会组织，后者则主要包括水利（水务）企业和用水户。第三，通过对水资源法律关系内容的研究建立多层次的水资源法的权利体系。第一层次是水权，水权并不是一项简单的权能，而是包含占有、使用、收益和处分在内的权利束体系，其母权是水资源所有权。第二层次是水资源行政管理权，目前水资源行政管理权的不足主要表现为权力冲突、权力缺失和权力模糊。第三层次是水资源行业自治权，可以将其定位在参与决策权、规章制定权、监管权、处罚权、纠纷处理权、起诉权等方面。第四层次是农民用水户协会自治权，此种权力的配置应当遵循公益性、独立性和参与性原则。

再次，就水资源管理模式的变迁与重构进行论述。第一，从制度变迁的角度看，我国水资源管理模式由分散管理、系统管理向统一管理转变，由传统水资源管理向现代水资源管理转变。其变迁客观上与整体政治经济体制的变革，以及水资源相对产品和要素价格的变化密切相关，同时对水的资源性的认知和对管理本质的认知也推动了水资源管理模式的制度变迁。但随着水资源管理实践的深入，现行流域管理与区域管理相结合的水资源管理体制的弊端也不断暴露，主要体现为管理权过度分割和公众参与不足。第二，考察国外水资源管理模式。从主体的多元化、分工的明晰化、公众参与的广泛性、管理方式市场化等方面着手，为我国的制度变革提供有益的借鉴。第三，从水资源治理权的概念出发，分析水资源治理权的主体，依据主体结构的多元化和主体权责的法治化原则，构建水资源治理模式的三个主体层次，即作为治理主体的政府、作为治理主体的社会中间组织和作为参与治理主体的公众。

最后，就我国水权与水市场法律制度的建构进行论述。第一，通过明晰水资源权利，建立关于水资源所有权、使用权、收益权的制度体系，形成与我国经济和社会发展相适应的水资源权属管理制度。第二，建构水资源权利流转制度，即在初次分配之后、处于许可的有效期和使用限额内的水资源使用权的让与和取得制度，主要表现为取水权交易制度和水污染权交易制度。第三，建构水资源资本化法律制度，建立多层次、多元化的水资源资本市场体系，完善包括水银行、水股票、水期权、水期货在内的水资源资本化的形式以实现水资源生态价值、经济价值和社会价值的最大化。第四，建构水市场监管法律制度，水市场作为一种准市场，其建立、培育和发展，既需要为主体提供规则的各项制度，也需要对主体行为进行监督管理，以维护良好的市场秩序，其内容包括水市场监管主体制度、水务市场监管法律制度、水权市场监管法律制度、水资源资本市场监管法律制度，以及对水市场监管者的监督机制。

综上所述，本书意在通过对水资源法基本理论与制度的研究理顺水资源法的内部结构和体系，以凸显水资源法在当代水资源危机背景下的价值，促进其应有功能的发挥。

本书主要采用以下研究方法：一是规范研究方法，即在系统梳理我国水资源法律规范基础上，揭示现有规范所蕴含的构成要件及其内在逻辑与立法本意，从而为建构水权权利体系和水资源市场化配置的法律制度体系提供规范基础；二是比较研究方法，即对两大法系具有代表性的国家和地区的水资源市场化配置法律制度及其法律适用实践作比较性考察与分析，为我国相关法律制度的重构提供借鉴；三是历史研究方法，即分析我国水资源法律制度变迁的历程及其内在规律，从而有助于分析现行制度的弊端并在借鉴先进经验的基础上明确未来发展和完善的方向。

第一章　水资源法的立法基础与基本框架

第1节　水资源法的立法基础

水资源法的立法基础涉及内容较为广泛，不仅包括各种经济学理论，而且包括现代化环境治理背景下的水资源管理政策和法律法规。

一、水资源法立法的理论基础

建构水资源法的目标不仅在于环境保护意义上的水资源保护，还包括经济效益意义上水资源的合理开发和有效利用，这使得水资源法调整过程中两类社会关系得以形成，即水资源保护社会关系与开发和利用的社会关系。这两类关系互相渗透、互相影响，其中任何一种社会关系的失衡都会导致资源问题。① 因此，要使立法对这两类社会关系进行全面、有效的调整，水资源立法不仅应当遵循环境生态规律，切入环境生态学理论，而且应该遵循社会经济规律，切入经济学理论。

（一）自然资源的不可分拨理论

自然资源包括土地、水，还有大气。在经济学上，自然资源是另一种形式的生产要素，就像劳动力与资本一样。自然资源可为人类服务，因为我们从自然资源的服务中获取了产出或满足。西方经济学家在分析自然资源时，注意了自然资源的是否可分拨性这

① 曹可亮:《我国水资源立法缺陷之检视——一种经济学的视角》，载《水污染防治立法和循环经济立法研究——2005年全国环境资源法学研讨会论文集》，第27~32页。

一属性。是否可分拨性，是指资源在保护和消费过程中是否存在外部性，即是否对公众或环境强征了不可补偿的成本或给予了无须补偿的收益。当资源使用的成本或收益能够完全归属于某一主体时，则该资源属于可分拨（appropriable）资源；反之，属于不可分拨（inappropriable）资源。就可分拨资源而言，当厂商或消费者能够获得商品的全部经济价值时，商品被称为可分拨的。例如，当农夫出售土地上生产的小麦和酒时，土壤的肥力为农夫所得；当所有者出售矿产品和天然气时，石油和天然气的价值为其所获得。在一个运行良好的竞争性市场，可分拨的自然资源可以被有效地标价和分配。但对于不可分拨资源，其成本或收益不能完全归属于所有者，而是具有外部性。例如，金枪鱼不仅能作为食物，而且是繁殖后代金枪鱼的母体。但这种繁殖潜力往往未能被纳入市场的行为之中。当渔民捕捞金枪鱼时，他们不必为这种消耗未来繁殖潜力的行为而向社会提供赔偿。因此,在没有对捕捞行为加以限制的条件下,渔民就会有过度捕捞的倾向。同样，水资源亦是如此。资源的是否可分拨性属性决定其标价和配置。[①] 对于可分拨资源而言，其主要成本或利润可以纳入市场交易行为，通过竞争性市场实现对它的有效标价和配置，即可以由市场决定其价格；当资源是不可分拨的，其生产和消费具有外部性时，市场就不能提供正确的信号，其生产和消费无法完全体现在价格与市场交易行为中。因此，不可分拨资源不能分割为某一市场主体所有的私人物品，不能通过市场对其进行有效的标价和配置。为合理使用不可分拨资源，实施政府干预就具有必要性。

（二）外部性理论

资源的外部性特性与其是否可分拨性属性密切相关。自然资源的是否可分拨性是由其生产和消费过程中是否具有外部性决定的，要确定某一自然资源是否为不可分拨自然资源就必须确定其生产和消费过程中是否具有外部性。因此，自然资源立法必须以经济学中的外部性理论为依据分析研究自然资源生产和消费过程中的外部性，进而确定其是否属于不可分拨自然资源。外部性是指在未经他人同意的情况下，由对他人产生影响的任何行为（与生产或消费有关的）所形成的有价值的影响（成本或收益）。外部性有正外部性和负外部性之分。前者如果园所有者从附近养蜂者那里所获得的蜜蜂传授花粉的收益，个人从邻居拥有的整洁的草坪和经常粉刷房屋那里所获得的幽雅环境的收益，等等；后者如企业在生产活动中形成的空气和水污染，等等。[②] 在存在外部性的情形下，在

---

① 这里的标价和配置是一个广义的概念，包括标价和配置资源的保护与改善等资源生产行为及消费资源的数量、质量、功能等的消费行为。

② 张莉莉:《经济法自由理念研究》，中国检察出版社 2007 年版，第 42 页。

产权界定明晰且可以在零成本实施的情况下，参与者之间的讨价还价的协商可以对外部效应达成有效率的解决方案。当然，导源于协商的成本与收益的分配依赖于谁拥有产权。但是在这个模型中，存在一个假设，即实施产权时交易成本为零。但是在现实经济生活中，存在大量的行为者。在此情形下，讨价还价将涉及多方人员，而其中的有些行为者会采取策略性行为。例如，在污染者不负赔偿责任的情形下，那些承受污染的人可能担心有人会采取“搭便车”行为。此外，企业可能采取策略性行为，威胁会造成更多的污染来诱致支付。在负有完全责任情形下，个体则倾向于夸大其所受的危害。在一般情况下，其他条件相同时，承受外部性的人数越多，监督损害赔偿要求的成本也就越高。因此，形成讨价还价通常是不可能的。所以，外部性问题的解决只能依靠外部力量即政府的介入。

（三）公共物品理论

水资源的不可分拨性与外部性表明，水资源属于经济学中公共物品的范畴。公共物品指的是这样的一类物品（包括商品或服务）：将该商品或服务的效用扩展至他人的成本为零；无法排除他人参与共享。亦即，公共物品是一种向所有人提供与向一个人提供时成本均等的物品，是一种不论个人是否愿意购买都能使整个社会成员获益的物品。公共物品具有非竞争性、非排他性的特征，按其属性可以分为三类：一是具有非竞争性和排他性特征的公共消费物品，这类物品可以由私人供给者来提供，但私人供给者或许不能提供恰当的最大化社会剩余的设施规模；二是具有非竞争性、非排他性的纯公共物品与环境公共物品，这类公共物品不存在私人供给，即使存在潜在的社会收益，无效率仍会因缺乏供给而存在；三是具有消费竞争性而不具有经济上的排他性的公共资源与“自由”物品，这类物品的非排他性常常导致竞争性物品在经济上的无效率地过度消费。

公共物品具有多样性，并非天然地排斥行政权、民事权利。它可以不与行政权、民事权利相结合，如空气；也可以赋予利用公共物品者以民事权利，如水资源等。“财产权利理论家们提出，当资源变得稀缺时，就出现和形成了权利制度，并且经济稀缺性是由正的价值所表明的。”① 基于定分止争的考虑，就需要对具有稀缺性的公共物品设置权利机制。②

（四）合理利用理论

意大利经济学家帕累托在论述社会福利最大化问题时指出，如果没有任何方式能在

① ［澳］R. 康纳：《个体可转让配额是财产权吗——定义、学科和分析语段》，刘新山译，载农业部渔业局编：《国外渔业权制度研究资料（一）》，2003 年版，第 139 页。

② 崔建远：《公共物品与权利配置》，载《法学杂志》2006 年第 1 期。

不减少其他人的福利条件下，增加至少一个人的福利时，整个社会的资源配置就处于最优的资源分配状态，此即“帕累托最优”。因此，就资源配置而言，当资源配置的进一步改变不再可能使任意一人的处境变好或变坏时，资源的使用便达到最有效率的程度，资源的配置使社会福利达到极大值，即“帕累托最优”。水资源的开发、利用和保护也应体现“帕累托最优”，形成人与自然资源的良性互动。当然，由于作为自然资源的水资源具有稀缺性与多用途性质，且人的认识具有局限性，水资源的开发、利用和保护一般都处于次优状态，总存在进一步改进的可能性，因此有必要去不断改进，由次优状态向更优状态过渡，逐步接近最优状态以提高水资源的配置效率，增加社会福利。

目前来看，水资源的合理利用包括以下四方面内容：一是水资源的可持续利用。水资源的可持续利用是指在维持水的持续性和生态系统整体性的条件下，支持人口、资源、环境与经济协调发展和满足代内及代际人用水需要的全部过程。水资源的可持续利用是一种在不超过水资源再生能力、社会经济持续发展或者保持以前的发展速度的前提下，开发利用水资源的模式。二是水资源的平衡性利用。水资源的平衡性利用以水量平衡原理为基础，而水量平衡原理的提出从根本上说明了水资源是有限的，不是无限可取的，从而决定了宏观和微观上的“开源”措施均不是解决水资源严重短缺的根本措施。只有严格的“节流”措施才是解决这一问题的关键。三是水资源的高效利用。水资源的高效利用的目的就是满足经济社会发展和生态环境维系的需水要求，以提高水资源的单位经济效益和生态效益。建立合理有效的水价体系、流域或区域内水资源的合理配置和水资源的统一管理都是实现水资源高效利用的重要手段。四是水体排污总量的控制。水体排污总量控制是指根据一个流域、地区或区域的自然环境及其自净能力，根据水环境质量标准，通过控制污染源的排污总量和相应的污染物处理措施，把污染物负荷总量控制在自然水体环境的承载能力范围之内。水体排污总量控制的基本思路是根据流域或区域的社会经济发展状况，通过行政与经济干预以及各种技术措施，逐步将水体排污总量控制在水环境容量范围之内的过程。

二、水资源法立法的政策与法律基础

（一）我国水资源管理政策的主要内容

我国政府已经清醒地认识到中国淡水资源对社会经济发展的制约和挑战，告诫人们要增强忧患意识并提出了“节水优先、空间均衡、系统治理、两手发力”的新时期水利工作方针。节水优先，这是针对我国国情、水情，总结世界各国发展教训，着眼于中华民族永续发展作出的关键选择，是新时期治水工作必须始终遵循的根本方针。空间均衡，是从生态文明建设高度审视人口经济与资源环境关系，在新型工业化、城镇化和农业现代化进程中做到人与自然和谐的科学路径，是新时期治水工作必须始终坚守的重大原则。系统治理，是立足山水林田湖生命共同体、统筹自然生态各要素，从而解决我国复杂水问题的根本出路，是新时期治水工作必须始终坚持的思想方法。两手发力，是从水的公共产品属性出发，充分发挥政府和市场机制的作用，提高水治理能力的重要保障，是新时期治水工作必须始终把握的基本要求。党的十九大报告也指出要推进资源全面节约和循环利用，实施国家节水行动，降低能耗、物耗，实现生产系统和生活系统循环链接；要加快水污染防治，实施流域环境和近岸海域综合治理；加强水土流失综合治理；加强对生态文明建设的总体设计和组织引导。2016 年，经国务院同意，国家发展和改革委员会、水利部、住房和城乡建设部联合印发了《水利改革发展“十三五”规划》，提出了“十三五”期间水利改革发展的总体思路、发展目标、主要任务、总体布局和政策措施，2022 年，经国务院同意，国家发展和改革委员会、水利部印发《“十四五”水安全保障规划》。总的来看，目前我国水资源管理政策主要体现在以下五个方面：

一是最严格水资源管理制度。2011 年中央 1 号文件和中央水利工作会议明确要求实行最严格水资源管理制度。2012 年 1 月，国务院发布了《关于实行最严格水资源管理制度的意见》，对实行最严格水资源管理制度作出全面部署和具体安排。该文件也是指导当前和今后一个时期我国水资源工作的纲领性文件，对于解决我国复杂的水资源和水环境问题，实现经济社会的可持续发展具有深远意义和重要影响。该文件确立了三条红线、四项制度。三条红线即确立水资源开发利用控制红线，确立用水效率控制红线，确立水功能区限制纳污红线。四项制度包括：其一，用水总量控制。加强水资源开发利用控制红线管理，严格实行用水总量控制制度，包括严格规划管理和水资源论证，严格控制流域和区域取用水总量，严格实施取水许可，严格水资源有偿使用，严格地下水管理和保护，强化水资源统一调度。其二，用水效率控制制度。加强用水效率控制红线管理，全面推进节水型社会建设，包括全面加强节约用水管理，把节约用水贯穿于经济社会发展和群众生活生产全过程，强化用水定额管理，加快推进节水技术改造。其三，水功能区限制纳污制度。加强水功能区限制纳污红线管理，严格控制入河湖排污总量，包括严格水功能区监督管理，加强饮用水水源地保护，推进水生态系统保护与修复。其四，水资源管理责任和考核制度。将水资源开发利用、节约和保护的主要指标纳入地方经济社会发展综合评价体系，县级以上人民政府主要负责人对本行政区域水资源管理和保护工作负总责。2013 年 1 月 2 日，国务院办公厅发布《实行最严格水资源管理制度考核办法》。

二是节水型社会建设。2019 年国家发展和改革委员会、水利部发布《国家节水行动方案》，将总量强度双控、农业节水增效、工业节水减排、城镇节水降损、重点地区节水开源、科技创新引领作为节水重点行动，并从政策制度推动和市场机制创新两方面深化体制机制改革，同时提出人人加强组织领导、推动法治建设、完善财税政策、拓展融资模式、提升节水意识以及开展国际合作等方面保障节水行动实施。2020 年水利部提出“十四五”期间应大力实施国家节水行动，强化水资源总量管理、科学配置、全面节约、循环利用，重点抓好节水目标指标约束、节水政策制度推动、节水型社会建设、节水科技市场创新、节水监督考核、节水宣传教育六方面工作。

三是水生态文明建设。生态文明是指人类遵循人、自然、社会和谐发展这一客观规律而取得的物质与精神成果的总和，是指以人与自然、人与人、人与社会和谐共生、良性循环、全面发展、持续繁荣为基本宗旨的文化伦理形态。2012 年 11 月 8 日，党的十八大报告提出：“建设生态文明，是关系人民福祉、关乎民族未来的长远大计。”党的十八大报告首次完整阐述了“五位一体”的总布局，指出应将生态文明建设与政治、经济、文化、社会四种文明的建设并列，生态文明是社会整体文明不可分割的一部分。为了贯彻落实党的十八大精神，水利部提出把生态文明理念融入水资源开发、利用、治理、配置、节约、保护的各方面，以及水利规划、建设、管理的各环节，加快推进水生态文明建设。2013 年水利部发布《关于加快推进水生态文明建设工作的意见》，提出要深入贯彻落实科学发展观，以水资源配置、节约和保护为重点，强化用水需求和用水过程管理，通过健全制度、落实责任、提高能力、强化监管，严格控制用水总量，全面提高用水效率，严格控制入河湖排污总量，加快节水型社会建设，促进水资源可持续利用和经济发展方式转变，推动经济社会发展与水资源水环境承载能力相协调，保障经济社会长期平稳较快发展。

四是水污染防治计划。2015 年，国务院发布《水污染防治行动计划》（简称“水十条”），提出了水污染防治的总体要求和各阶段的工作目标：全面控制污染物排放，针对工业污染、城镇生活污染、农业农村污染、船舶港口污染，提出了减排措施；推动经济结构转型升级，淘汰落后产能，严格环境准入，合理确定发展布局、结构和规模，推进循环发展；着力节约保护水资源，实施最严格水资源管理，健全取用水总量控制指标体系，提高用水效率，科学保护水资源；强化科技支撑，推广示范适用技术，攻关研发前瞻技术，大力发展环保产业，加快发展环保服务业；充分发挥市场机制作用，理顺价格税费，完善收费政策，健全税收政策，促进多元融资，建立激励机制；严格环境执法监管，完善法规标准，加大执法力度，提升监管水平；切实加强水环境管理，强化环境质量目标管理，深化污染物排放总量控制，严格环境风险控制，全面推行排污许可；全力保障水生态环境安全，保障饮用水水源安全，深化重点流域污染防治，加强近岸海域环境保护，整治城市黑臭水体；明确和落实各方责任，强化地方政府水环境保护责任，加强部门协调联动，落实排污单位主体责任，严格目标任务考核；强化公众参与和社会监督，依法公开环境信息，加强社会监督，构建全民行动格局。

五是水资源消耗总量和强度“双控”行动。2016年，经国务院同意，水利部、国家发展和改革委员会联合印发《“十三五”水资源消耗总量和强度双控行动方案》(下称“方案”)。方案突出以水定需、量水而行、因水制宜，强调约束性指标与“十三五”规划纲要、最严格水资源管理制度、水污染防治行动计划等保持统一及目标措施的针对性和可操作性，提出了八项重点任务：健全完善“双控”指标体系；切实强化承载能力刚性约束；全面推进节水型社会建设；综合治理地下水超采问题；统筹配置和有序利用水资源；积极推进水权市场建设；加快提升水资源计量监控能力；大力开展节水技术与机制创新。根据方案规定，到2020年全国水资源消耗总量和强度双控管理制度基本完善，双控措施有效落实，“双控”目标全面完成，初步实现城镇发展规模、人口规模、产业结构和布局等经济社会发展要素与水资源协调发展。各流域、各区域用水总量得到有效控制，地下水开发利用得到有效管控，严重超采区超采量有效退减，全国年用水总量控制在6 700亿立方米以内。万元国内生产总值用水量、万元工业增加值用水量分别比2015年降低23%和20%；农业亩均灌溉用水量显著下降，农田灌溉水有效利用系数提高到0.55以上。①

综上所述，我国水资源管理政策已经覆盖了水资源开发、利用和保护的方方面面，但仍存在一些问题。例如，仍存在水资源权属不清的问题，黄河流域虽然已经把水量分配给不同省份，但是水权并没有明确到终端用户，因此还存在上游挤占下游用水、城市挤占农村用水的现象，下游用户和农村用户的用水权得不到充分的保障。又如，虽然近些年我国大力提倡保护水资源，不再重复西方发达国家“先污染，后治理”的路子，但是一些地方政府为了发展经济，仍然没有大力治理环境污染，个别地方政府对超标排污企业还采取放纵的态度，致使水环境污染问题的产生。

（二）与水资源相关的法律法规梳理

我国目前基本形成了包括专门法律、行政法规、地方性法规、部门规章等系统的水

①《我国将实行水资源消耗量和强度双控行动》，载《中国农资》2016年第11期。

资源法律保护体系。在法律层面，主要有《水法》(2002年修订，2009年修改，2016年修改)、《水土保持法》(1991年公布，2010年修订)、《水污染防治法》(1984年公布，1996年修正，2008年修订，2017年修正)、《防洪法》(1997年公布，2009年修改，2015年修改,2016年修改);在行政法规和法规性文件层面,主要有《农田水利条例》(2016年)、《南水北调工程供用水管理条例》(2014年)、《太湖流域管理条例》(2011年)、《抗旱条例》(2009年)、《水文条例》(2007年公布，2013年修订，2016年修订，2017年修改)、《黄河水量调度条例》(2006年)、《大中型水利水电工程建设征地补偿和移民安置条例》(2006年发布，2013年两次修订，2017年修订)、《关于加强蓄滞洪区建设与管理的若干意见》(2006年)、《取水许可和水资源费征收管理条例》(2006年公布，2017年修改)、《长江河道采砂管理条例》(2001年)、《蓄滞洪区运用补偿暂行办法》(2000年)、《水污染防治法实施细则》(2000年)、《淮河流域水污染防治暂行条例》(1995年发布，2010年修改)、《城市供水条例》(1994年)、《水土保持法实施条例》1993年公布，2010年修改)、《防汛条例》(1991年发布，2005年修正，2010年修改)、《城市节约用水管理规定》(1988年)、《河道管理条例》(1988年发布，2010年修改，2017年两次修正，2018年修正)；在部门规章层面，主要有《全国投资项目在线审批监管平台运行管理暂行办法》(2017年)、《公共资源交易平台管理暂行办法》(2016年)、《基础设施和公用事业特许经营管理办法》(2015年)、《水权交易管理暂行办法》(2016年)、《取水许可管理办法》(2008年公布，2015年修改)、《水量分配暂行办法》(2007年)、《水行政许可听证规定》(2006年)、《水行政许可实施办法》(2005年)、《入河排污口监督管理办法》(2004年公布，2015年修改)、《黄河河口管理办法》(2004年)、《水利工程供水价格管理办法》(2003年)、《长江河道采砂管理条例实施办法》(2003年公布，2010年两次修改，2016年修改)、《水行政处罚实施办法》(1997年)、《饮用水水源保护区污染防治管理规定》(1989年公布，2010年修改)，等等。此外，我国《宪法》以及其他与环境生态资源保护相关的法律、行政法规和规章,对水资源保护、管理以及利用等也作了许多规定。总体而言,从现有立法来看，我国将自然资源保护、环境保护写入《宪法》，并以此为基础制定了一系列有关水资源保护的法律法规和标准，基本囊括了水资源保护各个方面的基础性问题，也基本上实现了水资源保护的有法可依。

尽管我国关于水资源保护的立法已渐成体系,且现有《水法》已于2002年有过修订，但立法仍显粗疏，尚存在诸多问题。

第一，现行水资源立法本身定位不清。从国际会议[①]的议定内容来看，水法体系应当具有综合性，包括水利法、水资源保护法等多方面的内容。从现行水法宗旨看，水法应当旨在“合理开发、利用、节约和保护水资源，防治水害，实现水资源的可持续利用，适应国民经济和社会发展的需要”。“合理开发、利用、节约、保护水资源，防治水害”，其内容具有综合性和广泛性。但是我国现行《水法》并没有将水资源的经济价值和生态价值并重作为水资源开发保护的立法价值指引。在现行经济体制下，无论是经济价值还是生态价值的实现，都需要合理的市场机制的设计，而市场机制发挥作用的前提是建立明晰的水资源权属制度。然而，目前我国水资源的产权界定仍存在严重不足，在管理方面仍较多地渗透着行政管制的计划思想。这种制度上的粗糙直接导致我国水资源经济价值的实现存在障碍，也间接导致生态价值的无法保护。

第二，现行水资源立法缺乏宏观性。尽管立法确立了水资源战略规划的行政制度，且注重流域与区域上的规划，同时建立了流域水量分配制度，使水资源的规划制度具有较好的可实施性，但也只是停留在水资源行政管理手段的层面，并没有将此制度进行较为具体的单独立法，或者赋予其比水资源行政管理制度更高的法律效力，因而导致水资源规划保护未能充分发挥“基本法律依据”的作用，这也使得水资源规划流于形式。

第三，现行水资源立法缺乏协调性。目前法律层面主要有《水法》《水污染防治法》《水土保持法》和《环境保护法》，从形式上对水资源开发、利用和保护作出了全面规定，但实际上这几部法律之间缺乏协调性。其一，立法层级不清。从效力等级来看，上述几部法律均为全国人民代表大会常务委员会制定，具有同等法律效力。但是从内容来看，水资源管理、水土保持、环境保护、水污染防治显然不属于同一层次，反映在立法上应具有不同的效力等级，才有利于对不同的行为形成规范体系，目前这种立法模式显然不能满足水资源管理与保护的需要。其二，立法内容冲突。这四部法律是由两个主管部门分别起草然后报全国人大常委会通过的，立法时间有先后，加之立法时缺乏综合平衡和通盘考虑，因此在内容上就可能存在冲突。例如就管理机制而言，由于我国目前行政机关各部门的职权设定都是由各部门自己先制订方案，后报经国务院批准，因此各部门难免从自身利益出发来考虑问题而忽视整体利益，从而造成权力设置的重复或空白；或者只有分工没有协作，既不能充分发挥各部门的作用，又不能形成整体效益，甚至因部门间的权力竞争而造成对整体利益的损害。例如在流域水资源保护中，污染管理者、资源

① 例如 1976 年国际水法协会在委内瑞拉首都加拉加斯召开的“关于水法和水行政第二次国际会议”，1977 年在阿根廷马德普拉塔召开的第三次关于水法体系的研究讨论会等。

开发者、排污者相脱节，污染管理者只收费不治理、资源开发者既要开发又要治理、排污者只交费，其结果只能是流域水资源得不到有效开发、利用和保护。

第四，现行水资源立法缺乏权利意识。我国《宪法》第26条规定："国家保护和改善生活环境和生态环境，防治污染和其他公害。"但是由于这一规定没有明确国家履行义务的方式、违反义务的法律责任等事项，因此可以说仅仅是类似纲领性的政治宣告。在包括《水法》和《水污染防治法》在内的水资源立法中，凸显了重权力、轻权利的特点。例如，立法授予了国家机关广泛的权力，如规划计划权、划区权、征收税费权、行政许可登记权、规定禁限措施权、纠纷处理权、行政司法制裁权、临时处置权，却没有明确规定国家在行使以上权力给公民的生存权造成损害时应承担的法律责任，也没有明确规定公民和社会组织的权利。

第五，现行水资源立法缺乏对责任观念的重视。立法对于行政责任方面进行了较具体的规定，包括了财产罚、行为罚、资格罚三种行政处罚形式。但从整个水资源保护的法律责任方式来看，法律责任还应当包括民事法律责任、刑事法律责任。由于从我国水权制度、取水权等方面的研究尚未成熟，相关民事法律责任也只能参照民事法律进行，这也导致有关水资源保护的公益诉讼司法实践方面的缺失。在刑事责任方面，中国现行刑法对水资源的保护规定见于《刑法》分则第六章，以及水资源立法相关方面的规定。《刑法修正案（八）》将重大环境污染事故罪变更为污染环境罪，取消了以"致使公私财产遭受重大损失或人身伤亡的严重后果"为定罪标准，降低了入罪门槛，但《刑法》目前还没有明确规定以惩治生态环境、破坏水资源为主要特征的水环境污染犯罪，且对于水环境造成损害的危险犯或对造成严重水体污染但是对公私财产没有造成重大损失或者人身伤亡等严重后果的犯罪行为，对其刑事制裁也面临缺乏依据这一障碍。

现行水资源立法存在诸多不足的原因是多重的，大致可归结为三个方面：

首先，对政府与市场两种调节机制的有效结合重视不够。水资源的不可分拨性意味着纯粹市场调节和纯粹行政管理的失效。根据市场失灵理论，市场调节机制自身固有的盲目性、滞后性和短期性导致垄断、外部性、公共物品的稀缺等问题，从而引致资源的低效率配置，加剧分配不公，影响经济运行的稳定。水资源的不可分拨性使其生产和消费具有外部性，且其公共产品的性质显然会导致市场失灵，纯粹的市场调节机制会使得水资源的配置缺乏效率，因此必须由外部力量介入，即由政府采取有效的措施干预水资源的生产和消费，对各种情形的市场失灵现象加以矫正，同时设置有效的法律制度来规范政府干预。

但这并不意味着对市场调节机制的忽视。由于有限理性的存在，政府干预亦有失灵现象，表现为经济决策的失效、公共物品供给的低效率、内部性以及寻租等问题。例如在环境决策方面，信息获取的不全面、“近视效应”等诸多障碍和制约因素使得政府难以制定并执行合理的公共政策，导致决策的失效。在水资源及其制度供给方面，合理确定社会对水资源需求的数量，提供水资源及其制度的政府机构的规模以及对这些机构绩效的评估较为困难；且如果政府部门垄断了水资源及其制度的供给，则会因缺乏竞争机制而低效率运作。在内部性方面，政府同样具有经济人特性，其有可能在水资源治理中受到权利、职位及其相关物质利益的驱动而谋求个性效用最大化。因此，水资源治理需要市场和政府的有效结合。现行立法偏重水资源的行政管理，使政府调节在相当程度上超越其能力之外而介入本当由市场调节的领域。这使得在立法定位上，现行水法与其说是综合性的水资源法，不如说是行政管理性质的法律规范。

其次，对水资源的整体性特征认识不充分。水资源的整体性作为其不可分拨属性的延伸，表现在三个方面。第一，自然状态上的整体性。水资源具有整体流动的自然属性，以流域为单元，水量水质、地上水地下水相互依存，组成一体。第二，开发利用上的整体性。水资源功能具有多样性，可用于灌溉、发电、供水、养殖、航运和旅游、工农业生产等诸多方面；水资源开发、利用和保护过程中存在的问题，例如水质性缺水问题、工程性缺水问题、水土流失问题、国外污染转移等都具有整体性和不可分割性。第三，作为公共资源的使用上的整体性。水资源是一种公共资源，反映的是“基于物的人与人之间的关系”[①]，因而具有公共资源的一般属性，如供应的联合性、有限性和使用的分散性、高度相互依存性与不可分性。作为共同财富和公共产品，对水资源的使用，必须采取集体行动。个体对公共资源的自由选择与利用和社会的公共资源的分散管理，将产生破坏性竞争的后果。现行立法则忽视了水资源的整体性特点，立法分散化。表现在立法内容上，现行法律规范之间就不可避免地存在重叠或矛盾之处。

最后，水资源对于社会和公民的权利价值没受到应有的关注。水资源是人类生存和生活直接的、必不可少的物质基础，同时也是保证人类生存、生活的物质文化基础的重要环境要素。因此，一方面，水资源的所有权属于国家，然其使用、占有甚至处分则由社会组织和公民个体完成；另一方面，这也意味着社会和公民应当享有有关水资源的权利，而这些权利可以上升到生存权的角度。所谓生存权，是指国民享有的维持健康且具有文

---

① 骆进仁：《公共性解释与水资源公共性治理》，载《甘肃社会科学》2014 年第 3 期。

化性的最低限度生活的权利，即国民享有的能过人那样的生活、能享有人的尊严的权利。[①] 在通常情况下，环境权被看作生存权的基本内容之一。从这个意义上说，水资源权也应当归属到生存权的范畴，其权利内容极为广泛。其一，根据功能不同可将水资源划分为生活用水、生态用水和生产用水三种类型，且其都与生产生活密切相关，因此这些水的获得也应被看作公民生存权的重要内容之一。其二，当对水资源的不当开发利用造成污染、破坏，危及或可能危及公民的生存和生活时，公民可以通过裁判请求排除或停止政府污染破坏行为，或者要求取消对可能带来重大水资源污染破坏的项目的行政许可，或者要求政府采取积极性措施。其三，应当赋予公民向法院提起诉讼的权利，当政府失灵导致水资源破坏和水污染时公民就可以基于这种法律权利向法院提起诉讼，通过司法途径强迫政府履行水资源保护职责。然而，现行立法并未确立公民生存权性质的水资源权利，尤其是没有使之具体化、可操作化并成为法律上的权利，导致权利与责任的相关规定缺乏，公民的合法权益无法得到保障。[②]

综上所述，自然资源的不可分拨理论、外部性理论、公共物品理论、合理利用理论为水资源法的立法提供了必要的理论支持，我国现行水资源管理政策和法律规范则为水资源法的立法提供了法律基础。因此，建立系统、综合性的水资源法以规范国家的水资源配置和保护行为，促使公民的水资源权利具体化、法律化具有迫切性和必要性。

第 2 节　水资源法立法的国外经验

一、美国水资源立法考察

对于美国水资源立法的考察，拟从立法历史的纵向考察和立法现状的横向考察两个方面进行。

（一）美国水资源立法的纵向考察

从历史发展来看，美国水资源立法是随其水资源管理政策的变化而变化的。有学者将 21 世纪前的美国水资源管理划分为五个阶段：1776 年至 1933 年为开发期；1933 年至 1943 年为新纪元期；1943 年至 1960 年为稳定控制期；1960 年至 1980 年为环境保护期；

① 曹可亮:《我国水资源立法缺陷之检视——一种经济学的视角》，2005 年全国环境资源法学研讨会论文集》。

② 曹可亮:《我国水资源立法缺陷之检视——一种经济学的视角》，2005 年全国环境资源法学研讨会论文集》。

1980 年至 21 世纪前为流域综合管理阶段。[①]

从美国独立至 20 世纪初的开发期，美国经济和军事实力薄弱。开发水资源、发展工农业及航运业、壮大国防、保证国家统一成为美国联邦政府水资源管理的主要任务。水资源多目标统筹发展这一概念也在此阶段提了出来，即水利事业应该兼顾防洪、运输、发电、工农业供水、保护森林、控制水土流失。但在水利工程的实施过程中，这一概念未受到应有的重视和利用。[②] 这一时期，美国在 1866 年颁布的美国《采矿法》、1877 年颁布的美国《沙漠土地法》中规定和承认了水权的有效性，并规定权利主体可以根据已有的采矿权、灌溉权和生产权分配用水量。1899 年美国颁布了《河流与港口占有法》，作为通航水路控制污染的一种手段，该法是美国最早关于水污染控制方面的法律。

在新纪元时期，美国联邦政府的水利政策强调开拓就业机会、推进经济发展。美国全国规划委员会（1935 年被美国全国资源委员会取代）与工程兵团、美国农业部和美国联邦电力委员会协作，对全美主要流域存在的问题和现行工程项目做了详细的研究，提出了全国各大流域的发展规划。其涉及范围包括城市废水处理、污染物控制、森林保护、土壤侵蚀管理、水源供应、野生动物保护、组织机构及政策指令等。这一时期，涉及水资源的法律主要有美国 1929 年《候鸟保护法》，依据该法设立的候鸟保护委员会有权对内政部提请审议的用水和用地申请进行审查，对不利于候鸟保护的用水或用地申请可以不予批准。该法还要求美国联邦政府拨出专项资金用于有利于候鸟保护的水坝、堤防、输水管道和水槽及其他设施的建设。[③] 此外，美国 1934 年《鱼类与野生动物协调法》也涉及公共水权的保护，要求水利工程必须考虑对鱼类及野生动物的影响。1934 年 4 月美国国会通过了《田纳西流域法案》，设立田纳西流域管理局对田纳西河的水资源进行充分开发利用。

在稳定控制期，美国联邦政府的水资源政策强调水利工程的经济效益和资源保护。这一时期，美国联邦政府于 1948 年通过《水污染控制法》（1972 年修订为《清洁水保护法》）。根据这项法令，污染防治管理局成立（后来的法令扩大了其权限，改为联邦水污染防治管理署，后又改为联邦水质管理署）。这项法令要求每项水利工程必须考虑和控制污染物的排放，并责令美国卫生部部长与联邦政府各部门协同研究制定河流污染物的

① B. Doppelt，M. Scurlock，C. Frissell，J. Karr，*Entering the Watershed: A New Approach to Save America's River Ecosystems*，Island Press，1993.

② Rogers P.，*America's Water*，*Federal Roles and Responsibilities*，The MIT Press，1993，p. 280.

③ 16 U. S. C. 715–715r（1929）.

防治措施。美国联邦政府同时拨出巨额资金帮助地方政府处理相关问题。

在环境保护期，环境保护运动发展迅速，美国联邦政府水资源政策也以保护资源环境为当务之急。美国 1968 年《原始风景河流法》宣布，“为当代和后代人的利益和享用而保护某些经过挑选具有显著的风景、娱乐、地理、鱼类和野生动物、历史、文化或其他类似价值的河流及其毗邻环境”[①]是一项基本国策。随着公众环境保护的呼声日益增强，也由于各州在水污染控制方面不积极且美国联邦政府介入水污染治理的程序非常复杂而使得《水污染控制法》的实施效果大打折扣[②]，美国联邦政府于 1972 年推出了一项名为《清洁水法》的修正案，对《水污染控制法》进行了很大幅度的修订，其目的在于恢复并保持国家水资源在物理、化学和生物方面的完善性，开创了美国历史上在市政和工业污水处理方面的新纪元，是美国历史上第一个有效地、成功地将保护、改善水资源以联邦法的形式制定的法律。美国 1965 年《水资源规划法》颁布，设立了水资源理事会，以调整与水资源有关的规划、政策与方案，制定与水资源开发、利用与保护有关的工程的评价原则、标准与步骤，协调流域之间、部门与机构之间、地区之间的规划等。1970 年美国联邦政府颁布了《国家环境政策法》，对联邦水质管理署进行了改组，成立了新的环境保护局，其职能在于监测、控制和管理全国环境质量，包括对水、空气、土地、固体废物、农药和辐射物的管理。此外，1974 年美国国会通过了《安全饮用水法》，其目的是通过对美国公共饮用水供水系统的规范管理以确保公众的健康。控制污染、保护环境取代水资源开发成为美国联邦政府水资源管理的主要目标。[③]

在流域综合管理阶段，美国联邦政府的水资源政策是控制兴建新的水利工程、重视管理现有水利工程；强调美国联邦政府和地方政府协作，开展流域范围资源和环境的综合管理，水资源管理权限移交州政府，生态用水需求得到保护。这一时期，美国《安全饮用水法》于 1986 年和 1996 年进行修改，该法要求采取诸多行动来保护饮用水及其水源，包括河流、湖泊、水库、泉水和地下水水源，并授权美国环保署建立基于保证人体健康的国家饮用水标准以防止饮用水中自然的和人为的污染。其中，1996 年修正案创设了“州饮用水循环基金”（Drinking Water State Revolving Fund）为改善饮用水体制的基础设施建设提供资金。同时，立法还更加重视了程序性的规定，例如美国 2001 年《清洁水法》修改时，市民诉讼的规则得以完善，即规定在任何个人违反了该法规定的排放标准或限

① 16 U. S. C. 1273.

② 王小军:《美国水权制度研究》，中国社会科学出版社 2011 年版，第 9 页。

③ Rogers P.，*America's Water*，*Federal Roles and Responsibilities*，The MIT Press，1993，p. 285.

制、行政机构或州关于该标准或限制的命令，或者在行政机构未能履行该法规定的行为或义务时，任何利益已经或可能受到影响的个人或群体都可以以自身名义提起诉讼。此外，1986 年美国颁布《濒危物种法》，要求各州为河流确定一个最低流量标准，以保护特种鱼类和整个环境。这项法律对灌溉、水电、航运以及类似的项目具有重要影响。1992 年美国国会通过开垦项目拨款及修订案，减少加利福尼亚州中部灌溉工程农业灌溉用水量以用于满足鱼类和野生动物的用水需求。美国 1992 年《能源政策法》规定家庭生活用水的水龙头必须达到国家节水标准要求。

（二）美国水资源立法的横向考察

对美国水资源立法的横向考察内容较多，主要包括对州一级的立法和流域水资源立法的考察。首先，关于州一级立法的考察。美国的水资源法律并不体现为统一的联邦法律，各州为规范本州内水事活动，在不与联邦法律抵触的前提下，制定大量的涉水法律法规。因此，在形式上表现为联邦政府立法与州立法并进，且以州法律为主。各州法律之间既有相似性，例如很大程度上是由气候上的相似决定的法律规范上的相似性；也有差异性，例如因对各种天然水体所采取的获取、分配和利用的方式的不同而发生变化。

在加利福尼亚州，水法汇编于《加利福尼亚州法典》第 23 辑（the California Code of Regulations，Title 23）。由于水资源属于州所有，其中规定的水权指向使用权即使用水的财产权而与水的所有权无关。1986 年加利福尼亚州颁布第 65 号法案，即《安全饮用水和有毒物执行法案》(《加利福尼亚州健康和安全法典》的第 25249.5 章节至 25249.13 章节)，由加利福尼亚州环境保护署（Environmental Protection Agency of California，Cal/EPA）下辖的环境健康危害评估机构（OEHHA）执行。该法规定从事买卖的个体，其雇员人数达 10 个或 10 个以上的（另有豁免的除外），须在含已获知可致癌或生殖毒性的化学物质的产品上贴上清晰、合理的警告标签，以避免与人体接触，且不得将该等化学物质排放到饮用水中，并规定违反规定者将受到起诉，并承担相应法律责任，如每天 2 500 美元以下罚款。①

在弗吉尼亚州，《弗吉尼亚州宪法》第 11 条规定，为了人民的利益和福利，州政府实行保护、开发、利用州的自然资源，保护大气、土地和水免受污染、损害或破坏的政策。除非《弗吉尼亚州宪法》限制，州议会拥有该州所有的立法权。弗吉尼亚州实行河岸法，该法的目的在于保护河流或者水道、提高用水效率以及确保供水充足。

① California Health and Safety Code，25249. 7. b) . 1) .

在密西西比州，水资源立法的典型代表有两部。一是1972年《密西西比州水法案》及其修正案。该法授权州水资源管理委员会管理水权，发放地表水用水许可证，防止浪费与不合理用水，同时协助法院处理有关水权问题的诉讼。二是《密西西比州水污染防治法》。作为密西西比州水质管理的基本法，该法不仅确定了地表水水质目标，还规定了保护地下水水质和海水水质。该法授权州水资源管理委员会管理向地表水和地下水排污的标准，并授权该委员会采取行政和法律的手段处理违法排污的事件。

总体来看，美国水资源立法已在各州为满足当地水需求而分别建立和发展起来，并且成为各州法律体系的一个组成部分。又例如在西弗吉尼亚州，2004年颁布了《西弗吉尼亚州水资源保护法》。该法案共六条，核心内容是对西弗吉尼亚州的消耗性用水、非消耗性用水和地下水用水量进行调查[①]，并规定了取水权制度，意图在取水许可与普通法规定的水权之间作出平衡。

其次，在流域水资源立法方面，联邦和各州可以根据需要，分别制定适合全国的联邦流域水资源法和各州的流域水资源法律。在联邦层面包括美国1965年《水资源规划法案》、美国1933年《田纳西流域法案》等；在州层面，1972年《密西西比州水法》确定一些流域管委会来管理特定流域的水资源，如帕特哈瑞逊水域管委会（the Pat Harrison Waterway District）、大黑河流域区管委会（the Big Black River Basin District）、密西西比河下游流域发展区管委会（the Lower Mississippi River Basin Development Distric）。[②]此外，由于田纳西流域地跨7个州，为对田纳西河流域进行全面的综合开发和管理，1933年美国国会通过了《田纳西流域管理局法》，成立田纳西流域管理局（TVA），对田纳西流域管理局的职能、开发各项自然资源的任务和权力作了明确规定，如田纳西流域管理局有权为开发流域的自然资源而征用流域内土地，并以联邦政府机构的名义进行管理；其有权在田纳西河干支流上建设水库、大坝、水电站、航运设施等水利工程，以改善航运、供水、发电和控制洪水；等等。可以说，《田纳西流域管理局法》为流域自然资源的统一管理提供了法律保障。目前，田纳西流域已经在航运、防洪、发电、水质、娱乐和土地利用六个方面实现了统一开发和管理。

（三）小结

从以上考察来看，美国水资源立法总体较为完备，联邦立法与地方立法、综合性水法与专门性水法都较为成熟。其特点表现在以下几方面：一是强调整体性和协调性。例

---

① W. VA. CODE，§22-26-3.（Supp. 2004）.

② Section 51-21-3，Mississippi Code of 1972.

如美国联邦政府水资源质量监测研究委员会强调水资源的质量必须和水资源的用途结合起来考虑，不仅考虑化学指标，更重要的是考虑生态指标、栖息地质量和生物多样性和整体性。[①] 整体性和协调性还体现在流域立法中，20 世纪 90 年代，美国环境保护总署就强调流域的整体治理统筹考虑地下水、地表水、湿地、空气、生态系统的规划、设计、实施和保护。

二是事前预防与事后治理相结合，且更为重视事前预防的立法。一方面，美国政府在支付了巨额费用治理污染后，意识到事前预防的重要性和迫切性。因此，美国以立法等形式强调对环境无危害的新产品、新技术的研发，并通过给予企业财政补贴、减少税收、技术指导等方式促使新技术、新产品发展。另一方面，在相关立法中，美国亦明确规定了违法的责任承担以起到事后的惩戒和威慑效果。此外，在水资源保护的公众监督和公益诉讼方面，美国相关的立法和实践都较为完善，例如在美国《清洁水法》和《密歇根环境保护法》中规定了“市民诉讼条款”。

三是重视社会组织和公民的水资源权利，强调政府、企业和公众在水资源管理上的协作。例如 1987 年的《伊利诺伊州地下水保护法》第 5 节（a）款规定建立由公众组成的地下水咨询理事会。[②] 此外，“雀巢公司取水”一案 [③] 亦体现了公众监督机制的完善。

四是重视市场机制的发挥。美国联邦和州立法越来越多地实施侧重于水资源高效利用和保护的需求管理，所采用的管理政策手段包括定价、税收、水权保障和转让以及允许私营部门参与水资源管理。例如加利福尼亚州自 1988 年到 1993 年连续 6 年大旱，洛杉矶及加利福尼亚州南部其他城市严重缺水。为缓解水资源短缺问题，加利福尼亚州政府与各城市、企业和农场主协作，设立了“水银行”。加利福尼亚州水资源局（the California Department Water Resources）负责组织和实施由水银行的下属购水委员会专门负责拟定和协商的水银行买水的条款和协议。政府、买方和卖方互相协作，较好地解决了大旱期城市严重缺水问题。但同时，市场化并不意味着对水资源公共物品属性的漠视。在公共机构、非营利组织、印第安部落以及低收入社区的供水设施和供水服务领域，美

① 张力：《美国水资源管理改革经验对山西的启示》，载《山西水利》2010 年第 5 期。

② 第 5 节（a）款规定：建立地下水咨询理事会。理事会应由州长官任命的九名公众担任，其中二名代表环境利益，二名代表工商业利益，一名代表农业利益，一名代表当地政府利益，一名作为区域规划机构的代表，一名代表公共用水供给，一名代表水井钻探工业。通过多数票选举一名主席，任期一年，理事会的成员任期三年。

③ 密歇根州的水资源保护者对雀巢公司在密歇根州试图取水的行为提起诉讼，导致米科斯塔县法院以该用于销售的取水违反了普通法限制在流域内用水的河岸原则为理由关闭了四个大型年取水能力在 21 亿加仑的用于瓶装水的取水井。2005 年 11 月，密歇根州上诉法院肯定了初审法院的判决，裁定雀巢公司取水的数量违反了普通法的河岸权。参见 Ed. White, *Water*, *Water Everywhere*, Grand Rapids Press, Dec. 1, 2005, at A12。

国联邦政府始终未交由私人供水公司经营，而是对供水基础设施建设提供巨额财政支持。[①]

当然，美国水资源立法也有不足之处，例如联邦政府水资源管理机构过于分散。据统计，美国联邦政府介入水资源管理的机构多达46个，与水资源相关的法律和管理条例达200多项。因此，机构重叠、权力分散、条例繁多难以保证水资源政策的系统性。

二、欧盟水资源立法考察

欧盟关于水资源的立法可以分为一级法和二级法。前者主要指欧盟成员国签订的条约，如《欧盟联盟条约》《阿姆斯特丹条约》和《欧盟宪法条约》等；后者是指欧盟的指令、条例和决定，如《欧盟水框架指令》《欧盟地下水指令》等。欧盟的指令只对所达到的具体目标作明确规定，命令成员国以国内法的形式实现具体目标，而采取何种方式和方法可由各成员国决定。因此，欧盟指令虽然对其成员国有法律约束力，但是成员国政府拥有方式和方法的选择权。此外，欧盟指令还需要转化为成员国的国内法，构成该国立法的一个部分。此处亦从纵向与横向两方面进行考察。

从历史演进来看，欧洲水资源立法经历了三个阶段，第一阶段是20世纪80年代之前的水质标准阶段。这一时期主要是针对水质规定了一系列标准。例如，1975年《欧洲水法》规定了用于抽取饮用水的江河湖泊的水质标准；1980年《饮用水质量标准指令》为饮用水规定了有约束力的质量指标，《渔业淡水指令》《贝类养殖水质标准指令》则分别规定了用来养鱼和贝类、游泳的水和地下水的水质标准。

第二阶段是20世纪80年代至90年代中期的排污限制阶段。这一时期水资源立法已经突破了传统的水立法模式，将水政策与其他领域的政策结合起来。例如，《城市废水处理指令》为城市废水处理厂规定了基本的排污限制标准，提出城市污水要进行二级（生物）处理。《农业面源硝酸盐污染控制指令》的目的是解决欧洲水域富营养化问题，该指令规定欧盟各成员国必须规定包括使用化肥在内的“良好农业行为”以降低农业上过多使用的化肥，从而避免高浓度的养分而导致水域的营养化。

第三阶段是20世纪90年代中期至今的综合管理阶段。这一时期，欧盟开始日益重视综合性手段，例如环境标准手段、经济刺激手段，强调水政策和水管理必须以一致的方式来处理各种问题，并将水领域政策同其他领域政策结合起来。此外，欧盟水资源管理政策也正日益注重程序性规定，大量的环境保护行动在各国政府层面展开，将实体上

① OECD Environmental Performance Reviews: United States，OECD，2005. p. 79.

的自由处置权移交给了各国政府，由其建立复杂的行政监督体系。1996 年《综合污染预防与控制指令》意图减少大工业设备的各种排放物，而不仅限于一种环境媒介（空气、水、土壤）的保护。作为主张由欧盟对排污限制标准予以协调者和主张由各成员国制定的环境质量目标者之间相互妥协的结果，指令规定了由欧盟协调排污限制标准成分，但更多是程序性规定，从而将更多的自由处置权留给了各国许可机构。2000 年《欧盟水框架指令》以流域综合管理计划为核心建立了欧洲水资源管理的框架，并对已有的水资源指令做了补充。其主要目标在于：防止水资源状况的继续恶化并改善其状态；促进水资源的可持续利用；逐步减少初始污染物并停止初始有毒污染物的排放；逐步减轻地下水污染；减轻洪水与干旱的影响。此外，欧盟水框架指令还致力于保护陆地和海洋水。2012 年 11 月，欧盟发布了“欧盟水资源安全蓝图”（Blueprint to Safeguard Europe’s Water Resources），通过强制性审查欧盟的水法规，提高各成员国水资源管理的效率，保障水供应，并严格执法，同时，整合欧盟的农业和地区融合的相关政策，制定工业和家庭水资源再利用的标准。

在法国，除欧盟指令以外，法国 1964 年《水法》对水资源管理体制进行了重大改革，以流域为核心组织管理。法国《水法》将全国按水系划分为六大流域，在各流域建立流域委员会和水管局，统一规划和管理水资源，在保护环境的前提下，实现流域水资源的高效开发利用。法国 1992 年新《水法》对 1964 年《水法》进行了修改、补充和完善，明确提出了以自然水文流域为单元的流域管理模式，以实行各种用途水的平衡管理以及各种形式水（地表水、地下水、海水、沿海水）的统一管理。法国新《水法》提出水的开发利用必须遵从流域水资源开发与管理总体规划，以及子流域水资源开发与管理框架。

2006 年，法国颁布了《水与水环境法》，旨在提供解决方案以实现欧盟水框架指令设定的目标、改善取水条件、提高供水部门运营透明度以及加强对淡水渔业的组织。相较于前，该法有着两方面的进展：一是承认每个人的水权，并考虑水资源管理对气候变化的适应性；二是改善了水管局的财政体系，并创建了国家水与水环境管理署。法国水资源法的特点还在于重视市场调节机制的运用。例如立法使水务公司在供水、污水处理等领域承担越来越多的任务，同时区分公营水务公司和私营水务公司予以监管。①

就层次而言，欧盟各成员国基本建成欧盟、各国、各州、城市四个层次的立法体系框架。由于有明确的时间安排和操作性强的实施方案，再加之严格的监督措施，尽管欧盟水资源管理涉及国家和部门多，但职责明确、相互配合、协调一致，因此，欧盟水资

① 对公营水务公司，政府一般通过计划合同的方式进行监管；对私营水务公司，政府则采取出租合同和特许合同两种方法进行监管。

源管理保护取得了良好的效果。

欧盟水资源立法重视水资源的整体性。例如在流域治理方面,《欧盟水框架指令》规定河流从源头到入海口是一个整体流域系统，局部河段与整个流域紧密相关。荷兰建立了以流域管理为基础的水理事会，法国根据水文特性划分成立了6个流域管理机构。在水质和水量方面，欧盟水资源立法密切关注水质和水量问题，减轻洪水与干旱的威胁是欧盟水框架指令的目的之一，航运、调蓄、防洪与排水都是确定水体已发生明显变化的理由。

欧盟水资源立法鼓励支持公众参与。例如《欧盟水框架指令》附录7第A9条规定需要收集整理公众意见并认真对待；第14条规定要给公众提供相关的背景信息；前言中提出为了实现欧盟水框架指令目标，可以采取法律尚未规定的其他公众参与形式等。

欧盟水资源立法亦重视市场调节机制的应用。立法利用水价的调整来鼓励高效用水，荷兰立法亦通过税费结合的方式来筹集防洪工程建设资金，法国立法则将谁使用谁付费、谁污染谁付费作为水资源费收取的原则之一。

欧盟水资源立法还重视程序法的制定以及对违法行为的制裁。除《欧盟水框架指令》之外,其成员国对水资源程序亦有立法。例如德国规定了3年、5年、15年徒刑或者罚金;[①] 意大利规定的法定刑罚有徒刑加罚金，并依严重性给予行政处罚，补充刑罚有禁止活动、损害赔偿、损害之修复。[②]

三、其他国家水资源立法考察

(一)英国水资源立法考察

自1945年以来,英国共颁布了至少8部水法:1945年,英国颁布第一部现代《水法》,标志着英国水资源国家供给政策的开端，第一次确立了保护和合理利用水资源的基本原则，确立了水权概念，引入了取水证的管理方式;1963年，英国颁布第一部《水资源法》,形成了一个包括主管住房及地方政府部大臣、水资源委员会(Water Resource Board)和河流管理局在内的水管理体系；英国1973年《水法》对英格兰和威尔士的水资源管理体制进行了重新改组，明确要求按流域(或联合邻近几个小流域)建立起一个综合性的承担流域管理职能的、政企合一的水务局，全权负责管理该流域内与水资源相关的所有事

① 最常适用刑罚是罚金，一般制裁是罚款20 000德国马克，徒刑常适用缓刑，鲜少适用3年以上徒刑。

② 其中最常适用刑罚是行政处罚，一般制裁是2个月至2年徒刑，以及300~5 000欧元的罚金，鲜少适用徒刑并科相当数额罚金之刑罚。

务，确立了流域统一管理与地方配合的水资源管理新体制；英国1989年《水法》进一步调整了水资源管理体制，在供排水企业私有化的同时，加强中央政府对供水企业的监管；英国1991年《水资源法》则是1989年《水法》主导思想和管理体制的延续；英国2003年《水法》对1991年《水资源法》进行了修订，强化对水务公司的监管，强调英国水资源的可持续利用；英国2014年《水法》则对取水证更改导致的赔偿、水环境监管、主要河流地图等问题作出相关规定。

这些法律实现了英国水资源管理模式的转型，建立了现代水资源管理制度，由国家对水资源进行综合管理、对水资源使用进行规划管控、实现水资源的合理利用等核心思想贯穿水资源法的始终。① 英国水资源立法注重水资源的整体性属性，例如，明确承认生态环境对水量和水质的需求，对水资源的利用实行全面的许可制度，这为保障生态环境用水提供了坚实的基础；又如，立法规定了较为全面和具有较强操作性的、可接受的、最低流量制度，以保障内水水域和地下水的最低流量、水位和水量以及水质。此外，立法还注重对主体水资源权利的保障，例如，规定利益相关者和公众参与制度，在保护私人权利的同时促进了社会公众参与。

（二）日本水资源立法考察

日本的水资源管理法律体系以日本《水资源开发促进法》为龙头，主要包括日本《水资源开发公团法》《水源地域对策特别措施法》《河川法》《特定多目的大坝法》《电源开发促进法》《工业用水法》《水道法》《工业用水道事业法》《工厂排水规制法》《水质保全法》《水质污浊防止法》《湖泊水质保全特别措施法》等。其中，日本1961年《水资源开发促进法》以促进河流水系水资源综合开发利用的合理化为目的，对水资源开发水系的指定、水资源开发基本规划的制定、水资源开发审议会制度，对国土综合开发计划的协调等内容作了规定。日本1961年《水资源开发公团法》专为设立以实施水资源开发项目为目的的水资源开发公团而制定，对水资源开发公团的地位、项目实施的方针和规划、具体运作方式、监管机制等作了比较详细的规定。日本1964年《河川法》是关于河流管理的重要法律，对河流管理的原则、中央与地方政府在河流管理上的分工、河流利用的规则、河川审议会制度等作了详细的规定。日本1967年《公害对策基本法》制定了水质环境标准。日本1970年制定《水污染防治法》，规定都、道、府、县知事必须对公用水域的水质状况进行经常性监测，环境厅在公共水域的重要地点也设置水质自动监测仪

① 刘丽、陈初萍、吴初国:《英国自然资源综合统一管理中的水资源管理》，载《国土资源情报》2016年第3期。

器，每年公布“全国公共水域水质监测结果”。日本 1973 年《水源地域对策特别措施法》目的是为水库周边地区居民进行利益补偿提供法律依据。

因此，日本在 20 世纪 50 年代至 70 年代，为满足工业高速发展对水的需要，修建了许多大型水利工程，将水加以储存和调用。同时，日本大力开发其他水源，如开采地下水等。但重开源、轻节流、轻治污，先污染、后治理带来了很多弊端。进入 20 世纪 80 年代之后，日本立法改变思路，将以开源为主的策略转向节流为主的策略，将先污染、后治理转向事前防治、源头减污。

总体来看，日本水资源立法具有系统性，其法律框架可以分为五个领域，即水资源开发的总体规划、与水资源相关设施的开发建设、水权和水交易、水务企业的运营和管理及水环境保护。在水资源开发的总体规划方面，日本 2000 年新的《全国综合水资源计划》颁布，即“21 世纪水计划”，规划以 2010 年至 2015 年为目标，重点是构筑可持续的用水体系以适应循环型社会发展的需要。此外，日本水法体系中最基本的是《河川法》，相当于统一各项分部门法规的大纲。其立法目的在于以流域为单元对河流进行综合管理，在防止河流受到洪水灾害影响的同时，维持流水的正常功能，并在国土整治和开发方面发挥应有作用，以利维持公共安全、增进公共福利。日本《河川法》立法的基本精神，一是强调流域水资源统一管理，规定全国水资源由一个部门主管，协调多个分管部门。主管部门负责规划，分管部门负责具体开发利用项目。二是强调了防洪与水资源利用的协调。在其他领域，日本《供水法》《污水法》《水污染防治法》《土地改良法》《工业用水法》《建筑物内地下水利用法》等一系列相关法律都有涉及。

同时，日本水资源立法亦注重水资源的整体性属性。在流域治理方面，以琵琶湖流域为例，琵琶湖流域有甲贺草津、八日市、彦根、长滨、高岛、信乐大津、志贺大津共 7 个河川流域单位。日本早在 1972 年就制定了《琵琶湖综合开发特别措施法》，提出整治规划，后又于 1979 年颁布《琵琶湖防治水体富营养化法令》，20 世纪 80 年代继续开展“琵琶湖综合开发计划”。20 世纪 90 年代后期，政府制定实施《琵琶湖综合保护整备计划》，从全流域着手，在水质、水源涵养、自然环境及景观保护上都严加要求。日本于 2006 年 12 月颁布、2007 年 4 月开始实施《分权制改革促进法》，据此成立了分权改革促进委员会（Decentralization Reform Promotion Committee）。2008 年 6 月颁布《分权改革促进纲》，规定将整个流域位于一个专区内的一级河流的直接控制管理转移给该专区。

（三）新加坡水资源立法考察

新加坡有较为全面的水资源法律法规体系，并得以严格地执行。这些法规条例明确规定，在新加坡，水是公共财产，政府通过行政和法律手段对水资源的公众利益进行干预。与水资源联系紧密的法规或条例包括：（1）新加坡2002年《环境污染控制法》，该法针对排放到废水处理设施和水道的液体物质，建立了污染物限值，具体指标包括温度、生化需氧量（BOD）、化学需氧量（COD）、总悬浮固体、总溶解固体、氢离子浓度指数（pH）值和28种不同化学品。（2）新加坡《环境公共健康（有毒工业废物）条例》，该法列出了一些有毒工业废物，这些废物受到特别的法律控制。（3）新加坡2001年《废水和排水系统法》，该法指定公共事业局负责与排水系统有关的事务。（4）新加坡2002年《公共设施法》则规定了公共事业局的职责。（5）新加坡《公共设施（供水）条例》，该法要求在新加坡强制使用水表和节水器具，规定"除非得到供水委员会的同意，不使用水表不得供水"。（6）新加坡《公共设施（中心集水区和集水区公园）条例》，该法规定对于"从任何水库和河流取水"必须获得事先批准。

新加坡水资源立法具有系统性，从水资源管理、水污染防治到用水节水，都有具体的规范；立法亦重视市场手段的运用，例如阶梯水费、鼓励使用回用水的收费体系、节水减免税、超标排污罚款、鼓励私人投资积极参与城市卫生基础设施建设等，都发挥了积极作用。立法还重视水资源权利，将公众、政府和私营部门纳入水资源管理范畴中来，并采取严格执法来具体落实相关的法律法规。在制裁方面，立法常常用罚款来实施其法规手段。对违法排放污水的，在处以罚款和拘留的同时，在违法行为持续期间，每天处以1 000新元以下罚款；再次实施环境违法行为的，在处以罚款和拘留的同时，在违法行为持续期间，每天另处2 000新元以下罚款。①

（四）澳大利亚水资源立法考察

澳大利亚环境立法起步较早，且较为完备。澳大利亚政府于1995年颁布了《水分配与水权——实施水权的国家框架》，明确了"环境是合法用水户"。1996年，澳大利亚政府又颁布了《地下水的分配与使用——澳大利亚地下水管理国家框架》，把地下水资源与地表水资源作为整体纳入国家统一管理范畴。两个框架性文件的目的是促进澳大利亚全国水资源分配及水权综合管理体系的建立，合理协调用水关系，在充分考虑参与水资源保护、管理和基础设施建设的投资者与用户利益的同时，保证维护生态环境的持续发展。

此外，澳大利亚的各州根据自己的特点制定了水资源开发、利用、保护和管理等内容完整的水法。例如：维多利亚州在1881年制定了《维多利亚水土保持法》，以发展灌溉、

① 王莉：《世界水污染及各国（地区）水资源立法制度》，载陈国平主编：《世界经济年鉴2011—2012》，中国社会科学院出版社2012年版，第357页。

保持水土和建立有关管理机构为主要内容。为促进水资源国有化，澳大利亚维多利亚州于1886年制定了《维多利亚综合灌溉法》；1905年制定《维多利亚水法》，并据此设立了流域综合管理的机构河流和供水委员会。南澳大利亚州1976年颁布了新的《水法》，对于水资源进行全面管理，包括地表水和地下水水量及水质的所有方面。

澳大利亚流域水资源立法颇具特色。以墨累—达令河（Murray-Darling）为例，墨累—达令河流域为促进与协调全流域的有效规划和管理，采取了一系列政策与措施。例如，1915年澳大利亚颁布《墨累河水域协定》；1985年制定、1987年批准《墨累—达令河水协议》；1992年颁布《墨累—达令河流域协议》（1993年联邦和州政府出台具体法律，明确其法律地位）；1994年达成框架协议；2001年制定了《2001—2010年墨累—达令河流域综合管理战略——确保可持续的未来》，作为新的自然资源管理战略；2004年制定政府间关于国家水资源的行动纲要。

（五）尼泊尔水资源立法考察

尼泊尔水资源极为丰富，多年平均径流量为2 246亿立方米。马哈卡利河、格尔纳利河、甘达基河及萨普塔柯西河四大水系，均为发源于喜马拉雅山区的融雪型河流。尼泊尔全国大小河流共有6 000余条，自北向南经印度汇入恒河流域。

尼泊尔水资源立法主要是1992年《水资源法》和1993年《水资源条例》。为了合理利用、保护、管理和开发尼泊尔地表水和地下水资源，防治水资源污染，尼泊尔政府部门于1992年制定了《水资源法》。该法致力于为居民提供充裕且安全的饮用水，开展可利用水资源的管理与开发利用，提高农业产量，以对环境保护友好的方式促进水力发电，鼓励用水户和私企广泛参与水资源开发、管理和利用。①根据该法规定，尼泊尔境内水资源所有权归政府所有，政府使用水资源不受该法案约束。非政府部门使用水资源需取得许可证，并向政府支付使用水资源的费用或年费，许可证可以出售或转让。在该法案基础上，尼泊尔政府在1993年颁布了《水资源条例》，简化许可证程序，简化开采费、所得税、关税等税费的征收手续，放宽外汇和电力交易限制等。②

四、结论

可以发现各国水资源立法发展呈现从区域控制到流域控制、从单向立法到综合立法

---

① Shyamu Thapa Magar，"Water Resources in Nepal：Institutional Analysis Based on Legal Provisions"，*Occasional Papers in Sociology and Anthropology*，Vol. 9，2005，pp. 194-227.

② 樊彦芳等：《尼泊尔水资源管理体制与中尼水利合作初步思路》，载《边界与海洋研究》2018年第6期。

的趋势。分而言之，包括以下几个方面：

第一，在立法模式上，各国基本上规定了综合性的水资源法，并以其为核心建立包括水资源开发、利用和保护在内的水事法律体系。同时，在流域水资源立法方面，亦表现为三种模式：一是分散立法模式，即在各种有关水资源法律或行政法规中单独对水资源相关问题进行立法，所有有关立法内容可以适用于国家的流域管理。例如，英国、法国等国的水法主要体现了流域管理的理念，立法较为分散。二是专门立法模式，即主要是分析某一河流或者流域水资源环境的特点制定相应的单行法律，进行水资源的开发与保护。例如，西班牙《塔霍—赛古拉河联合用水法》、美国《田纳西河流域管理法》等，都是对于某一条河流专门制定了单行法律进行水资源的开发与保护。其他国家也纷纷借鉴经验并结合本国实际，颁布本国的水资源流域管理，取得了较为理想的效果。例如，英国泰晤士河流域管理、法国的六大流域的流域管理等，都已经成为各国效仿的成功典范。三是统一立法模式，即由国家立法机关或行政机关对本国水环境归纳分析总特点，进行整体上的流域立法，制定通用性的原则，建立对于所有河流都适用的立法规定以指导与规范水资源环境管理。例如，日本《河川法》，便采用了更为统一的立法模式。

第二，在立法层级上，各国水资源立法呈现中央立法[①]与地方立法并行不悖的特点。其原因一是在一些国家水资源的所有权归属于地方政府，二是各地水资源呈现不同的特点而使得统一的标准不适用。地方立法的优势在于更具针对性和可操作性。此外，在一些国家，州或地方在地表水、地下水、水质、水量、生态用水等方面的立法甚至走在联邦立法的前头。例如在巴西的全国性水法颁布之前共有 11 个州颁布了地方水法，从而为全国性立法框架的设置提供了相当有益的借鉴。

第三，在立法理念上，各国水资源法以水的自然属性和社会属性为基础，体现了立法的资源化、权利化、多元化理念。其一，秉承资源化理念，在过去十几年里，各国在水资源管理中越来越多地采用市场手段。一是水权及水权交易，包括水权分配、水交易和水质交易。纵观各国立法及实践，美国采用此种方式较多，但各州的实践有较大差异。二是价格和税收，多数国家立法规定了将价格（费用）、税收作为水资源管理的政策手段，广泛应用于水污染控制、生活用水供给、工业用水供给、污水处理、农业用水等多个方面。三是私人投资，多数国家水资源立法规定私营部门可参与水务市场的经营管理以提高市场运作的效率。其二，秉承权利化理念，各国水资源立法都重视水资源权利的实现和保障。

① 也有一些国家的中央层面的立法以政策指导为主，例如澳大利亚 2004 年《全国水资源计划》、墨西哥《国家水计划 1995—2000》。

无论是政府调控，还是市场调节，都将作为水资源消费者的公众参与方加入相关的制度或机构设计中，以促进水资源立法的实施。在此方面，美国水资源保护公众监督和公益诉讼的立法和实践较为先进和完善。其三，秉承多元化理念，各国水资源立法在治理机构方面虽有单纯的政府机构管理的模式①，但以由非政府机构管理的模式②或政府与私人合作管理的模式③居多，后两种模式更有利于对权力的监督。

第四，立法注重以刑事责任和刑事制裁作为水资源保护的最后保障。大多数国家都在本国水法和刑法典中规定有环境犯罪，有些国家还在刑法典中设有针对环境犯罪的专门章节和法典，以突出环境犯罪在刑法典中的重要性。例如，日本《关于危害人体健康的公害犯罪制裁法》以特别刑法的模式规定了水污染犯罪及其处置；俄罗斯《联邦刑法典》规定，严重违反水法的有关单位的负责人将可能依照刑法负担刑事责任。有些国家除处罚结果犯外，还将危险犯纳入规制范围之内。例如美国的《联邦水污染控制法》规定了包括罚金和监禁在内的刑事制裁，对因故意违法而使他人陷于死亡的严重后果或人身伤害危险的违法者，可判处 25 万美元以下的罚金或 15 年以下的监禁，或进行并罚。又如意大利有关刑法规定，凡可能造成水资源的污染并可能会危害公众健康的人，将要被处以 1 年以下的监禁，若出现他人死亡的严重后果，则行为人还可能被判处终身监禁。

第五，立法与政策互补以保障和促进立法的实施，这也是各国水资源立法的特点之一。各国在加强水资源立法的同时，还通过实施水资源项目、计划、行动等方式与立法形成互补。例如，加拿大联邦与相关的省发起了一系列计划或行动，包括 1988 年圣劳伦斯河计划、1989 年大湖行动计划、1998 年北部生态行动、2003—2008 年佐治亚流域行动计划等；在美国，一系列水资源保护的项目和资助计划也已经开展，如 1980 年全国范围内市区径流项目、1987 年非点源污染示范资助项目、1996 年州饮用水循环基金、2004 年的休耕保护计划等。

综上所述，发达国家水资源立法起步较早，相较于我国而言法律法规较为完善。从借鉴意义上而言，可总结出以下几点：首先，水资源立法应秉承一定理念并贯彻于法律制度之中。从水资源的概念及其属性出发，水资源立法应秉承资源化、多元化、权利化

---

① 例如罗马尼亚 1995 年《环境保护法》和 1996 年《水法》规定罗马尼亚涉及水管理的机构主要有水与环境部、农业与食品部、罗马尼亚国家水公司和地方环境保护检查局。

② 例如荷兰立法规定在中央、省、水董事会及市镇三级水管理体制下，地方和区域水管理由水董事会和市政委员会负责。其中，水董事会是一个非政府、公共、经济独立自主、自负盈亏的组织，其地位与市政管理机构相当，具有制定规章和征税的权力，按照全成本回收和污染者付费的原则通过征税获得水质和水量管理工作所需的全部经费。

③ 例如法国流域水资源管理的最高决策机构流域委员会，就是由代表国家利益的政府官员和专家代表、地方行政当局的代表和企业与农民利益的用户代表组成的。

的理念，并以此为指导对现有水资源法律体系进行修改和完善。其次，水资源立法模式可采取中央立法与地方立法、综合立法与专门立法并行不悖的形式，如此，既保证水资源立法的统一性，又满足了水资源调整的地域性和灵活性的需求。在中央层级，制定一部综合性的水资源法，并以其为核心建立适应时代发展和国情需要，包括水资源利用法、水资源保护法、水利法、水运法、水能法、水污染防治法、水害防治法、特殊水体法、节水法、流域管理法等在内的水资源法律体系。最后，水资源在立法内容上应重视实体法中关于法律责任尤其是刑事责任的规定，同时注重程序法中公民参与、公民监督、公益诉讼等程序规定，以保障公民水资源权利的实现。

第3节　水资源法的基本框架

一、水资源法的立法理念与原则

（一）水资源法立法理念之解析

在马克思主义哲学中，理念是概念和客观性的符合，是社会存在的反映。其内涵有三[①]：一是指表象和印象，即人们的感官直接接受客观事物的刺激而形成的认识。二是指人们对事物的看法、认识。在这个意义上，理念的东西与客观物质的东西相对。三是指作为社会存在反映的社会意识观念，包括人们对各种社会现象的认识、看法而形成的观念以及系统化、理论化的观念形态。

在法学领域，理念则表现为对法的抽象的、理性的认识以及某种程度的期望。在黑格尔[②]看来，法的理念就是法的概念及其现实化，而为了得到真正的理解，必须在法的概念及定义中来认识法。新康德主义法学家鲁道夫·施塔姆勒则认为，法理念是法的追求、理想和目标。[③]我国学者对法理念也有详细阐述。史尚宽认为，法律制定及运用之最高原理，谓之法律理念。[④]李双元认为[⑤]，法律理念就是对法律的本质及其发展规律的一种宏观的、整体的理性认知、把握和建构，是一种理智的思想，是一种方法，是一种态度，

---

① 冯契：《哲学大辞典》（修订本），上海辞书出版社2001年版，第476页。

②［德］黑格尔：《法哲学原理》，范扬、张企泰译，商务印书馆1961年版，第1~2页。

③［美］E. 博登海默：《法理学：法律哲学与法律方法》，邓正来译，中国政法大学出版社1999年版，第173页。

④ 史尚宽：《法律之理念与经验主义法学之综合》，载刁荣华主编：《中西法律思想论集》，汉林出版社1984年版，第259页。

⑤ 李双元等：《法律理念及其现代化取向》，载《湖南省政法管理干部学院学报》1999年第1期。

是认识论、方法论和本体论有机结合的产物。江山在《中国法理念》一书中认为，“法理念既是具体法形态的内在，同时也是法之本体的存有。差不多可以说，实在法、理性法、自然法都有自己的法理念或内在精神，然亦有交叉或综合的法形态的理念精神”[①]。面对这一界定，刘作翔在《法律的理想与法制理论》一文中指出：“作者基本上是在与‘法精神’、‘法观念’含义相同的基础上使用‘法理念’这一概念的。”其接着认为，“法律理念乃是指对一种法律目标指向的实现”[②]。

从理念的一般概念出发，可以认为，法理念是人们对法的本质及其发展规律的一种宏观的、整体的、理性的认知，是一种高度抽象、理性的法意识。它来源于法律实践，同时也反作用于法律实践。亦即，在法的发展过程中，法理念同样具有一定的功能。

正如罗伊德所认为的，法理念对人类文明有不可磨灭的贡献，“它使现行的法规得以表现，提供方法，使这些规定有机会作合理的发展，或是创造新的规则，同时提供一种指导人类行动的工具”[③]。从法的进化和发展过程来看，法理念的功能与理念的功能相同，一是认识论功能，即对法的一般规律及其特点的揭示和高度概括；二是方法论功能，即以普遍原理、原则、方法、方案和模型指导法律实践。

根据法理念的含义可知，水资源法的理念是指人们对经济法在宏观和整体上的理性认知与把握，是对水资源法应然规定性的理性的、基本的认识和追求。它具有以下特点：

第一，抽象性与整体性的统一。在理念内涵的来源上，只有在对水资源法律现象进行抽象和升华，把握其内在本质和客观规律之后，才能够得到对水资源法理念的科学认识。同时，水资源法理念不是着眼于水资源法的局部，而是注重宏观和整体，唯有如此，才能保证理念的正确性。

第二，逻辑的应然性与功能的有效性的统一。水资源法理念的应然性表现在它应当反映水资源法的应然性。一是在水资源法理念内涵的来源上，人们只有在也必须在经过对水资源法现象的抽象和升华，把握水资源法的内在本质和客观规律之后，才能够得到对水资源法理念的科学认识。二是在水资源法理念的研究对象上，水资源法理念不是着眼于水资源法的局部，而是注重宏观和整体，唯有如此，才能保证水资源法理念的正确性，才能保证水资源法理念对整个水资源法现象统帅作用的发挥，才能保证水资源法的研究、立法和实施沿着正确的轨迹进行。同时，认识的辩证运动乃是从实践到认识，再从认识

① 江山：《中国法理念》，中国地质大学出版社 1989 年版，《自序》第 2 页。

② 刘作翔：《法律的理想与法制理论》，载《南京大学法律评论》1995 年第 2 期。

③［英］丹尼斯・罗伊德：《法律的理念》，张茂柏译，联经出版事业公司 1984 年版，第 138 页。

到实践。水资源法理念作为一种理性认识的形态，来源于水资源法律的实践，必然又反作用于水资源法律的实践，指导着水资源法的制定和实施。一般来说，水资源法理念具有预测功能、导引功能、外化功能、表征和指称功能以及促进功能。

在把握水资源法的立法理念的含义时，还须注意其与其他相关概念的区别。

首先是水资源法理念与水资源法宗旨的关系。水资源法的宗旨或水资源法的目的，是指水资源法调整一定范围的社会关系所要实现的目标。水资源法的宗旨作为水资源法所要实现的目标，是市场经济主体必须遵守的共同准则。因此，相对于水资源法的立法理念来说，水资源法的宗旨更为具体，是在水资源法的立法理念的指引下的，人们对水资源法设定的具体目标。因此，水资源法的宗旨是经济法理念和价值的具体化，应该服从于水资源法的理念。

其次是水资源法的立法理念与水资源法价值的关系。水资源法的立法理念与水资源法价值是完全不同的两个概念。其一，水资源法的价值是水资源法对水资源法主体的需要和满足，具有客观性，而且它只有在需要人们实际利用水资源法时才能释放，此前只是一种属性和可能；理念则是事先对事物的揭示与构建。其二，水资源法的立法理念在一定程度上可以说是人们对水资源法固有价值的终极判断，因而决定着水资源法的价值，后者是随着水资源法的立法理念的变化而变化的。当然，水资源法价值可以反作用于水资源法的理念，只有凭借水资源法价值的释放，水资源法的立法理念才能由应然状态转变为实然状态、由理想转变成现实需要。

据此，水资源法的立法理念包括资源化、多元化和权利化三项内容。

第一，所谓资源化，即以水的资源属性为基础进行相关水资源法律制度的设计和完善。主要考虑三个方面：其一，水资源具有资源的国家所有权属性。20 世纪之后，随着生态环境的恶化和水资源危机的出现，水资源与土地相分离而成为国家所有权客体已是普遍现象。因而必须由中央政府对全国范围内的水资源进行宏观调控、统筹管理，各级地方政府负责本行政区域内水资源的开发、利用和保护，从而实现国家对水资源的所有权。其二，水资源具有资源的公共物品属性。对于公共物品，“每个人对这种物品的消费不会造成任何其他人对该物品消费的减少”①。水资源消费的非排他性和非竞争性使得具有“经济人”特征的消费者趋于以尽可能少的代价换取对资源尽可能多的利用，结果必然会是公共资源的过度使用甚至衰竭，因此必须由政府进行管制。与此同时，西方经济学理论

① P. A. Samuecson, “The Pure Theory of Public Expenditure”, *Review of Economics and Statistics*, 1954 (4), pp. 387-389.

与实践表明，若政府作为公共物品的唯一管制主体，则会出现政府失灵的现象，应当以市场调节机制作为有益的补充。其三，水资源应当体现资源的优化配置。在市场经济体制下，市场机制是资源配置的决定性力量。但市场配置资源客观上存在不足，当出现市场失灵时，就需要政府调节机制予以矫正。因此，在水资源配置过程中，政府与市场应互相配合、互为补充，方能达致资源的优化配置。从国际先进经验来看，美国、日本、英国、澳大利亚等国在面对水资源稀缺和用水需求增长的难题时，都运用了市场手段对水资源重新配置，提高了水资源的利用效率。以澳大利亚为例，澳大利亚通过1987年签订的《墨索—达令分水协议》，开放了水市场，使得水资源向高附加值产业集中，比较圆满地解决了水资源配置这一难题。

第二，所谓多元化，即水资源治理主体的多元化。水资源的公共性和对其使用方式的多元性决定了其资源保护管理的任务绝对不可能是单一机构就能完成的，必须有各相关部门的配合。另外，随着现代行政管理内容的扩张和民众用水需求的多元化，单一的行政管理模式是不可取的，必须实现水资源治理主体的多元化。这至少包含四个方面内容：其一，政府必须实现主动让位和自我克制。政府应当适度放松对水资源的管制，实现权力主体的分散化和公共资源管理的多元化，将一部分水资源管理权授权或委托给社会和市场行使[①]，构建多主体共同治理的水资源管理模式。在退出中观和微观管理领域后，政府应严格规范自身权力的行使，不得随意再度进入。其二，政府对社会中间组织的培育和制约。一方面政府可以通过政策指导、制度支撑、信息提供和财政支持等多种方式为社会中间组织参与水资源治理提供良好的外部环境；另一方面，政府应当通过非直接干预的方式对社会中间组织的无效治理行为、权力滥用行为予以监督和制裁。其三，社会中间组织对政府的协助和监督。一方面，社会中间组织参与水资源治理可以起到有效协助的积极作用：由于直接与用水者联系，社会中间组织可以通过收集、统计、分析各种用水信息，研究和制定当地水资源的开发规划，进行实践调查等方式为政府的宏观调控提供基础数据，同时协调政府与其成员以及其成员之间的利益矛盾等。另一方面，社会中间组织可以通过参与政府的水资源决策以及对政府违法行为提起复议或诉讼的方式对政府的水资源治理予以有效制约和监督。其四，市场主体积极参与水资源治理。国外的水资源治理实践表明，水资源治理中的公众参与能够增强公众对水资源管理和分配的参与意识，有利于促进水资源分配的公平性。例如澳大利亚的水资源管理部门就通过设立

① 可以将属于宏观层次、具有决策和调控性质的水资源管理职能由政府保留，属于中观和微观层次、具有执行性和技术性的一般管理职能根据具体情况以不同方式让渡给社会（例如社区自治组织和社会自治组织）行使。

一些民间机构为公众参与治理提供平台，例如社区咨询委员会、农民联合会、民间团体等。[①] 基于此，应着手建立政府调控与市场调节相结合、多元主体参与的水资源管理机制，在中央层面设立水资源监督管理委员会对水资源进行统一管理。同时，政府开放水资源市场并适当分权，保证社会中间组织及市场主体能够参与水资源的治理。

第三，所谓权利化，即将对水资源的占有、使用、收益和处分权能视为公民的基本权利予以维护及保障，其实现需要有相应的法律制度保障。一是权利主体问题，尤其是作为个体的主体地位的确认和保障问题。例如，尽管相关立法规定了对个人的用水许可，但在现实中个人却很少掌控相应的水资源。在取水权交易的主体资格上，尽管法律规定是平等的，但现实中社会力量对比的显著差别使得处于弱势地位的个人无法与国家机关对抗。对个人交易地位进行特别保障也值得深入研究。二是权利内容问题。纵观水资源治理较发达的国家，都制定有一系列法律法规，对水资源权的界定、分配、转让或交易都作明确的规定。[②] 有必要在明确水资源权利主体的基础上建立以水资源权许可、水资源权有偿获得、水资源权交易为核心的制度体系，完善包括水资源权市场配置机制、水资源权交易机制、水价市场机制、水权运营经济补偿机制等在内的相关制度。三是权利的救济问题，即应明确水事纠纷的解决途径，赋予主体复议或诉讼的权利。

综上所述，水权的实现要求以资源化、多元化、权利化为基本理念对现有水资源法律体系进行修改和完善。

（二）水资源法立法原则之确立

在借鉴别国立法的基础上，本书认为，建构我国水资源法体系应遵循综合性立法与专门性立法相结合，实体性立法与程序性立法并重，事先预防、事中监督与事后治理性立法并重三项原则。

第一，立法应遵循综合性立法与专门性立法相结合原则。目前，我国《水法》《环境保护法》《水污染防治法》《水土保持法》都包含水资源保护的有关内容，但是这四部法律都由全国人大常委会制定，因而在法律层级上属于同一层次，且都是以单行法的形式对不同的水行为采取具有同一法律效力的法律文件进行规制，不免存在内容相矛盾或重复的立法情形。从国外的有关立法情形来看，我国首先应制定一部完善的水资源法，并明确其法律地位，将其定位为综合性、纲领性的法律。其中规定水资源开发、利用、保护过程中的原则性规定，以及有关水资源管理的基本制度，同时避免与其他相关水资源

① 刘普:《中国水资源市场化制度研究》，武汉大学 2010 年博士学位论文，第 65 页。
② 刘普:《中国水资源市场化制度研究》，武汉大学 2010 年博士学位论文，第 65 页。

单行法的重复与不必要的冲突。在纲领性的水资源法之下，制定水资源治理领域的各单行法。同时，为确保水资源法等有关法律的实施，有必要制定和完善下位阶立法。鉴于各区域水资源特点等方面的差别，应在水资源法等法律以及行政法规的框架内，结合地方水资源治理的需求，制定符合本地区需要的地方性法规。需要注意的是，在立法过程中，应尽量淡化部门立法色彩，发挥全国人大在水资源立法中的积极作用，以利于从可持续发展的视角制定和修订相关立法，且利于水资源法律体系内部的协调统一，避免立法过程中和立法内容上的部门、区域之争。此外，法律体系是一个有机整体，不仅要求各部法律法规自身的完善，而且要求法律之间在横向与纵向方面的协调统一。为此，不仅应进一步完善水资源法律体系，还应基于水资源保护和可持续利用的需要，完善与水资源相关的立法，如环境保护法、环境影响评价法等。

第二，立法应遵循实体性立法与程序性立法并重原则。关于实体法与程序法的关系，学者有过很多研究。在两者关系上，一方面，徒程序不足以自行，苏格拉底之死就是典型的例子。即使在程序法占核心地位的英美法系国家，亦未将程序法视为解决一切问题的最佳方式。例如美国《州示范行政程序法》第 1–103 条（b）规定：“本法只创设程序性权利，只赋课程序性义务。这些权利和义务，需与其他法律创设的权利和赋课的义务合并适用”[①]，因此，实体法必须存在。另一方面，程序法亦不可或缺。从正义的角度来看，正义分为实质性正义和程序性正义。实质性正义着眼于价值理想的基本内容与观念。程序性正义着眼于机会的公平平等，侧重于通过规范的程序性操作把正义从理论形态转化为现实形态的过程。其本身就是正义的一部分。从程序法自身来看，其因自身的秩序性、防止专擅与限制随意性、保障理性选择、推动法律权威的建立等价值而具有存在的意义。由此可见，水资源立法既要重视实体性立法亦要重视程序性立法。在实体法方面，重视主体权利、义务的规定，尤其是对法律责任的承担主体、承担方式加以完善；在程序法方面，完善相关制度，从原告资格、受案范围等方面建立完善的水资源公益诉讼制度。

第三，立法应遵循事先预防、事中监督与事后治理性立法并重原则。从各国立法来看，其总体趋势在于从“先污染再治理”向事先预防演进，各国立法亦逐渐重视事先预防性立法。而我国目前仍偏向于事后治理性立法，例如与水污染防治立法相比，有关水资源合理开发和利用的立法略显滞后。因此，水资源立法应将事先预防、事中监督与事后治理三方面相结合，以促进水资源的可持续利用和保护。

① 原文为：This Act reacts only procedural rights and imposes only procedural duties. They are in addition to those created and imposed by other statutes.

二、水资源法的核心概念与基本原则

根据以上立法理念与原则，水资源法应被定为具有纲领性、综合性的法律规范，是水资源领域的基本法。从基本结构上看，应当包含以下内容。

（一）明确核心概念体系

就核心概念而言，一是明确水资源的概念。如前文所言，所谓水资源，作为可供利用或可能被利用,具有足够数量和可用质量,并且能够长期满足某一地点资源需求的水源，包括地表水、地下水以及沿海水体。二是明确水权的内涵，水权即水资源财产权，是包含占有、使用、收益和处分在内的权利束体系，下文将详细加以论述。

（二）明确水资源法的基本原则

水资源法的基本原则,应当定位为公平、效率、可持续利用原则。关于公平,由于“每个社会成员仅仅因为他是社会成员之一，就有权不仅享受其他社会成员所提供的个人生活所需，而且有权享受每一个人都想得到而实际上确实对人类福利有益的一切好处和机会”[①],因此,公平是法的基本理念之一。公平包括起点公平、过程公平、结果公平和代际公平。由于水资源是人类及一切生物赖以生存和发展的基础资源，因此水资源必须做到公平配置，亦即，将代表水资源利益的水资源初始使用权在区域内用户间公平配置，最终通过水市场机制和调控的补偿机制实现水资源利益在区域内用户间的公平再分配。水资源的公平配置，其一是体现为代内公平，即同代人之间对于水资源所享有的利益必须达到公平合理的要求；其二是体现为代际公平，使水资源的开发、利用和保护既满足当代人的需要，又不对后代人满足其需要的能力构成危害；其三，在生态系统运行中，水以不同的形态不断运动，为各种生物的生存繁衍提供物质、能量及环境，因此水资源的公平配置也应当体现在与其他物种之间、与生态环境之间的相互协调，而不可危及生态系统的动态平衡。

关于效率，其基本意义是从一个给定的投入量中获得最大的产出，即以最少的资源消耗取得同样的效果，或以同样的资源消耗取得最大的效果。它作为一种法的价值目标导入法学领域始于20世纪60~70年代法律经济学的勃兴。从法哲学角度讲，所谓法的效益理念是指法能够使社会或人们以较少或较小的投入获得较多或较大的产出，以满足人们对效益的需要。法的效益理念在于利用权利和义务的分配方式,来规范资源的有效配置,

① [英] 彼得·斯坦、约翰·香德:《西方社会的法律价值》，王献平译，中国人民公安大学出版社1990年版，第85页。

即利用法律的有机作用促使效益结果的出现。水资源作为一个国家综合国力的有机组成部分，是不可替代的生产资料，因此也受到市场经济规律的支配。作为水资源法基本原则的效率，指向发挥市场配置资源的基础作用，使有限的水资源尽可能多地创造经济效益和社会效益。

可持续发展原则作为国际环境法的基本价值理念，已经渗透到国际环境立法和实践中。例如《联合国气候变化框架公约》第 2 条提出："根据本公约的各项有关规定，将大气中温室气体的浓度稳定在防止气候系统受到危险的人为干扰的水平上。这一水平应当在足以使生态系统能够自然地适应气候变化、确保粮食生产免受威胁并使经济发展能够可持续地进行的时间范围内实现。"可持续利用作为可持续发展原则最直接的应用方式，要求在一定范围内对水资源配置加强管理，协调上下游、左右岸、行业间的利害冲突，兼顾各方的利益，注重当前利益与长远利益的结合，尤其要注重生态环境效益，其强调的是水资源、生态环境与社会经济复合系统三者之间的协调发展。

三、水资源法的制度架构

就制度架构而言，水资源法应致力于建立多元化的水资源治理机制。水资源治理机制的多元化体现在三方面。一是形成作为治理核心的行政管理机制。在中央层面，设立国家级的水综合管理机构，在地方层面，整合地方相关部门的职能，成立环境资源厅、局，对水资源实行统一管理。对于流域治理，则实行统一管理，设立直属于中央的流域管理委员会作为流域范围内各项流域管理事务的总决策机构。二是明确以行业协会为代表的社会中间层在水资源治理中的地位，赋予其社会团体法人的地位，使其充分行使包括参与决策权、规章制定权、监管权、处罚权、纠纷处理权、起诉权在内的自治权。三是为公众参与治理建立强有力的制度基础。明确赋予公众参与水资源治理的知情权、参与决策权，以及对与水相关的政府决策的质询权，等等。在这一结构中，需要明确各方主体的权利（力）、义务（责任）及权利的保障等内容。

（一）权利（力）和义务（责任）的配置

这一部分包含两对概念，即权利与义务、职权与职责。关于主体的权利与义务，需要明确主体的水资源权利，包括占有权，以汲水权、引水权、蓄水权、排水权、航运权为代表的使用权，以及收益权，明确划分公权干预的权力空间和市场机制的边界。同时，主体需承担相应的义务。一是生态经济补偿的义务。在水资源法领域，该义务体现了水资源所有者与使用者之间的经济关系，主要在以下情况下存在：使用者在行使水权使用权时，应同时缴纳水资源费履行使用补偿的义务；下游的水权使用者有义务承担保护水资源的成本投入，还应对上游地区丧失自身发展的机会成本进行经济补偿；水权使用者因排污等原因造成外部不经济性，应对受污染地区进行生态经济补偿，同时应对水资源污染造成其他水权使用者的损失进行补偿；在水权交易和使用过程中，因水权使用者从事对水资源系统有害的活动而造成损失的，应进行生态经济补偿。二是对水权资产的保值增值义务。这一义务既是水资源使用的安全和效率对水权主体的基本要求，也是水权主体自身的根本利益所在。三是水资源的保护与合理利用的义务。这是水资源使用者对水资源所有者及潜在收益人所应负担的一项义务。

关于主体的责任，此处主要是指法律责任的承担。目前，在我国水资源法律规范中，关于法律责任的设置尚存在一些问题。

首先，法律责任的类型配置不当。在水资源法领域，主体承担的责任应当包括民事责任、行政责任和刑事责任。民事责任，即主体因违反合同或者不履行其他法律义务，侵害国家、集体、他人的财产或人身权利而依法承担的民事法律后果，包括违约责任、侵权责任；行政责任，即因违反涉及有关水资源法律法规规定而应当承担的法定不利后果，例如未经批准擅自取水或未依照批准的取水许可规定条件取水而产生的行政责任。刑事责任，即因违反与水资源相关的刑事法律而应承担的法定不利后果，是最严厉的一种法律责任。如前文所述，目前我国水资源法律责任体系尚不完善，行政责任、民事责任和刑事责任的配置不当。从目前相关法条数量来看，行政法律责任条款占全部法律责任条款的68%，刑事责任条款占26%，民事法律责任条款占6%。且诸类型的法律责任之间衔接不够，责任实现尚存在障碍。尤其是刑事责任，仍需进一步完善。我国现行立法与水资源刑事法律责任相关的规定主要有《刑法》分则第六章，《水法》第64、72、73、74条，《水污染防治法》第90条相关条款，同时还包括《环境保护法》及其他相关法规中一些原则性规定。总体来看，其不完善之处主要体现在罪名设定和责任承担方式两方面：尚无专门针对水资源开发、利用和保护过程中的犯罪行为的罪名设定；包括罚金、管制、拘役和有期徒刑在内的四种责任承担方式与水资源犯罪所可能导致的严重的危害结果不相适应。因此需建立起行政责任、民事责任和刑事责任相衔接的责任体系。在现行立法基础上，进一步拓展财产刑的适用范围和幅度，增加罚金刑罚幅度、扩展没收财产刑罚适用的范围，以威慑水资源犯罪行为，有效制止水资源犯罪的发生和蔓延；增设资格刑，通过限制或是剥夺犯罪主体从事水资源领域某种特定职业和从事特定的生产经营活动权利资格，如责令停产、歇业、勒令解散等方式使其不再具备继续犯罪的资格和能力；增设专门保护水资源的具体犯罪罪名，例如污染水环境罪、非法取水罪、破坏水利设施罪等，以更有效地直接惩处水资源违法犯罪行为。此外，水资源法律责任的实现还须依托完善的诉讼制度，因此须建构完善的公益诉讼制度，并进一步完善现行刑事诉讼制度以保障全社会对于水资源污染和其他破坏行为的监督，保障公民水资源权利的实现。

其次，法律责任内容缺乏可操作性。例如，在目前的水资源法律规范中，规定行政主体及公务人员法律责任的条款比较少。在水资源法律规范中，据本书统计，行政相对人是涉水法律责任的主要承担主体，占 58% 的比例；行政主体的法律责任占 13%；公务人员的法律责任条款占 29%。又如，规定行政主体及公务人员的法律责任条款内容较为粗糙和笼统，表现为对行政主体及公务人员的违法、违纪情形和结果规定得较为粗糙，大多数条款只规定了“给予行政处分”。

关于主体的职权与职责，则需要明确水资源治理权力的划分与类型，包括中央政府的水资源宏观治理权（包括配置权、协调权、评价权与监督权）、地方政府的微观水资源治理权（包括取水管理权、节水保护职责、水市场的监管权），以及社会中间组织的行业自治权。同时明确上述主体应承担的责任类型，例如法律化的政治责任、赔偿、补正、撤销、停止不恰当的治理行为和实际履行、罚金、资格撤销等。

（二）建立权利的程序保障

程序对于权利保障的价值和意义毋庸置疑。水资源法必须建立完善的程序机制才能真正实现实体制度的内容。这里的程序机制包括两个方面，即制约权力和救济权利的程序机制。

首先，水资源法的行政程序。水资源法的行政程序，是具有水资源管理职能的行政机关、社会中间组织行使行政立法权、行政执法权、行政司法权的方式、步骤、时限、顺序等法律规范的总称。如以行政行为发生的阶段为标准，可将水资源行政程序划分为事前和事后两大类。事前行政程序是指行政机关、社会中间组织在从事行政行为时，尤其是对公众权益有较大影响的行政行为时，必须根据公平、公开原则，正确把握事实，听取管理相对人或其他利害关系人的意见，事先对各种利害关系作出综合平衡和调整再作出处理决定。事后行政程序则是指水资源行政行为生效后，如果管理相对人或其他利害关系人认为其违法或不当，可以声明异议、申请复议、申请停止执行或请求获得赔偿。而作出决定的社会中间组织、行政机关或其上级机关应当依照法定程序进行复议或作出决定。由此来看，水资源行政程序的核心在于事前的行政听证制度以及事后的申诉和赔偿制度。前者在于制约权力，后者则更关注权利的救济。

关于听证制度，1999年《环境保护行政处罚办法》、2003年《环境影响评价法》、2004年《环境保护行政许可听证暂行办法》、2006年《水行政许可听证规定》、2010年《环境行政处罚听证程序规定》都有相关规定。虽然这一制度日臻完善，但由于制度建设起步较晚、公众的参与意识不强、制度不完善等原因，听证制度还需进一步完善，例如改进听证代表产生程序、信息公开等，以有效促进水资源行政程序的完善。

事后的申诉和赔偿制度，包括水资源行政复议和水资源行政赔偿。其中，水资源行政复议既是公民法人和其他组织寻求救济的权利，也是水资源管理系统内部的执法监督与制约机制。水资源行政赔偿是国家对水资源行政侵权行为承担的赔偿责任，使受害人通过申请国家赔偿得到行政救济。但目前我国的申诉与赔偿制度并不完整。一方面，只有当公民、法人和其他组织的水资源权利受到侵害时才能采取上述行政救济方式，因此不能有效遏制导致可预见危险的行政行为；另一方面，上述救济方式应当与其他救济形式，例如水资源民事诉讼、仲裁、行政诉讼、刑事诉讼相衔接才能取得良好效果。

其次，水资源法的诉讼程序。水资源法中的诉讼程序，包括水资源民事诉讼、行政诉讼和刑事诉讼。水资源行政诉讼是行政管理相对人认为其合法性权益受到水资源执法机关及其工作人员的具体行政行为侵害时，向法院寻求的一种司法救济形式，其特点在于起诉人是行政管理相对人，被诉人只能是行使管理权的国家行政机关及其工作人员。关于水资源刑事诉讼，学者已就环境刑事诉讼做了详细研究[①]，本书不再赘述。此处需要重点关注的是水资源公益诉讼机制的建立。在水资源诉讼机制中，水资源公益诉讼既可涉及民事诉讼又可涉及行政诉讼，因此水资源法需要对公益诉讼案件的诉讼主体、受理条件、诉讼范围、审判程序等作出具体规定，从而形成完整规范的水资源公益诉讼制度。

如学者所言，在水资源法律中体现水生态文明兴起的标志包括“生态环境的改善、生态政治的兴起、生态经济的发展和生态文化的繁荣”[②]，而水资源公益诉讼制度在这四个方面都起着重要的作用。水资源公益诉讼，是指法律授权的主体，在水资源公共利益受到侵害或者威胁时，为了保护环境公共利益而对有关侵害主体或行政机关提起诉讼的权利，其是环境公益诉讼的一种具体表现形式。目前有关环境污染损害诉讼的法条主要有：《民事诉讼法》（2017年6月27日修正）第55条[③]、《民法典》第1229条[④]、《环境保护法》

① 参见李华《环境刑事诉讼启动程序研究》，中国海洋大学2012年博士学位论文，第1页。

② 姬振海：《生态文明论》，人民出版社2007年版，第6~7页。

③ 该条规定：对污染环境……损害社会公共利益的行为，法律规定的机关和有关组织可以向人民法院提起诉讼。

④ 该条规定：因污染环境、破坏生态造成他人损害的，侵权人应当承担侵权责任。

第 6 条[①]、《海洋环境保护法》第 89 条[②]、《水污染防治法》第 99 条[③]、2005 年《国务院关于落实科学发展观加强环境保护的决定》[④]、2010 年《最高人民法院关于为加快经济发展方式转变提供司法保障和服务的若干意见》[⑤]等，地方层级也有相关规定，例如江苏省高级人民法院 2012 年颁布的《关于在我省部分法院开展环境保护案件集中化审判试点工作的通知》，明确了环境保护案件集中化审理的案件范围，并将环境公益诉讼纳入其中。

但是，相关规定都没有明确规定水资源公益诉讼的关键性制度，例如原告资格问题、受案范围问题、如何避免滥诉问题，以及相关机制的配套问题，等等。而相对于不完善的制度，实践中水资源公益诉讼案件却是日益增多，例如 2011 年"自然之友"等民间环保组织就曲靖铬渣污染事件提起的公益诉讼[⑥]、2011 年全国首例环境信息公开公益诉讼案[⑦]、2012 年江苏省溧阳市戴埠镇红武村高某倾倒有毒淤泥案[⑧]等。随着人们水资源保护意识的增强，对水资源公益诉讼的制度需求也愈加强烈，因此，水资源公益诉讼制度的建立具有迫切性。

根据目前我国立法及实践来看，建立水资源公益诉讼必须解决以下关键问题：一是诉权主体问题。诉权是一切社会冲突最终进入司法领域并得到解决的根本前提。学界普遍认为，诉权是国家赋予社会主体在其利益受到损害或与他人发生争执时，请求司法机关通过审判方式保护其合法权益的权利。因此，水资源权利受到损害时，能否通过诉讼程序加以保护，关键就在于是否存在相应的诉权。水资源公益诉权主体的多元化是不同

① 该条规定：一切单位和个人都有保护环境的义务，并有权对污染和破坏环境的单位和个人进行检举和控告。

② 该条规定：造成海洋环境污染损害的责任者，应当排除危害，并赔偿损失；完全由于第三者的故意或者过失，造成海洋环境污染损害的，由第三者排除危害，并承担赔偿责任。

③ 该条规定：因水污染受到损害的当事人人数众多的，可以依法由当事人推选代表人进行共同诉讼。环境保护主管部门和有关社会团体可以依法支持因水污染受到损害的当事人向人民法院提起诉讼。国家鼓励法律服务机构和律师为水污染损害诉讼中的受害人提供法律援助。

④ 该决定提出：健全社会监督机制，发挥社会团体的作用，鼓励检举和揭发各种环境违法行为，推动环境公益诉讼。

⑤ 该意见提出：各级人民法院应当"依法受理环境保护行政部门代表国家提起的环境污染损害赔偿纠纷案件，严厉打击一切破坏环境的行为"。

⑥ 2011 年 10 月，云南省曲靖市中级人民法院受理了"自然之友"等民间环保组织就曲靖铬渣污染事件提起的公益诉讼，这是国内首例由非政府环保组织提起且得到受理的环境公益诉讼。

⑦ 2011 年 12 月 12 日，中华环保联合会起诉贵州省修文县环保局。原告起诉称，2011 年 10 月 12 日，该会诉贵州好一多乳业有限公司水污染侵权纠纷一案在贵州省清镇市环保法庭立案，基于案件需要，该会请求贵州省修文县环保局公开贵州好一多乳业股份有限公司有关的环境信息。但中华环保联合会未收到贵阳市环保局、修文县环保局任何答复。法院审理后认为，原告申请信息公开的程序、内容和形式均符合法律规定，贵州省修文县环保局应将上述信息向原告公开，所以支持原告的诉讼请求。

⑧ 2012 年 2 月，高某将从溧城镇戴埠港桥河段清淤后的 200 多吨淤泥倾倒在溧阳市戴埠镇红武村一废弃鱼塘内。6 月 14 日，常州市环境公益协会向溧阳市人民法院提交了"环境民事公益起诉书"。溧阳市人民法院水资源保护巡回法庭 7 月 20 日公开开庭审理，原、被告均表示愿意庭后调解。这是江苏省首例水资源公益诉讼案件。

于一般诉讼的重要特征。水资源公益诉权的主体，并不以直接受到环境污染损害为条件。从国外立法来看，各国享有环境公益诉权的主体主要有三种：检察官作为国家和公共利益的代表能够提起水资源公益诉讼；普通公民能够提起水资源公益诉讼；[①] 围绕生态环境的保护开展活动的民间环境保护组织可以成为诉权主体。关于这一问题，实际上我国学界已有共识，即应当将诉权主体的范围适当扩大，突破原告资格受传统诉讼法“直接利害关系”的限制，明确环境公益诉讼起诉人的资格可放宽至任何公民、社会团体、有关行政机关和检察机关。实践中，已有相关规范性文件对此予以确认。例如 2011 年 7 月，海南省高级人民法院出台意见，明确提起环境公益诉讼的六大主体，包括检察院、相关行政主管部门、依法成立的自然保护区管理机构、从事环境保护和社会公益事业法人组织、基层群众性自治组织以及公民。综合学者观点，目前理论上将各级政府环境保护机关、检察机关、民间环境保护社团、水资源行业协会、公民作为诉权主体。

二是诉权客体问题。与水资源公益诉权主体的多元化相比较，水资源公益诉权的客体比较集中。在国外水资源公益诉讼中，客体多分为两类，例如美国的环境诉讼因被告不同可分为两类：一是针对企业、美国政府或者其他各级政府机关违反法定或者主管机关核定的污染防治义务提起公益诉讼；二是针对环境行政机关不作为提起环境公益诉讼。日本的环境公益诉权客体一种是公害行为，另一种是环境行政机关的行政不作为。我国水资源公益诉权客体也大抵如此。如果以此标准划分诉讼类型，大致可分为停止侵害之诉、排除危害之诉、消除危险之诉、恢复原状之诉、损害赔偿之诉等。

三是关于前置审查的设定。包括水资源在内的环境公益诉讼的一个关键问题在于如何保障原告的环境公益诉权不至于被滥用和异化。域外立法对于这一问题主要采取三种立法模式：大陆法系国家和地区的直接起诉模式[②]、美国的诉前通知模式[③] 和英国的诉前审

① 1943 年纽约州工业联合会诉伊克斯案中，美国第二上诉法院首创了“私人检察总长理论”，认为“在出现官吏的违法行为时，为制止这种违法行为，国会可以授权一个公共官吏，例如检察总长主张公共利益提起诉讼。同时，国家也可授权私人团体提起诉讼，制止官吏的违法行为；这像检察总长的情况一样，也有一个实际的争端存在。宪法不禁止国会授权任何人，不论是官吏或非官吏提起这类争端的诉讼，即使这个诉讼的唯一目的是主张公共利益也可以。得到这样授权的人可以说是一个检察总长”。见 associated industries of New York state，Inc. v. Ickes，134f. 2d694（2dCir. 1943）。美国 1970 年《清洁空气法》最终确立了普通公民有权提起环境公益诉讼的制度，该法第 304a 款规定：“任何人可以以自己的名义对任何人包括美国政府、政府机关、公司或个人等提起诉讼。”

② 即公民可以原告身份直接向法院提起公益诉讼，起诉前不需要通知任何机关，也无需任何机关的审查。例如德国《基本法》第 93 条第 1 项第 4a 款规定：“任何人都可以因公权力机关侵犯其某项基本权利或侵犯本法第 20 条第 4 项、第 33 条、第 38 条、第 101 条、第 103 条和第 104 条规定的权利之一，提起违宪申诉。联邦宪法法院有权对此申诉作出裁决。”

③ 即公民或环保组织提起环境公益诉讼前，必须先将书面的“起诉意愿通知”送交被主张的违法者及行政机关，在起诉通知送交之日起满 60 日、行政机关没有依法采取积极行动时，起诉人方可向法院递交起诉状。

查模式[①]。我国学者亦普遍主张设立前置审查程序以避免原告滥用诉权而造成不必要的讼累。因此，对于水资源公益诉讼，首先是举报或告知程序。对于公民、法人或其他组织提起的公益诉讼，应先履行举报程序，要求被告停止侵害或者向负有监管职责的行政机关举报，要求其履行职责，如在规定期限内被告不予答复或答复得不满意，可以向法院起诉；对于检察机关提起的公益诉讼，应先履行告知程序，以书面形式告知被告其违法行为并要求其纠正和赔偿，如被告在一定期限内不予答复或答复得不满意，可以向法院起诉。其中，对于行政机关的不当行政行为和不作为提起的公益诉讼，行政复议应当设定为诉讼的前置程序。其次是立案之前的法院审查程序。法院在正式受理水资源公益诉讼前，需先作严格的审查，其内容包括原告资格、诉讼理由、程序是否恰当等。当确认属于公益诉讼受案范围后，才可以立案进入实质审理程序。

四是举证责任倒置原则。通常诉讼中的举证原则是“谁主张、谁举证”，其理论根据就是罗森贝克的证明责任分配“规范说”。但是由于“……特殊法律问题，例如公害医疗纠纷、交通事故、商品制作等损害赔偿法制举证责任分配。此类损害赔偿之举证责任分配，如欲获得真正之公平，无法仅凭规范说之法律形式为分配，必须重新考虑举证责任分配之新标准”[②]，于是德国学者普霍夫提出:“若损害原因出自加害人所控制之危险领域范围者，通说之举证责任一般原则应受限制而不能适用……被害人对于损害发生之客观及主观要件，均不负举证责任，应由加害人就发生损害之客观及主观要件之不存在之事实为举证。”[③]因此,在水资源公益诉讼中,可以对举证责任分配问题作出特殊规定,亦即,原告只要提出证明被告有违法行为的初步证据，而违法事实存在与否以及违法行为与损害结果之间是否具有因果关系，则采取举证责任倒置由被告承担。

五是关于诉讼成本控制机制的设立。由于水资源公益诉讼案件通常较为复杂，提起这类诉讼会给起诉人带来诸多费用负担，巨额的诉讼成本往往会迫使原告放弃行使公益诉权。同时，环境公益诉讼是对环境公共利益的维护，诉讼的受益人并不限于原告本人，而是不特定的多数人甚至可能是整个社会。因此，基于公平原则以及对公益诉讼的鼓励，应当在公益诉讼中改革目前的诉讼费用制度，建立诉讼成本控制机制。其一，建立诉讼费用缓、减、免制度。如果原告败诉，可以申请缓、减、免交诉讼费用。其二，建立诉

---

① 英国通常是检察官代表公众提起诉讼。而个人因公共利益提起的公益诉讼，只有在不正当的社会行为直接损害了自己的利益时，个人才可以向检察长提出申请，在检察长同意的情况下以检察长的名义提起诉讼。

② 陈荣宗:《举证责任分配与民事程序法》，台北，三民书局 1984 年版，第 25 页。

③ 陈荣宗:《举证责任分配与民事程序法》，台北，三民书局 1984 年版，第 52 页。

讼费用保险制度。如果原告败诉，则可以通过这一制度获得补偿。其三，建立诉讼费用判发制度。原告胜诉时，可判令被告承担原告的调查取证费、律师费等实际支出。[①] 同时，可以通过社会捐助成立公益诉讼费用基金[②] 给予原告资助。

综上所述，水资源法是水资源立法体系的核心，此外，还需制定若干单行法，将水资源法中具有纲领性和原则性的规定具体化、可操作化。例如，建立统一的流域水资源立法：由于水资源本身的不可分拨特性，需要从全国流域水资源的特点出发，以水资源法为基本法，制定一部统一的流域水资源法，给予流域水资源的利用和保护通用性的原则与规定。同时，由于流域水资源具有典型的区域性特征，在流域地理位置、流域范围、资源开发利用、径流量、所担负的社会功能等各方面都会有所不同，由此会导致各流域水资源利用和保护的重点、措施等方面有差异，因此还需要针对各流域特点，发挥部门立法和地方立法的作用，根据不同的需求进行不同层次的专门流域立法。

① 美国联邦最高法院在 1983 年 Ruchelshaus v. Sierra Club 案创设了一个标准，即原告在实体问题上获得一定胜诉时，有权获得诉讼费判发；禁止向只获得极少的或单纯程序性胜利当事方判发诉讼费。见 Dean R. Nicyper，Note，“Attorney's Fees and Ruckelshaus v. Sierra Club：Discouraging Citizens from Challenging Administrative Agency Decisions”，*American University Law Review*，1983（33），p.775。

② 2010 年，贵阳市两级环保法庭与“两湖一库”环境保护基金会达成共识，在环境公益诉讼的相关评估、鉴定、检测分析等费用支出上，基金会将予以支持。基金会从 2010 年起，每年从资金预算中拨出 10 万元作为“环境公益诉讼援助资金”，专项滚动使用，为环境公益诉讼提供及时、有效的资金援助。

第二章　中国水资源法的法律关系解析

第 1 节　水资源法的基本概念

一、水资源的概念及其意义

（一）现行水法概念体系的不足

概念是“法律解决问题所必需的工具，没有限定的专门概念，我们便不能清楚和理智地思考法律问题”[①]。在法律领域，无论立法、司法还是执行法律，甚至法律思想的发展都是围绕概念而展开的，概念的不确定性将导致法律适用的不确定性。因此，无论在法学研究还是法律实践中，都应当对社会生活中各种现象与事件进行分类与概括，形成确定的概念，从而“为统一地、一致地调整或处理相同或基本相似的现象打下基础”[②]。一般认为，概念是科学与理性的结合，应当能够反映现象或事物的本质；同时，概念应当是先进理念的反映，应当随着人类社会的发展和对事物或现象认识的日益全面而更新。

水，是自然界最常见，也是不可或缺的组成部分，其具体内涵可以从不同层面来解析。从宏观的角度来看，水是一种自然现象，是存在于自然界中的循环系统，包括在地表水、地下水、海洋水体、冰川水和空中水等自然界中的各种水形态，以及由于不规律的水运动造成的洪水、干旱、海啸、台风、雪崩、海平面上升、冰川消融等自然现象，因而是

① ［美］E. 博登海默：《法理学：法哲学及其方法》，邓正来译，华夏出版社 1987 年版，第 465 页。

② ［美］E. 博登海默：《法理学：法哲学及其方法》，邓正来译，华夏出版社 1987 年版，第 462 页。

一个相对笼统的概念。从人类生存的角度来看，水是人类生产生活中不可缺少的自然物质，尤其是随着人类进入工业化时代，水被认为是一种可更新的能源。因此，很长时间以来，水作为一种生产生活的必需品被无节制地开发。随着工业社会的发展和资源危机的发生，自然资源的有限性被人类认知，尤其是20世纪70年代，在世界范围内，随着环境保护政策与环境法的出现，水作为保护对象逐渐进入立法和政策之中。由于水的概念较为笼统，因此，在进入制度视域时应根据人类生产生活需要进一步明确。然而，纵览我国水资源法律规范，可以发现，水以及与水相关的基本概念尚未明确，水法的概念体系尚不完善。

首先，表现为统一概念的缺失。目前在《水法》及相关法律规范中，与水相关的概念较为繁杂，例如水、水资源、水域、水体、水环境、水工程、水库、水塘、水能、水运、水源、水污染、水行政，等等。有学者做了精确统计[①]，在2002年修订后的《水法》中一共使用“水”相关的概念385处，除水资源（65处）、水域（5处）、水体（6处）外，还使用水工程、水库、水塘、水能、水运、水源等，单独用“水”这个概念的却只有2处；在《水污染防治法》中一共使用“水”424处，最常用到水污染（131处）、水体（55处）、水环境（32处）、水域（7处）、水行政、水源等，其中并未使用单独“水”概念。对于这些概念，尤其是相近似的概念，例如水、水资源、水体等，《水法》及其他相关法律规范中都没有专门的条款对于其法规中的基本概念予以明确定义，因此导致了问题的产生。例如，关于水体的界定问题，水体，即水的集合体。从学者的定义来看，水体有广义和狭义之分。狭义的水体是指地表水体或者沿海水体的整体和重要的河段（地表水体），以及在一个或多个地下水源范围内的相分隔的地下水储量（地下水体）。广义的水体则包括水、水床（包括水岸和水的底土等）、水生物、水上（中）景观等。从立法规定来看，德国《水平衡管理法》[②]第3条共规定了15个相关的水的概念，其中包括地表水体、沿海水体、地下水、人造水体、显著改变的水体以及水身。该法第2条第1款就规定：“本法适用于以下水体：1. 地表水体，2. 沿海水体，3. 地下水。同样也适用于以上水体之局部。”其中，沿海水体为中等高水位时，海岸线或地表水体的临海界线与沿海临海界线之间的海域；地下水即为存在于饱和层中直接与地面或底土接触的水。在欧盟《水框架指令》第2条第1项的规定中，水体则包括地下水和地表水两部分，其中，地表水又包括内陆

① 沈百鑫：《水法中的水相关概念辨析——水、水资源、水环境、水体》，2011年全国环境资源法学研讨会论文集。

② 以德国《水平衡管理法》和欧盟《水框架指令》作为考察对象，原因在于这两部法规是各自水管理领域的基础，并对于与水相关的概念都作了集中式的定义。

地表水、过渡性水体和沿海水体。对于地下水，欧盟《水框架指令》第2条第2项指出其是指存在于饱和层中直接与地面或底土接触的水。欧盟《水框架指令》对于沿海水体的规定与德国一致。关于过渡性水体，依其第3条第6项规定，是指“河口附近的地表水体，由于接近沿海水体，略带咸味，但基本上受淡水径流影响”，这部分水体介于地表水体与沿海水体之间。该法将其单独作为特殊水体予以列举。从两部法律规范来看，在水体的定义中，德国《水平衡管理法》强调了地表水体和沿海水体，而欧盟《水框架指令》只简单表述为地表水体，但实质上是一致的。

在我国水法中，并没有对沿海水体和过渡性水体的明确规范。《水法》第2条第2款规定“本法所称水资源，包括地表水和地下水”，没有包括沿海水体这一概念。《水法》第80条规定“海水的开发、利用、保护和管理，依照有关法律的规定执行”，表明对沿海水体适用《海洋保护法》的规定。但是在法律上，没有对内陆水与海水之间的界限作明确规定。

其次，表现为概念与立法理念的分离。水，作为人类生产生活必不可少的自然物质，具有双重价值，即生态价值和经济价值。作为水法领域的基础法律，欧盟《水框架指令》制定原则第1项中就指出“水不是一般的商品，是一种必须加以保护、守卫及珍惜的遗产”，在第2项中明确表述“必须立法保护生态质量”。德国《水平衡管理法》第1条规定：“本法之目的在于通过一种可持续的水体管理，保护作为生态平衡中的组成部分、作为人类的生存基础、作为动植物的生存空间以及作为可利用资源的水体。”从此条文可见，水具有四个重要功能，即作为生态平衡中的有机组成部分、人类的生存基础、作为动植物的生存空间以及作为生产可利用的资源。

我国现行立法也注意了水的特殊性，例如《水法》第1条“立法目的”规定：“为合理开发、利用、节约和保护水资源，防治水害，实现水资源的可持续利用，适应国民经济和社会发展的需要。”但是，并未能在制度层面充分体现水的价值。对于开发、利用、保护三方面，或者只注重开发与利用而不注重其合理性从而不利于对水的保护，或者只看到保护的一面而忽视对水的合理利用。因此，在立法中，一方面要根据水及水法的特质对核心概念予以明确定义，另一方面要注意相关概念之间的体系性。建构以基本概念为核心的水法概念体系不仅有助于实现水法的应有理念，还有助于完善水法的体系与系统。

（二）水资源的概念界定

前文提到，水是一个比较笼统的概念，不同领域、不同学科对其内涵和外延的解释也应当是不同的。若将水纳入法律规制的范畴，就应当有更为明确和具体的概念。在法学领域，作为法律关系的客体须具备以下条件：应得到法律之认可；应为人类所认识和控制；能够给人们带来某种物质利益，具有经济价值；须具有独立性。相应地，在水资源法领域，其法律关系的客体须具备三个条件：其一，必须是一种资源，能够满足人们的某种需要，具有经济价值；其二，必须具有一定的稀缺性，不能被需求者毫无代价地占有和利用；其三，必须具有可控性，可以被占有和利用。因此，并不是所有的水，只有那些有用的稀缺的水才能成为法律关系的客体，而且具备这一特征的“水”完全可以用“水资源”概念来描述。

关于水资源，1977 年联合国教科文组织和联合国世界气象组织给出的水资源定义是“可供利用或可能被利用，具有足够数量和可用质量，并且可适合对某地为对水资源需求而能长期供应的水源”①。《中国大百科全书》的《大气科学·海洋科学·水文科学》卷中的定义是“地球表层可供人类利用的水”；《水利卷》则把可供人类利用的水作为“供评价的水资源”，其核心包括“足够的水量”和“可用的质量”两个方面。可见，相对于水、水体、水环境而言，水资源是一个较为具体的概念，仅指在社会生活和生产中具有使用价值和经济价值的水，排除了洪水和气态水等。

水资源可以按不同标准划分为多种类型。例如，以是否介入人类劳动为划分标准，水资源可以划分为资源水与产品水：资源水是指处于自然界一定的水载体范围内，可被利用或有可能被利用的，并且具有足够的数量和可用的质量，能在某一地点为满足某种用途而被利用的淡水；产品水是单位或个人为了满足用水需要依法从资源水中提取的，处于单位或个人实际控制和管理之下的水。又如，以地理位置为划分标准，水资源可以划分为地表水与地下水。

需要注意的是，其一，水资源应当将地下水包含在其中。地下水作为重要的供水水源，以及生态与环境的控制性要素，在保证饮水安全、支持经济社会发展和维持生态环境等方面发挥着重要作用。但随着世界人口的不断增长，地下水的开采量也不断增加。由于不合理开发利用以及对地下水缺乏有效的管理和保护，在水资源供需矛盾日益突出的情况下，地下水超采问题和地下水污染问题普遍存在且日益严重。因此，只有合理地开发利用和有效地保护和管理地下水资源，才能保证经济和社会的持续发展。

其二，沿海水体是否应当包含在水法调整范围内。欧盟《水框架指令》制定原则第 17 项规定，“一项有效而统一的水政策必须考虑邻近海岸与河口或海湾内或内海的水生

① *International Glossary of Hydrology*, published by WMO, UNESCO. 2012. (3rd ed.), p. 377.

态系统的脆弱性，因为流入其中的内陆水体质量对它们的平衡状态具有很大的影响。”由于这部分水体与陆地相接近，与单纯的海水有所不同，因此可以考虑将其纳入淡水资源统一保护中。而且在自然界中，淡水与海水之间的界限也不是明显的，还存在过渡性水体，考虑到水体的流动性和淡水资源的日益珍贵，可以考虑将这部分过渡性水体纳入水法的调整范围。

其三，海水是否能纳入水法调整范围内。如前文所述，《水法》第 2 条第 2 款规定“本法所称水资源，包括地表水和地下水”，第 80 条规定“海水的开发、利用、保护和管理，依照有关法律的规定执行”，因此《水法》没有将海水纳入调整范围。但随着水资源贫乏情况日益严峻，已有水利地方性法规将海水纳入调整范围。例如，2017 年 9 月 1 日起施行的《威海市节约用水条例》就十分重视“开源”，专门设置一章，规定了非常规水利用的内容，鼓励和支持使用雨水、再生水、海水、建筑基坑水等非常规水，并将它们纳入水资源统一配置，优化用水结构；同时鼓励有条件的单位科学开发利用海水资源。因此，在水资源立法中有必要将海水纳入调整范围。

（三）水资源概念的意义

水资源作为水资源法律关系的客体，是水资源法的基础，对水资源的认知正确与否直接影响水资源法的制度建构。

首先，水资源的内涵与水资源法的理念形成。与“水”相比，“水资源”凸显了水的资源意义，因此也蕴含着更多的内涵。①

第一，水资源与可持续发展理念相关。可持续发展涉及人口、资源、环境、经济、社会发展五个领域。由于可持续发展从根本上可归结为资源的物质变换，没有资源的物质变换便谈不上发展，因此资源是可持续发展的起点和条件。

第二，水资源与市场化理念相关。从总体上看，无论哪种资源，总是稀缺的，且稀缺程度同人口数量的变动和消费水平的提高密切相关。这就要求必须保护和有效利用资源。与纯粹的行政管理手段相比，市场化机制是提高资源利用率和实现优化配置的更为有效的手段。

第三，水资源与时代需要相关。由于水污染严重、管理机制不合理、水利工程建设滞后等因素的影响，目前功能性缺水现象较为普遍。在这一背景下，更应当将水作为一种资源，利用行政和市场两种手段规制水资源的开发、利用和保护，并维护这一过程中

① 张莉莉、王建文：《水权实现的制度困境及其路径探析：以水权的内涵解读为基点》，载《安徽大学学报（哲学社会科学版）》2012 年第 5 期。

相关主体的合法权益。可以说，水资源的实质是被赋予了资源意义的水，且与国家利益、社会公共利益、公民的个人利益息息相关。基于水资源的内涵，水资源法必然秉承着与之相适应的理念，即资源化、多元化与权利化的理念。

其次，水资源的财产属性与水资源法的制度建构。水资源是人类社会经济发展不可缺少的物质基础，在其开发利用过程中，必然与社会、经济相联系，从而表现出参与人类活动的社会特征，具备社会属性。水资源的社会属性主要体现为财产属性。所谓财产，是指主体所享有的不包括债权在内的全部有经济价值的物和权利，具有有益性、可控性、外在性、形态确定性的特征。作为水资源法律关系客体的水资源，它在农业和工业生产中具有生产资料的价值，因此其经济价值是确定的，具有有益性。而且作为客体的水资源是特定的水，人类科技的发展使得对水资源进行时间、空间、数量和质量上的控制具有可能；水资源作为有体物能够成为特定利益的载体，是价值实现的工具。因此，具有特定经济内容的有体物的水资源作为财产的属性是毋庸置疑的。《宪法》第 9 条规定，“矿藏、水流、森林、山岭、草原、荒地、滩涂等自然资源，都属于国家所有，即全民所有；由法律规定属于集体所有的森林和山岭、草原、荒地、滩涂除外。”条文在明确了水资源的权利归属的同时，揭示了水资源的财产属性。既然水资源具有财产属性，那么，随之而来的问题是与财产相关的权利问题，亦即水资源权利问题。实际上，水资源是明确水权概念的基础。水权概念之所以一直具有争议性，首要原因在于对“水”的界定不清晰。以具有确定内涵的水资源作为基础，水权的概念将会更为清晰和明确。

二、水权的概念分析

（一）水权概念的考察

在英美法系国家和地区，“水权”的概念得到广泛应用。[①] 在理论上，学者普遍认为水权只是使用权而非所有权，例如有学者认为，“水权（water right）是一种非传统意义上的私人财产权。水使用人并不拥有某一含水层或某条河流等水资源的所有权，而仅享有使用该资源里的水这一不完全的权利——用益权。”[②] 但对水权客体是否包括商品水，对水权主体是否包括联邦或地方政府和私人等方面存在分歧。在美国的法律实践中，水权

① 曹可亮：《水权和水资源财产权概念比较法研究——兼论比较法研究中的概念移植问题》，载吕忠梅主编：《环境资源法论丛》第 8 卷，法律出版社 2010 年版，第 253~257 页。

② Jeremy Nathan Jungreis，“Permit Me Another Drink：A Proposal for Safeguarding the Water Rights of Federal Lands in the Regulated Riparian East”，*The Harvard Environmental Law Review*，2005，29（2），p. 373.

仅仅指向公共水体[1]，是对流淌于天然通道（natural channels）的江河、湖泊、溪流、潜水、地下含水层等公共水体进行使用的权利。关于水权主体，各州无统一实践，或明确承认联邦保留水权，或无明确认可。

大陆法系国家和地区也较广泛地应用水权这一概念，但在理论和实践中尚存在争论。理论方面，我国学者对水权概念的争议足以反映这一分歧。[2] 争议主要包含以下几种观点：(1）仅指水资源的使用权或收益权；(2）仅指水资源所有权，不包括水资源的使用权、经营权等其他权利；(3）是关于水资源的所有权和使用收益权的总称；(4）包括水资源所有权、占有权、支配权和使用权；(5）是有关水资源的权利的总和，包括所有权、经营权和使用权；(6）是有关水资源和商品水的权利的总称，包括水资源所有权、使用权、水产品和水服务的经营权；(7）是有关水资源的权利和权力的总称，包括水资源的所有权、分配权、使用权和监督权，或者包括水资源所有权、使用权和水资源管理权；(8）是有关水资源和商品水的权利和权力的总称，包括水资源所有权、使用权、水环境权、社会公益型水资源使用权、水资源行政管理权、水资源经营权、商品水所有权。至于存在分歧的原因，主要在于对"水"和"权"的理解不同，即"水"是否包括商品水？"权"是否包含"权力"？如果仅指"权利"，又具体为哪些类型？

在大陆法系的立法实践中，一般使用水财产权、水资源所有权、水资源使用权、用水权、取水权、河川权利、流水占用许可等概念；只有少数规范性法律文件使用了水权这一概念，但并未对概念的内涵、外延予以界定。在极少数规范性文件中，水权主要体现为使用水的权利或者某种具体类型如取水权。例如我国《黄河水权转换管理实施办法》第 2 条规定："本办法所称水权是指黄河取水权，所称水权转换是指黄河取水权的转换。"我国台湾地区 2000 年修正的"水利法"第 15 条规定："本法所称水权，谓依法对于地面水或地下水，取得收益或使用之权。"

自 20 世纪 60 年代开始，我国就有少数学者开始研究水权问题。进入 21 世纪以后，水权问题成了中国水资源法学研究的热点问题，有关水权问题的学术研究繁荣发展，大量研究水权的论文著作不断问世。但由于法律语言、法律文化、法律思维等方面的原因，长期以来学者们在何谓水权问题上争论不休，至今我国法学界还未就水权概念之内涵和

① 关于这一点，澳大利亚的立法实践与美国不同。以澳大利亚维多利亚州 1989 年《水法》为例，其中水权的客体比美国各州立法中的水权客体广泛得多：澳大利亚将水权界定为流淌于天然通道的江河、湖泊、溪流、潜水、地下含水层等公共水体的使用权，而美国的水权是指使用水道中的水、公司水坝中的水、孔洞中的水和雨水等的权利。

② 曹可亮：《水权和水资源财产权概念比较法研究——兼论比较法研究中的概念移植问题》，载吕忠梅主编：《环境资源法论丛》第 8 卷，法律出版社 2010 年版，第 279 页。

外延达成基本共识。

（二）水权概念的内涵分析

关于水权的概念，包含三个方面问题。其一，水权中是否包括权力？其二，水权的性质如何界定？第三，水权包括哪些具体权利？这些问题又可归结为两个方面，即水权的属性与构成。

首先，关于水权中是否包括行政管理权力，学者多有争议。其主要原因在于对概念翻译、移植之时的误解。有学者对此指出[①]：在英美法系，权利和权力是两个不同范畴的概念，在表述方式上，前者为 right，后者为 power；因而水权通常表述为 water right、water rights、right to water、rights to water 等，其中不包括政府的水资源管理权力。而在我国，权利和权力虽然也属于不同范畴，但是都可被简称为“权”，因此，将英美法系中的 water right 等概念翻译为“水权”并引入我国后，关于是否包括管理权的争议就不可避免地发生了。本书认为，水权属于权利的范畴，不包括国家对水资源的行政监管权。

其次，从水资源的归属来看，由于水资源的所有权属于国家，因此水权与传统物权有所区别。与传统物权相比，水权较多地受到来自公权的制约。例如，从权利的取得和变更来看，其取得和变更都需要经过申请、审批或许可的程序；从部门法的归属来看，水权需要依靠行政法、民商法和经济法的共同调整；从立法内容上，水权通常会受到强制性的规范。因此，水权应当属于用益物权的范畴。[②] 作为其母权，水资源所有权将自己的占有、使用、收益、处分等若干权能让给水权权利人分享，而仅仅有行政许可无法产生水权。[③]

水权的用益物权属性使其承继了物权的效力特征。关于水权的追及效力，亦即，当特定的水域被非法转让给第三人时，水权权利人对该第三人主张其用益物权。当然，权利人对其水产品、水商品请求无权占有人返还，并不是追及效力的表现，而是基于所有权请求无权占有人返还。关于水权的排他效力，由于水资源的公共物品属性，水权的排他效力主要体现为优先权，以确定数个权利同时存在时的优先位序、协调权利人之间的利益冲突。关于水权的妨碍排除请求权，即当存在妨碍权利实现的行为或者危险时，权利人有权主张停止侵害、消除危险以及损害赔偿。

---

① 曹可亮：《水权和水资源财产权概念比较法研究——兼论比较法研究中的概念移植问题》，载吕忠梅主编：《环境资源法论丛》第 8 卷，法律出版社 2010 年版，第 280 页。

② 此处不宜采用准物权的称谓，原因有三：一是学者对准物权的内涵尚存争议；二是无法以“准”来描述和理解水权的特性及法律效果；三是用益物权的概念能够反映水权的性质与内涵。有研究者对此已有具体阐述，参见单平基：《水权的取得及转让制度研究——以民法上水资源国家所有权之证成为基础》，吉林大学 2011 年博士学位论文，第 89 页。

③ 行政许可起到确认权利的作用，赋予行为人的占有、使用、收益、处分等状态和行为以法律效力，即享有用益物权。

最后，由于水权作用对象所涵盖范围之广泛性，由其所延伸出来的权利内容必然具有复杂性；由于水权所追求目标的多样性，必然需要复合性的权利结构作为实现目标的支撑。因此，水权并不是一项简单的权能，而是由若干具体权利组合而成的权利束。

权利束理论起源于霍菲尔德的权利分析理论，沃特·W·库克将霍菲尔德的财产权分析理论概括为，“财产所有者享有的是一系列权利、特权、权力和豁免等的复杂的集合”[①]。在法律现实主义运动中，随着财产权概念的瓦解，[②] 财产权表现为一系列彼此独立的权利的集合，被学界和法院称为权利束。法经济学在此基础上拓展了权利束理论，认为在市场价格机制的作用下，财产权的细分能够最有效地发挥某项权利的用途，获得最高产值。[③]

权利束理论强调财产权的各具体内容，在水资源国家所有权的背景下，这种实用主义的思路有利于解决水资源归属与开发、利用之间的矛盾，使静态的权利与动态的权能有机结合起来。以权利束理论为基础解读水权的内涵，其意义在于为建立和完善水资源的开发、利用和保护制度提供了理论依据，从而最大限度地实现权利人对水资源的合法支配；同时兼顾水资源国家所有和私人使用的特点，达致公共利益和私人利益的平衡保护，最终实现水资源的多元价值。从权利束理论出发，水权是包含占有、使用、收益和处分在内的权利束体系。其中，使用、收益和处分实际上也不是只由一项权能组成，而是“一束权利”，它们分别构成了使用的权利束、收益的权利束和处分权的权利束。简言之，水权，亦即水资源财产权，应定位为一类用益物权，但其本身并非一项具体权能，而是由若干权利束结合而成的权利束体系，其内涵极其丰富并随着社会经济的发展而变动不居。

第 2 节　水资源法的主体构成

一、水资源法律主体资格的取得

基于其广泛性，以所处领域为标准，水资源法律主体可以分为三大类，即国家及其

---

① Walter Wheeler Cook，*Introduction to Wesley N. Hohfeld*，*Fundamental Legal Conceptions as Applied in Judicial Reasoning*，Yale University Press，1919，p. 14.

② 例如费利克斯·科恩认为包括财产权在内的法律概念是一种“超自然的存在”和“先验无意义的符号”。见 Felix Cohen，“Transcendental Nonsense and the Functional Approach”，*Columbia Law Review*，1935，35（6），pp. 809-849。

③ 李胜兰、于凤瑞：《农民财产权收入的土地财产权结构新探——权利束的法经济学观点》，载《广东商学院学报》2011 年第 4 期。

政府、社会、市场。但无论处于何领域，要成为水资源法律主体，都必须具有参与水资源法律关系的资格。

从取得依据看，水资源法律主体资格的取得依据具有多样性。首先，宪法是取得主体资格的根本依据。宪法对国家及其代表的职权、地位均作了明确的原则性规定，还对我国各类组织在水资源开发、利用和保护中的地位作了明确规定。同时，宪法还有对公民基本权利和义务的规定。这些都为水资源法律主体的范围、作用和地位提供了基本法律依据。

其次，有关国家机构的组织法是取得水资源法律主体资格的重要依据。我国《全国人民代表大会组织法》《国务院组织法》《地方各级人民代表大会和地方各级人民政府组织法》等，对国家机构在水资源开发、利用和保护中的职责、原则、方式、法律责任，以及它们的设置和建立的程序等均作了规定。这是确认国家机构具备水资源法律主体资格的重要法律依据。

再次，有关法律，尤其是水资源法律是取得主体资格的基本依据，例如《水法》《水土保持法》等。相关法律通过对有关国家机构、社会组织和个人在特定在水资源开发、利用和保护关系中法律地位的确认而确定了有关组织和个人的主体资格。

最后，有关行政法规，尤其是专项和综合性的经济法规，例如《企业法人登记管理条例》《公司登记管理条例》等，也是取得水资源法律主体资格的主要依据。

从取得方式看，各类水资源法律主体的性质、作用及法律地位的差别，使其在主体资格取得的方式上亦有不同。其一，根据法律、法规的规定或者根据有关国家机关的决定、命令和特别授权而取得。这是国家机关取得水资源法律主体资格的基本方式和前提，其成立是以国家最高权力机关制定的宪法、法律，国务院颁布的行政法规，地方国家机关制定的地方性法规为依据的。其二，通过核准登记注册的方式而取得。企业法人和不具备法人资格的经济组织即依这种方式而取得水资源法律主体资格而参与到水资源开发、利用和保护过程中。其三，自然人，例如自然人用水户，必须按照法定程序获准从事某种活动，才能取得水资源法律主体资格。

二、水资源管理主体

（一）水资源所有权主体：国家和集体

国家作为水资源管理主体的必然性，缘于水资源的归属。从世界各国和各地区规定来看，在大陆法系国家和地区，水资源属于国家所有。例如德国《水生态平衡法》第2

条规定，任何对地表水或地下水的使用原则上均须获得国家许可或同意。①1992年法国《水法》第1条规定：“水是国家共同资产的一部分。作为一种可利用资源，在尊重自然平衡的同时，其保护、增值以及开发是符合大众利益的。”在英美法系国家，水资源属于国家或州所有。例如，英国1989年《水法》第7条第1款规定：“王室拥有权利使用、保持水流畅通和控制所有水道中的水以及所有地下水。”②在美国，水资源的立法由各州制定。其中，有些州将水资源直接规定为州所有。例如，《路易斯安那州民法典》第450规定：“公共物品归州和作为公共管理人的州政府机构所有。归州所有的公共物包括流水、适航水域的水体和水底、界海和海岸。”③还有一些州规定水资源属于全体人民或公众所有。例如，《阿拉斯加州水使用法》第30条规定：“在州的任何自然地方，水都被保留于人民共同所有，并且应遵从于适当和有益的使用以保持溪内正常流量和水等级。”④泰国2007年《水资源法》规定水资源属于国有资产，包括与民众共同利益相关的水资源⑤以及虽非公共水源地水资源，但被政府部门做过净化处理，将其用作公共用途的水资源。总之，国际上绝大多数国家或地区都将水资源归于国家所有、州所有或全体人民所有，或者将其认定为公共财产。⑥

但与此同时，除归属于国家外，域外立法亦有在某些情形下将水资源归于集体或私人所有的规定，即水资源所有权形式呈多样化。例如，在西班牙，1994年《民法典》、1985年《水法》⑦等法律对水资源所有权配置进行了详细规定。西班牙《民法典》规定，水资源依情况分属于公共所有和地产主私人所有，发源和流经私人地产的时断时续的水源、私人地产上自然形成的湖泊和池塘、私人土地的地下水、积存于私人土地上的雨水、因雨水形成的时断时续的水流及非公共土地上的小溪属于私人所有，其他水源属于公共所有。西班牙《水法》前言规定，地下水视为国有资产；其绪论第1条第2款规定，内陆地表水和可恢复的地下水都是水文循环的一部分，它们应被认为是涉及公共利益和一部分国有产业的水资源类型；其第1部分第1章第2节规定，除该法中另有特殊规定外，内陆水，包括地表水和不论其恢复时间长短的可恢复地下水，属于西班牙国有水财产；

① ［德］鲍尔・施蒂尔纳：《德国物权法》上，张双根译，法律出版社2004年版，第607页。

② U. K. Water Act 1989，Part 2 division 1，section 7（1）.

③ Louisiana Civil，Section 450.

④ Alaska Water Act，Section 30.

⑤ 具体又包括公共水源地的水资源、被国家水利法列为水利专用水的公共水源地水资源，以及经政府部门净化处理过的公共水源地的水资源。

⑥ 彭诚信、单平基：《水资源所有权基础理论解析》，载《金陵法律评论》2011年第1期。

⑦ 参见中国水工业网：http：//www.c-water.com.cn/law/gw/20090108/1903.html，2009年1月8日。

其第2章第5节第1款规定，有些雨水需要沿河床往下流走，如果这些河流从源头开始所流经的土地纯属私人所有，则这些河流应被认为是私有；其第3章第10节规定，位于私人土地内的池塘应认为是该土地的一部分，前提是它们只能用来为这块土地的利益服务。在俄罗斯，俄罗斯《1993年联邦宪法》第9条第2款规定，土地和其他自然资源可以以私人所有、国家所有、地方所有或其他所有制的形式存在。俄罗斯《1995年联邦水法典》规定，一切水体，包括那些不属于个别市镇、公民和法人所有的零散水体，均应属于国家所有制的范畴；第39条规定，属于城市居民点、农村居民点和其他地方结构体所有的孤立水体是地方的财产，供地方使用的孤立水体属于地方所有，相应的地方自治机关代表地方结构体行使所有人的权利；第40条规定，面积不大的孤立水体（封闭水体）和与其他地表水体没有水利联系的静止的人工水体可以属于公民和法人所有。[①]

综上可见，在国外，绝大多数国家将水资源国家所有权规定为最基本的水资源所有权形式，但与此同时，许多国家还规定了州、市、镇、村等地方结构体的水资源公共所有权，甚至于私人所有权。

我国有关水资源所有权的立法规定有过变动。1988年《水法》第3条规定了两种水资源所有权："水资源属于国家所有，即全民所有；农业集体经济组织所有的水塘、水库中的水，属于集体所有。"2002年修改《水法》时，第3条有关农村集体经济组织的水塘和由农村集体经济组织修建管理的水库中的水，修改为归各农村集体经济组织使用。2016年《水法》再次修改，保留了这一规定。根据现行《宪法》第9条和《水法》第3条规定，水资源所有权属于国家。有学者认为，水资源国家所有权的设置对水资源所有和利用之间矛盾的解决、水资源公共物品属性的彰显、市场外部性的减少、水资源改革的深入以及水资源合理配置目标的实现都具有积极意义。[②]关于农村集体经济组织所有的水塘、水库中的水，现行《水法》第3条规定："农村集体经济组织的水塘和由农村集体经济组织修建管理的水库中的水，归各该农村集体经济组织使用。"同时，该法第7条规定："国家对水资源依法实行取水许可制度和有偿使用制度。但是，农村集体经济组织及其成员使用本集体经济组织的水塘、水库中的水除外。"由此可见，现行《水法》实际上也未确定农村集体经济组织对其所有的水塘、水库中的水的权利归属。然而，正如有学者所言，水资源外延宽泛，且与土地的关系密切且复杂。因此，将一切水资源都从土地所有权的客体中分离出来成为独立于土地所有权的水资源所有权的客体，逻辑上不可能。

① 王树义：《俄罗斯生态法》，武汉大学出版社2001年版，第136~163页。

② 彭诚信、单平基：《水资源所有权基础理论解析》，载《金陵法律评论》2011年第1期。

既然并非一切水资源都应与土地所有权客体相分离，就应修正我国的水资源所有权配置立法。[①] 本书亦赞同此种观点，即我国的水资源所有权形式包括国家所有权和集体所有权，完全位于农村集体经济组织所有的土地上的自然水体属于该农村集体经济组织所有，其他自然水体属于国家所有。

（二）水资源管理主体：政府及其部门

水资源管理主体，是指在水资源法律关系中承担管理职能的一方主体。具体来说，就是指根据宪法和有关法律规定，在水资源开发、利用和保护过程中享有职权，行使计划、组织、指导、监督、协调职能的社会实体。水资源管理主体的外延有广义和狭义两种理解。从广义上说，它是指在水资源法律关系中行使管理职权的社会实体，主要包括政府及其部门和经国家授权或受国家委托的社会组织。从狭义上说，它仅指在水资源法律关系中行使管理职权的国家行政机关，即政府及其组成部门。

政府及其组成部门成为水资源法律主体的必然性体现在多个方面。首先，“水”的自身特质决定了政府及其组成部门参与水资源治理的必然性。尽管水的形态各异，以地表水、地下水、江河、湖泊、水库、液态水、固态水等诸多形式存在于自然界，但各种形式之间并非孤立的，而是彼此联系、相互转化，通过自然界的循环而构成一个完整的水文系统。因此，“水”在空间上是不可分割的。而且水的空间分布是不均匀的，例如在我国就呈现东多西少、南多北少的特点；对水资源的开发利用和保护也就必然要求考虑水资源的整体性的特点，从宏观上进行总体规划和全盘布局，而能够承担这一重担的，只有中央政府和地方各级政府及其组成部门。

其次，水资源国家所有的属性使得政府及其组成部门参与水资源治理具有必然性。根据我国《水法》的规定，国务院对全国范围内的水资源进行统筹管理，各级地方政府负责本行政区域内水资源的开发、利用和保护，国家对水资源的所有权通过行政权得以实现。

最后，水资源是具有公共物品性质的自然资源。萨缪尔森曾经给出公共物品的经典定义：“每个人对这种物品的消费不会造成任何其他人对该物品消费的减少。”[②] 在面对具有非竞争性、非排他性特征的公共物品时，经济人就会企图以尽可能小的代价尽可能多地消费这类资源。这使得私人由于无法排除掉不付费的消费者、无法实现利益最大化的

① 曹可亮、金霞：《水资源所有权配置理论与立法比较法研究》，载《法学杂志》2013 年第 1 期。

② P. A. Samuecson，“The Pure Theory of Public Expenditure”，*Review of Economics and Statistics*，1954（4），pp. 387–389.

目标而失去提供公共物品的动力。政府则可以通过税费等形式控制公共物品的过度消耗，保障公共物品的持续供给。

由于水资源的整体性特点，水资源的管理部门包括行政管理部门和流域管理部门。我国《水法》第17条第1款规定："国家确定的重要江河、湖泊的流域综合规划，由国务院水行政主管部门会同国务院有关部门和有关省、自治区、直辖市人民政府编制，报国务院批准。跨省、自治区、直辖市的其他江河、湖泊的流域综合规划和区域综合规划，由有关流域管理机构会同江河、湖泊所在地的省、自治区、直辖市人民政府水行政主管部门和有关部门编制，分别经有关省、自治区、直辖市人民政府审查提出意见后，报国务院水行政主管部门审核；国务院水行政主管部门征求国务院有关部门意见后，报国务院或者其授权的部门批准。"除《水法》外，《防洪法》《水污染防治法》也有流域管理的相关规定，但内容较少；《水土保持法》提到了流域管理；《防洪法》仅从河湖管理、减轻水灾方面来规范流域管理机构的职责，并不涉及水资源开发、利用、保护和管理。可见，我国目前水资源行政管理模式是由国务院领导、水行政主管部门会同国务院有关部门和流域的相关省级地方行政部门通过沟通协商再集中统一的模式，是一种跨国家行政部门和跨地方行政单元的行政管理模式。

在实践中，这一模式存在一些问题。一是由于中央与地方政府的权力分配不当而导致水资源治理不力。由于我国幅员辽阔、人口众多等原因，"地方政府作为经济发展和提供公共服务、承担社会责任的基本单元是我国发展模式的一个基本特点"①。这种模式具有充分调动地方政府积极性等优点，却也会导致地区的发展规划和利益考虑以行政区划为限，地区经济发展不平衡日益扩大。同时，由于中央和地方权力分配不均衡，导致地方政府财权与事权的不匹配。承担事权的地方政府在财权不足的情况下，在经济效益目标与环境效益目标之间往往会作出重视前者、忽视后者的选择，进而导致漠视水权的结果。而且我国水事法律规范具有保守主义的立法风格，侧重于对水资源的保护而忽略对水资源开发、利用的鼓励。而且，即使就水资源保护而言，相关立法也并未就政府职责和分工作出明确和细致界定，缺乏可操作性。

二是由于行政管理部门的分散而导致水资源治理不力。水资源的治理涉及包括区域利益、部门利益在内的多重利益纠葛。从区域角度看，尽管我国水资源属于国家所有，但由于各级地方政府经由国家授权对管辖区域内水资源的配置、开发和利用具有实质性

① 周建明：《水资源的可持续利用与国家行政体制改革——兼论水权概念的局限性》，载《社会科学》2010年第4期。

的决定权，因而事实上形成对水资源国家所有权的“块块”分割。地方政府作为本区域利益的代表，在水资源的管理、开发、利用等方面的决策表现出以自己为中心的分散性、自利性，进而在水资源统一管理中难以形成合力。从部门角度看，水资源的开发、利用和保护涉及包括水利、能源、交通、城建、环保等十多个政府部门，各个职能部门分别对涉水事务进行归口管理。这种管理模式一方面人为地割裂了水资源的统一性和整体性，另一方面导致各职能部门往往只关注部门利益而缺乏整体和全局观念。

三是由于水资源流域管理与行政区域管理的不协调而导致水资源治理不力。目前，“流域管理与行政管理相结合”的治理模式，实际上仍然是完全依据行政体系而建。其由各级政府组织、半行政半事业性质的流域管理局和政府主管部门下属的分散的、专门的事业性组织组成，除增设流域管理机构外，水资源治理仍保持着以政府为主体的行政治理特征。[①] 因此，在流域管理中，水资源行政管理体系因机构交叉和职权重叠导致的管理障碍并未消除。

实际上，究竟如何处理好流域管理机构与行政管理机构在流域管理中的关系，是我国多年来流域管理实践留下的一个难题。鉴于流域管理机构是水利部门的派出机构，这一难点始终悬而未决的根本原因还是在于部门利益的冲突。这一点已有学者一针见血地指出，部门利益的纠结直接导致了实践中存在三种流域管理模式。[②]

第一种模式强调流域管理机构主导流域管理。例如，《淮河流域水污染防治暂行条例》规定，以流域为单元，由流域机构主导水污染防治。《新疆维吾尔自治区塔里木河流域水资源管理条例》第 4 条明确规定“行政区域管理应当服从流域管理”，即流域管理机构塔里木河流域水利委员会及塔里木河流域管理局负责塔里木河流域管理。还有一些法规也有此类倾向，例如《河道管理条例》第 5 条确立了流域机构主导流域管理的思想，规定大江大河的主要河段由国家授权的流域机构实施管理。

第二种模式强调流域管理与行政区域管理相结合，例如《水法》第 12 条规定确立了流域管理与区域管理相结合的管理模式。

第三种模式强调区域主导水资源管理。例如《水污染防治法》第 9 条规定了环境保护部门是水污染防治的主管机构，其他部门协同配合；第 16 条第 2 款规定：“前款规定外的其他跨省、自治区、直辖市江河、湖泊的流域水污染防治规划，根据国家确定的重要江河、湖泊的流域水污染防治规划和本地实际情况，由有关省、自治区、直辖市人民政

---

① 刘芳:《流域水资源治理模式的比较制度分析——以新疆塔里木河流域治理为例》，浙江大学 2010 年博士学位论文，第 3 页。
② 陈坤:《流域管理中的法律冲突问题探讨》，载《科技与法律》2011 年第 3 期。

府环境保护主管部门会同同级水行政等部门和有关市、县人民政府编制，经有关省、自治区、直辖市人民政府审核，报国务院批准。”其实质是强调行政管理超越了流域管理。第5条规定：“省、市、县、乡建立河长制，分级分段组织领导本行政区域内江河、湖泊的水资源保护、水域岸线管理、水污染防治、水环境治理等工作。”虽然河长制具有主动、灵活、高效、适时的特点，但针对跨区域的水资源保护和治理，仍需要发挥流域水资源管理、水环境保护部门的职责，协调上下游同步治理，以克服河长制的不足。

上述三种治理模式的存在实质在于部门利益不均衡，且现行水资源管理机制的缺陷使得部门利益难以协调和矫正。这就要求突破现有制度、创新水资源管理模式，并从立法内容和形式上加以保障。本书后文将进一步分析。

（三）水资源管理的中间层主体：以行业协会为典型代表

水资源管理的中间层团体，是指为实现特定的经济目的，由符合特定范围或条件的成员所组成，依其章程进行活动的社会团体法人组织，也称为社会中间组织。行业协会是其典型代表，其具有以下特征。

一是民间性。行业协会是独立的社会团体法人，不是国家行政机构的组成部分，其内部的工作人员也不属于国家公务员系列；协会以自我管理为原则，不受国家或其行政部门的直接控制；其经费由其自行筹集，而不是依靠国家财政拨款。例如，福建省水利行业协会在其章程中指出“本会是依照国家有关法律、法规自愿组成的自律性、非营利性的经济类社会团体法人”；上海供水行业协会章程也规定协会是依照《社会团体登记管理条例》和《上海市促进行业协会发展规定》组建的行业性社会团体法人。

二是非营利性。行业协会不能以自己的名义进行营利性活动，不能为其个别成员的具体商事活动提供有偿中介服务；协会的经费，以及按照国家有关规定在其运行过程中所取得的收入，不得向其成员分配。例如，福建省水利行业协会在其章程第2条规定：“本会是由全省水利水电企事业单位为主要会员，依照国家有关法律、法规自愿组成的自律性、非营利性的经济类社会团体法人”；上海供水行业协会章程第2条中规定了协会的非营利性；江苏省水资源协会章程第2条也规定其是由会员自愿组成的行业性、非营利性的社会组织。

三是社会性。行业协会所追求的不是国家利益，也不是以利润形式表现出来的经济利益，而是以实现和维护公共利益为宗旨。协会所关注的公共利益主要是一定领域内的特殊公共利益，是在一定范围内不特定多数人所享有的共同利益。当然，随着社会政治经济的发展，人们也要求这些社会团体超越本团体视野的限制，在争取自身利益的同时，更加关注社会普遍利益。

四是自律性。行业协会通过内部组织机制的运行，进行自我约束、自我规范、自我管理、自我控制，实现其团体内部秩序与外部法律秩序的协调以及对政府职能的补充。在市场经济条件下，一方面，社会多元化程度提高，出现多种多样的利益需求和价值观念。各种不同的利益主体为维护自身利益，抵制来自各个方面的侵犯，会结成各种利益团体或集团。例如行业组织，就是同一行业的经济组织或人员为维护自身利益而成立的社会组织。另一方面，随着经济体制改革的深入，政府精简机构、缩减职能。这意味着政府对某些经济领域的管理职能逐渐让渡出来，授权给一些特定的社会组织来行使。行业组织就是这些特定社会组织的典型代表。在这两种情况下，这类社会组织承担了越来越多的原来由政府履行的经济和社会管理职能，既满足了社会经济多元化的要求，又适应了体制改革的需要。对于水资源管理来说，此类社会组织的管理功能是对政府水资源管理职能的补充和延伸。例如上海市供水行业协会将自身职能定位在行业服务和自律管理两方面，具体包括：贯彻国家方针政策和有关法律、法规，协助政府实施行政管理；沟通企业与政府之间的联系，起好桥梁、纽带作用；反映会员诉求，维护会员合法权益；促进企业之间交流；协调本行业与其他行业、其他经济组织的关系。又如福建省水利行业协会章程认为协会是水利水电企事业单位与政府之间的桥梁和纽带。

就理论而言，行业协会的自治是面临市场失灵与政府失灵的第三条路径选择：一方面，有助于维护竞争性的市场经济体制，弥补市场自发功能所可能产生的不良后果；另一方面，有助于分担政府职能，并满足一部分公共服务的需求供给。具体而言，行业协会具有以下功能。

第一，自我规范功能。基于对法律成本的考量，以及出于对法律稳定性的推崇，法律不可能对一个社会中任何事务的安排都作出相应的制度建构。① 因此，在一个行业内部或一定区域内，诸多问题或冲突便不可能完全仰赖于法律的建构和政府的干预，在更大程度上还须依赖自律规则的建构与执行。经济自治团体作为市场主体自组织化的结果，具有信息条件、决策规模、技术偏好等方面优势，它能够制定相应的自律规则，通过其内部组织机构的运行来规范其协会成员行为，并对违规者予以制裁，从而有利于解决成员间的冲突，实现其团体内部秩序的协调有序，实现自律规则与制定法之间的协调补充，同时有效地节约国家资源，并提高治理效率。

① 鲁篱：《论行业协会经济治理权的正当性》，载吴志攀主编：《经济法学家（2004）》，北京大学出版社 2005 年版，第 72 页。

第二,自我服务功能。政府在市场资源配置方面应当是中立的,至少应是大体公允的,因而国家不可能完全照顾到每个企业的利益。个别行业、个别企业的特殊市场需求，如员工的教育培训、信息的提供等，就需要行业协会自己承担。上海供水行业协会在其章程中明确规定协会的任务之一就是“根据会员需求，组织市场拓展，发布市场信息，推介行业产品或者服务，开展行业培训，提供咨询服务”。

第三，自我组织功能。行业协会通过将分散的成员组织起来的方式形成强大的组织力量，可以达到单个成员所无法取得的效果。在经济生活中，整个行业往往会同时面临一些共同的挑战和威胁。而在市场主体尤其是企业作为单个个体时，力量薄弱，难以应对和克服这些困难。因此，通过经济自治团体这类集体性组织，整个行业相互联合，可以成功运作有关的集体行动。其一，可以改善单个市场主体的弱小地位，形成一股强大的力量，从而在与相关方谈判时能够更好地争取自己的利益。例如，上海市供水行业协会章程规定，协会还承担下列任务：对会员之间、会员与非会员之间或者会员与消费者之间就行业经营活动产生的争议事项进行协调，可以对本行业协会与其他行业协会或者其他组织的相关经营事宜进行协调，可以代表本行业参与行业性集体谈判，提出涉及行业利益的意见和建议。其二，可以以参与有关行业发展、行业改革以及与行业利益相关的政府决策的形式向政府反馈市场的需求，提出建议，协助政府制定更适合经济发展的政策和法律。

然而，在实践中，水资源领域行业协会的运作和发展却存在诸多问题。一是权威性不足，缘于社会对行业协会缺乏正确认知。对于公众而言，协会是谋取行业内部利益的工具；对于政府而言，协会是“发挥老同志余热”的机构。在这种背景下，行业协会的发展空间受到很大约束，应有的自我规范、自我服务、自我组织的功能无法充分发挥。协会章程中“本会接受业务主管部门某某省水利厅、社会团体登记管理机关某某省民政厅的业务指导和监督管理”的规定，更易成为行政部门的附属而缺乏独立性和权威性。

二是规范性不足，缘于行业协会的职能未有明确规定。行业自律的第三条道路虽然在理论界得到充分认同，但是法律法规并没有明确行业自律与政府干预之间的界限，例如国务院 2007 年发布的《关于加快推进行业协会商会改革和发展的若干意见》是迄今为止内容最为全面的政府指导性文件，虽然其中明确提出“行政执法与行业自律相结合”，但对于行业协会自律职能的范围界定,只是笼统地概括为“健全各项自律性管理制度”“建立完善行业自律性管理约束机制”，并未就行业自律的具体范围作出规定。2015 年，中共中央办公厅、国务院办公厅发布《行业协会商会与行政机关脱钩总体方案》，要求加快政府职能转变，实现行业协会商会与行政机关脱钩；2020年，国务院办公厅发布《关于进一步规范行业协会商会收费的通知》，规定行业协会商会不得依托行政机关或利用行业影响力，强制市场主体参加会议、培训、考试、展览、出国考察等各类收费活动或接受第三方机构有偿服务。前者主要针对政会不分、管办一体等问题，后者则针对部分行业协会商会乱收费和监管不到位等问题，都是对行业协会健康发展的侧面规制。在水资源领域，关于行业协会的立法规定更是少见。由于我国目前水资源管理权力的分配只是一种体制类分权，行业协会更是被排除在权力中心之外，无法发挥其应有的积极功能。

三是积极性不足，缘于协会内部治理结构的缺陷。尽管从形式上看，大部分行业协会内部也设有会员大会、理事会内部组织机构，制定了协会章程，但由于缺乏民主选举机制、有效的监督机制以及合理的激励机制，各组织机构基本上形同虚设，章程也只是一纸文书，进而导致行业协会缺乏科学、高效的治理机制，运作效率低下。此外，经费的缺乏也极大地遏制了协会发展的积极性。国务院国有资产管理委员会发布的《我国工商领域行业协会政策环境研究》调查报告显示，被调查行业协会的总体情况是，会费收入能满足60%以上经费需要的仅占17.5%，大部分行业协会的会费收入额还达不到运作所需的30%。经费困难导致协会或者局限于“简报”“会议”等表面工作，或者为筹集经费而采取不正当手段，例如名目繁多的评奖、认证等。

从以上问题来看，要改善行业协会的现状，充分发挥其应有的功能，至少涉及两方面问题，一是体制外分权问题，即水资源管理权力的分配问题；二是行业协会内部治理机构的完善问题。这将在下文中详细阐述。

（四）农民用水户自我管理与服务的团体：农民用水户协会

农民用水户协会，是基于用水户参与灌溉的理念而产生，由灌区受益农户自愿参加组成的群众性灌溉用水管理组织，是在当地民政部门登记注册后，具有独立法人资格，实行独立核算，自负盈亏，经济自立的非营利性民间社团组织。[①] 由于其属于纯粹的民间组织，与典型意义上的行业协会有所不同，因此将农民用水户协会单独加以阐述。世界银行提出的组建农民用水户协会所必须坚持的四条标准：第一，建成农民自己的组织，由农民选举、农民管理、农民决策；第二，按照水利边界组建，而不按现行的行政边界组建；第三，按方量水，按方收取水费；第四，水费缴纳给供水者。这些标准保证了农民用水户协会的自治性，以及用水户参与灌溉管理的充分性。

① 罗义云:《农民用水户协会的制度理想与实践困境》，载《农村经济》2012年第4期。

农民用水户协会存在之必要性表现在三方面：其一，由于水资源获取的公共性和排他性、使用的竞争性等特质，易造成用水户的先来先用或过度使用现象并存；其二，由于农用水资源的收集、取得、储藏、输送所需要的水库、机井、堤坝和渠道等基础设施具有排他、自然垄断和一定规模的非竞争性等特点，导致外部性现象产生，这使得单个用水户投资兴建及维护灌溉设施不经济而需要多个用水户共同协作；其三，在灌溉用水中，一方面，由政府管理的灌溉工程往往因资金不足导致工程设施陈旧、落后，另一方面，用水户因得不到及时、足额的灌溉供水而对灌溉工程的运行管理漠不关心。基于此种情况，各国均制定相关法律法规，确立相关制度，将一些基本的灌溉管理职能从国家机构转移给私营机构、非政府组织或以农民为主的地方组织，以鼓励用水户更多地参与灌溉管理，进而改进灌溉工程的管理体制与运行机制。最普遍的做法是将灌溉管理职责从隶属政府的灌溉机构转移到自主经营的非营利性民间组织，即由灌溉工程受益区用水户组成的用水户协会。

农民用水户协会存在的意义体现在两个方面：一方面，有利于维护用水户的利益。由于灌溉的自然垄断性[①]，分散的用水户在与供水部门的交易中处于弱势地位。农民用水户协会则可以代表用水户，作为水资源市场交易的中介，克服灌溉水权交易中水管部门与单个农户地位的不对等性，解决灌溉的经济规模与农地碎耕之间的矛盾。此外，农民用水户协会的权力机构由用水户选举产生并进行监督，可以有效减少截留、贪污、缓交水费的行为，减轻农民的水费负担。另一方面，有利于减轻行政组织的管水负担，提高行政效率。当灌溉水资源作为一种有偿供给时，一个供水单位与用水户之间的交易形成典型的“一对多”的局面，供水单位面临的是诸如渠系维护、灌溉水的分配、水费收缴之类的烦琐事务。由于交易成本过高，供水单位实际上无力承担。而用水户协会的建立可以将行政管理部门从这些事务中解放出来，从而有利于提高行政效率。此外，农民用水户协会对灌溉的有效组织还可以减少行政部门与用水户之间的矛盾，有利于改善区域经济和社会治理。总之，农民用水户协会制度的建立有利于减弱灌溉水资源作为社区公共资源在利用中的非排他性所产生的负面影响，消除冲突、建立合作、达成集体行动，从而形成一种社区内部自发的秩序安排，实现农户利益与社区利益的均衡。[②]

用水户自主管理灌排区在发达和发展中国家都有较长时间的实践。在美国，用水者参与灌排系统的运行和管理有着较久的历史，早在100年前，加利福尼亚州议会颁布了

① 灌溉受自然条件的制约，同一水文边界内不可能建两套灌溉系统，因而形成自然的垄断供给。

② 罗义云:《农民用水户协会的制度理想与实践困境》，载《农村经济》2012年第4期。

一系列法律，规定灌区归用水户所有，用水户负责行政管理，使灌区实现最大限度的经济自立。法国灌溉用水管理也采取类似于农民用水户协会协作的管理模式，由用水户组成用水协会，统一使用和管理所有的灌溉设备、设施以便加以维修和更新。日本则是采取政府指导下的用水协会管理模式，结合土地整理工作调动农民参与灌溉管理。在发展中国家，埃及自1996年起成立由农民为主的用水协会，农业、水利、财政、法律等部门派代表参加。国家将已建好的田间固定灌水渠系移交给用水协会管理，由他们负责节水灌溉技术的培训及渠系的维修、运行和管理等，其费用由使用灌溉水的农民根据面积和作物分配承担。墨西哥联邦政府于1989年批准将支渠及以下工程的运行管理、维修责任转让给农民用户，由用水户成立用水协会自己管理，国家只负责管理总干渠及水库、河流等重要工程。泰国水资源法也规定同一流域的水用户在其数量达到10个以上时可申请登记注册成立水用户联合会，以更好地维护其在水资源利用、开发、管理、保护方面的共同权益。

国外的实践可以提供很好的借鉴，制度或程序共有的特点是有输入、加工、输出和反馈。也就是说，制度移植需要考虑输入后的环境反馈，需要注重移植的制度与借鉴方的正式规则与非正式规则的融合性。用水户协会制度的引入也应如此。[①] 更何况，用水户协会这一制度在实践运行中并非完美无缺的，例如在土耳其、墨西哥等国家灌溉协会的制度实践中就存在灌溉协会水权不安全、资金不足、灌溉工程的修复和现代化改造政策不明确、政府专管机构面临重新调整、灌溉协会功能有待扩张等诸多问题。[②]

在我国，农民用水户协会于1988年第一次被引入。之后，随着经济体制改革的推进，农民用水户协会得到快速发展，但在发展中仍存在不足。一是在立法层面，体现为法律主体地位不明确。2005年，水利部、发展和改革委员会、民政部联合下发的《关于加强农民用水户协会建设》的意见中明确指出："农民用水户协会是经过民主协商、经大多数用水户同意并组建的不以营利为目的的社会团体，是农民自己的组织，其主体是受益农户。"这虽然阐释了农民用水户协会的农村民间社团组织的性质，但是对于一个法人实体来说，必须有法律授权以保证其成立的正当性，从而确定其法律地位，明确其法律权利

① 马达加斯加对用水户协会制度的引进就是一个失败的例子。20世纪90年代，马达加斯加在国际机构的资助下对用水结构进行了调整。政府设立了用水户协会，维持和运营成本、灌溉网络的开发和维持权限，从农业部转移到了用水户协会。但实践证明这一调整是失败的。加斯蒂诺（P. Gastineau）指出，在马达加斯加，用水户协会制度是政府为了缓解财政短缺以及解决政府用于水务的资金不足等问题，在国际金融机构建议下进行的水资源管理政策调整。其失败的两个主要原因包括：一是用水户缺乏进行自治管理的必要知识和经验；二是政府为用水户协会准备的制度配套没有跟进，导致制度之间不能形成合力。参见孙婷：《用水户协会法律制度比较研究》，载《人民黄河》2007年第12期。

② 钟玉秀：《国外用水户参与灌溉管理的经验和启示》，载《水利发展研究》2012年第5期。

义务关系。从目前情况来看，我国仍没有相关法律法规对农民用水户协会的法人地位进行确定。而法律主体资格的不确定会使得农民用水户协会在组建、运行、监督环节以及相应的抗风险能力上受到不同程度的影响①，甚至在获取司法救济的过程中困难重重。二是在实践层面，最突出地表现为行政干预色彩浓重。农民用水户协会的组建、机构设置、规章制度、人事安排都是由政府来制定，甚至经费也几乎由政府支付。如此导致农民用水户协会的建立往往具有寻求政府扶持惯性，不仅不利于农民用水户协会的存续与发展，且在很大程度上阻碍了协会运行的制度发展与创新。此外，我国农民用水户协会还普遍存在基础设施不到位、农民参与意识不强、协会登记难、经费不足等问题。

三、水资源市场主体

（一）水利（水务）企业的类型

随着市场经济体制改革的不断深入，如何改变过去传统的管理体制和经营机制、实现水资源治理的市场化已成为当前的重要课题。而水利（水务）企业作为水资源参与治理主体也成为市场化体制改革中的重要一环。所谓水利（水务）企业，一般指从事江河湖泊综合治理、防洪排涝、灌溉、供水、水资源保护、水力发电、水土保持等开发水利、防治水害的企业。其产品包括两类：一是公共产品，包括防洪、排涝、减淤、湿地环境保护等项目；二是经营产品，包括供水、发电、污水处理等项目。而无论是公共产品，还是经营产品，都需大量的资金投入。公共产品由于社会效益的目标限制而自身不能直接产生利润，经营产品也由于水资源产品的特殊性而在营利方面与一般企业有所区别，因此，如果没有财政补贴或者足够的利润，水利企业的持续运营就会出现障碍。例如，有调查显示，在政府对水利的投资相当有限的情况下，处于基层的相当一部分水利企业自收自支，其运作经费完全依靠自身；尤其是在税费改革之后，水库管理所、渠道管理站等水利企业的水费收缴率不足30%，其收入根本无法保证企业正常运转，导致水渠得不到正常维护，对供水灌溉造成不便，致使水费收缴率不断下降，如此形成恶性循环。②随着我国市场经济体制的逐步建立和完善，长期计划经济体制下形成的水利建设与管理体系已不能适应新时期水利发展的需要。因此，在我国基础设施建设资金仍存不足的情况下，进行市场化改革，运用市场机制增强水资源治理的效率以及产品的供给能力、质量和效益，十分必要。对于水利企业而言，这一改革首先自投资方式的改革开始。

---

① 邵龙、张忠潮:《我国用水户协会发展的制度障碍与完善建议》，载《安徽农业科学》2013 年第 3 期。

② “基层水利发展现状、问题与对策研究”课题组:《我国基层水利发展的现状、问题与对策》，载《中国水利》2012 年第 7 期。

在 2010 年国务院发布《关于鼓励和引导民间投资健康发展的若干意见》的背景下，水利部积极引导民间资本进入水资源开发、利用和保护领域，并于 2012 年 7 月发布了《鼓励和引导民间资本参与水土保持工程建设实施细则》和《鼓励和引导民间资本参与农田水利建设实施细则》两项文件，以鼓励和引导民间资本参与农田水利建设，促进农业和农村经济发展，以及鼓励和引导民间资本参与水土保持工程建设，加快水土流失治理，改善生态环境。

关于投资的方式，《鼓励和引导民间资本参与水土保持工程建设实施细则》第 8 条规定，民间资本参与水土保持工程建设可采取以下形式:（1）以流域（片）为单元开展集中连片水土流失治理开发;（2）采取承包、租赁、股份合作、拍卖使用权等方式对“四荒”资源进行治理开发;（3）民营资源开发企业结合生产生活环境改善对周边区域进行水土流失治理开发;（4）结合水土流失治理进行的水土保持植物资源开发利用;（5）以其他方式参与治理开发。《鼓励和引导民间资本参与农田水利建设实施细则》第 5 条规定，民间资本可以独资、合资、合作、捐赠[①]及村民“一事一议”筹资筹劳等多种出资形式参与农田水利建设。因此，民间资本可以以拍卖、租赁、经营承包、股份合作等方式进入水资源领域，并进一步明确产权、明确双方职责、明确双方权利、明确受益面积。其中，如果以资本来源不同区分，投资方式可分为纯民间资本投入、民间资本与国有资本股份合作、外商资本与国有资本股份合作三种形式。由此，水利企业可以有三种形式，即由纯民间资本投入设立的民营水利企业，多种股权形式构成的国有水利企业，以及外商投资、中外合作型的水利企业。此外，还存在国有独资型的水利企业。

就民营水利企业而言，其与含有国有资本的企业相对应。在我国，企业组织形式包括有限责任公司、股份有限公司、合伙企业和个人独资企业。其中，国有独资公司、国有控股公司又因其股东的特殊性而被视为特别的企业组织形式。除国有独资公司和国有控股公司外，其他类型的企业只要没有国有资本或者国有资本不处于控股状态，都应纳入民营企业的范畴。就国有水利企业而言，其主要有国有独资和国有控股两种形式。由于多年改革实践证明，由单一国有资本构成的国有企业相对缺乏活力和效率。而国有资本通过控股、参股等形式与其他性质的资本融合，能够在很大程度上改善国有企业的产权结构，有利于通过国有产权的流动和重组来优化资源配置、提高运营效率，且通过产权多元化的推动，有利于逐步建立规范的现代企业制度和市场化的运作机制。中外合资

① 笔者认为，捐赠应被排除在投资方式之外。由于投资的目的在于获取利润，而捐赠则属于无偿行为，因而不应属于投资方式。

水利企业是由外国公司、企业和其他经济组织或个人同中国的公司、企业或其他经济组织在中国境内共同投资举办，各方共同投资、共同经营，按各自的出资比例共担风险、共负盈亏。相对而言，目前供水企业较多地以上述组织形式出现，大大提高了经营效率和服务质量。但在缓解资金压力的同时，也带来了新的问题，这在后文有所阐述。

尽管民间资本进入水利领域已在制度与实践中得以确立和应用，但仍存在不少问题，主要表现为以下三个方面。

其一，行业准入存在制约。尽管水利部发布了实施细则，但仅仅是比较宏观的规定，内容并不详尽，也不具有可操作性。此外，一些部门、行业性的歧视性准入政策依然存在，民间资本的进入有很大的难度。且民间投资的前置性审批环节多、手续繁杂，也成为进入行业的阻碍。

其二，体制障碍依然突出。目前，大部分水利水电设施仍是所有权与经营权合二为一，有的甚至政企合一。水利水电作为基础设施领域，尚未实行普遍的招标制，即使在某些领域引入招标制，在运作上也有不规范、不彻底的现象。

其三，制度上的不公平待遇尚未消除。国家对企业进行投资改造的政策往往将水利民营企业排除在外。水利民营企业也基本享受不到针对企业的技术开发费、技术改造投资的政策优惠。此外，水利民营企业在工商登记、水价电价、劳动用工、土地使用、职称评定、出具证明、户口申报以及享用各种社会服务等方面，都不能与国有企业和外资企业享受同等待遇，甚至缺乏企业合法经营和正当权益的法律保护和安全环境。因此，要进一步鼓励、引导和规范民间资本的进入，就必须提供有力的制度支撑。

（二）水利（水务）企业的困境：以供水企业为例

由于水资源的公共性和公益性，供水企业有着与一般企业不同的性质，即公用性。供水企业是公用企业的典型。“公用企业”一词源于英语的 Public Utilities，即“提供某种基本的公共服务并且接受政府规制的行业或企业”①。但至今为止，在学术界尚无统一的概念界定。从国外学者的研究来看，主要有政府管制说②、范围说③和属性说④对公用企业的概念予以解析。在国内，公用企业这一概念的正式提出，最早见于 20 世纪 80 年代初期。财政部 1981 年的《关于国营工交企业实行有偿占用固定资金的补充规定》中就有关于“城

---

① *Webster's Unabridged Dictionary*，Random House，1998，p. 1563.

② [美] 小贾尔斯·伯吉斯:《管制和反垄断经济学》，冯金华译，上海财经大学出版社 2003 年版，第 30 页。

③ James C. Bonbright，*Principles of Public Utility Rats*，Columbia University Press，1961，p. 4.

④ Keith M. Howe，Eugene F. Rasmussen，*Public Utility Economics and Finance*，Prentice-Hall，Inc.，1982，p. 2.

市公用企业”的规定。在2002年建设部（现住房和城乡建设部）颁布的《关于加快市政公用行业市场化进程的意见》中，则直接按照行业分类的办法，将“市政公用事业”界定为“供水、供气、供热、公共交通、污水处理、垃圾处理等经营性市政公用设施”以及“园林绿化、环境卫生等非经营性设施”。在理论界，学者对企业公用企业的定义有多种方式，或是采用列举的方式①，或是用定义加列举的方式②，或是采用直接指出其本质属性的方式③。无论何种定义，供水企业属于公用企业的范畴，这一点是国内外学者之共识。

公用企业具有两个基本特征，即公益性和受规制性。关于公益性，由于公用企业所提供的产品和服务是一种介于公共产品和私人物品之间的准公共物品，属于公众所必需的基本生活料或生产资料，且没有充裕的替代选择，因此公益性应当是公用企业的核心属性。但强调公益性并不排斥公用企业的营利性。公用企业在完成提供合理的价格和优质的产品或服务这一首要目标的前提下，可以考虑自身的利润追求。关于受规制性，由于公用企业具有投资数额大、投资回报期长、资产专用性强、沉淀成本大、规模经济与范围经济显著等特点，④因此，其只有在某一特定区域内维持垄断的市场结构，才能保证较低的生产成本。而这一自然垄断性也使得公用企业的市场化程度较低，价格机制不灵活。为提高资源配置效率，必须由政府加以监管。

实践中，包括供水企业在内的公用企业存在诸多问题，主要表现为以下四个方面。

第一，缺乏有效的竞争机制。2002年12月，建设部（现住房和城乡建设部）发布《关于加快市政公用行业市场化进程的意见》，鼓励社会资金、外国资本采取独资、合资、合作等多种形式，参与市政公用设施的建设，形成多元化的投资结构。但实际上，非公有资本在市场准入方面存在诸多壁垒。由于长期以来受政策因素影响，基础设施行业的壁垒尚未完全打破。在非公有资本进入这些行业投资的过程中，层层审批制使得民间投资

① 例如，有学者认为公用企业通常包括从事电力、自来水、热力、煤气、通信、公共交通等行业经营管理的企业、事业单位。参见孔碗钟主编:《反不正当竞争法实用全书》，中国法律年鉴社1993年版，第35页。也有学者认为公用企业指涉及公用事业的经营者，包括供水、供电、供热、供气、邮政、电信、交通运输等行业的经营者。参见黄亦东、孔祥俊主编:《反不正当竞争法及配套规定新释新解（新编本）》，人民法院出版社2001年版，第5页。

② 例如，有学者认为公用事业范围主要是网络设施行业，即那些通过固定网络设施提供产品或服务的行业，包括电力、铁路、城镇给排水、城市公共交通、城市供热、煤气、航空、电信、邮政和有线电话业等。参见周林军:《简论我国公用事业产权管制体制改革》，载《西南大学学报（人文社会科学版）》2003年第6期。也有学者认为，公用事业是指政府认定会“影响公共利益”的服务的提供者，主要指对包括城市供水、供电、供热、公共交通、污水处理、垃圾处理和城市绿化等在内的城市公共设施的投资建设、维护和经营。参见廖成林、王璐:《公用事业产量隐性下政府管制的有效性分析》，载《中国软科学》2005年第1期。

③ 例如，有学者认为公用企业是指通过网络或者其他关键设施（基础设施）提供公共服务的经营者。参见孔祥俊:《中国现行反垄断法理解与适用》，人民法院出版社2001年版，第44页。

④ 仇保兴、王俊豪:《中国市政公用事业改革和监管研究》，中国社会科学出版社2006年版，第8页。

极难获得机会，且层层审批极易引起寻租行为，耗费了企业巨大的人力、财力，增加了项目的投资成本，不少非公有资本因此望而却步。此外，近年来，住房和城乡建设部和有关省市陆续出台了“特许经营管理条例”或类似的法规，以构建公用事业领域的有效竞争机制。但实际上，正如有学者指出的，不管名称如何，其核心内容仍只涉及程序性和市场准入方面的监管法规。[①]然而，公用事业改革和公用基础设施建设最为核心的问题恰恰不在于此，而是在于市场准入之后的行为规制。从这个意义上说，目前立法只重视准入竞争而忽视了过程竞争。这种跛脚的竞争机制，是无法实现公用事业领域的社会效益和经济效益的。

第二，缺乏有效治理机制。就以建立现代企业制度、完善公司治理为目的公用企业的公司制改革而言，在经过十几年的改革之后，我国公用企业基本上形成了两种组织模式，即国有独资有限责任公司模式和国有控股有限责任公司模式。

就国有独资有限责任公司而言，有观点指出[②]，公用企业的国有独资有限责任公司在解决了国有资本无限责任的同时，在公司治理层面产生了新的问题：独立的市场竞争主体和法人主体地位难以落实、高级代理人的任选机制有悖于公司治理的基本原则、公司高管人员的组成有悖于公司治理的基本原则。

就国有控股公司而言，主要存在三方面的问题。一是高管的任选机制有悖于公司治理的基本原则。正如有学者指出的[③]，从我国多年的干部人事体制管理方式来看，人事任免建议权事实上就是经营层的任免决定权。二是非国有股权的表决权无法真正实现。国有股独大、社会公众股比重较小且相对分散的现象使得非国有股权在与国有股权博弈的过程中，其应有的表决权难以充分实现。三是国有股权与非国有股权经营目标的差异性，即国有资本的社会目标、管理者谋求自身利益最大化的个人目标以及国有资产保值增值经济绩效目标，与非国有资本的利润最大化目标的差异。由于存在目标差异，且在缺乏有效的协调与监管机制的情况下，公用企业难以获得长远和均衡的发展。例如在水务市场的改革过程中，沈阳、上海等地都曾经先后通过各种方式与外资合作经营，然而结果均不圆满：在上海市的案例中，政府和外方在建设跨江管网投资成本分摊问题上出现了分歧，外方难以承受额外成本负担，使得双方的合作最终难以为继；在沈阳市的案例中，

① 周林军：《公共基础设施行业市场化的政府监管》，载《环境经济》2007 年第 3 期。

② 孙文博：《中国公用企业治理结构研究》，浙江工商大学 2007 年博士学位论文，第 61 页。

③ 吴茂见：《国有控股公司治理结构研究》，载张宗益主编：《公司治理热点透视与实证分析——中国欧盟国有企业公司治理国际研讨会论文集 II》，法律出版社 2006 年版，第 223 页。

在 3 年的经营期间，政府以固定回报方式，向外方支付了 7 000 万元。在改制上市过程中，政府虽然完成了引进资金的任务，但沈阳自来水公司却背上了 3 亿元的债务包袱。最终不得不以高达 9 亿元的代价完成退市，远高出最初上市募集的 6.8 亿资金。

第三，缺乏有效的价格形成及规制机制。从供水定价机制的发展历程来看，改革开放之前，我国城市供水实行“包费制”形式，即城市居民缴纳的水费与实际耗水量无关。20 世纪 80 年代，“包费制”逐步取消，居民实行装表计量、按量收费，但此时供水仍是非营利行业。20 世纪 90 年代以后，价格管理体制开始改革，政府按照“成本 + 利润”的定价原则对供水价格进行调整，并较大程度地提高了价格水平。但是，这里的成本通常是由经营者提供的企业个别成本而不是社会平均成本，这就可能诱使公用企业采取多报成本支出的办法来提高价格，获得更多利润。此外，从价格的形成程序看，它是由政府统一制定或批准的，难以准确地反映供求关系和产品或服务的市场价值。尽管我国 2000 年以后启动了调价听证制度，但听证制度并不完善，由于前文所提到的公众参与制度的缺陷，价格听证往往难以对成本进行有效约束。

第四，社会责任意识淡化。一是在利益的驱动下忽视国家利益、公众利益。不乏有的公用企业将自身定位为追求利润最大化的角色，尤其是非公有资本部门在经营公用企业时往往以追求利润最大化为目标而不顾公共利益，忽视社会生产和人民生活的需求。在有着外资进入情形的公用企业，外资进入我国公用企业领域必然要以营利为目的，就会导致产品或服务的定价较高，从而很可能突破低收入人群的承受能力而给他们造成生活上的障碍。二是节约成本的目标驱动下的负外部效应的产生。有的公用企业为节约成本而减少投入（例如在环境保护和安全生产方面的投入），导致一系列破坏环境和安全生产的后果。实际上其行为并未达到节约成本的目的，反而由于成本付出的滞后性，使得被转嫁给社会的成本远远高于企业预先应当支出的成本。

目前，相关立法存在诸多问题，不能给公用企业摆脱困境提供有效的解决方案。相关立法的行政性较强，缺乏权威性和统一性和可操作性。就理论而言，应当由代表人民利益和社会公共利益的立法机关行使立法权，行业的管制者不能够成为立法者。然而，在当前我国公用企业立法过程中，大都是由行业的主管部门负责法律法规的起草、论证等工作。这就有可能使行业的主管部门着重于维护本部门、本行业的权力和利益，从而导致立法的行政主导倾向严重、立法的主观性较强，且难以完全反映客观经济规律和市场经济的要求。通过这种行政主导的立法操作程序产生的各类法律法规就很难摆脱计划经济的影响，也就不可能推动公用事业的市场化改革进程，甚至还可能为行业垄断和地方保护主义大开方便之门。

首先，相关立法缺乏权威性。1998年，立法机关以“业务交叉较多，协调难度大，短时间难以出台”为由，主张先“积累经验”，否决了专门的公用企业法的制定。此后，规制公用企业的各项规范性文件多散见于若干法律法规中，并没有形成完整的公用企业的法律制度体系。在这些法律规范中，全国人大常委会制定的关于我国公用企业的立法较少，大部分是国务院及其所属部委制定的行政法规和部门规章，以及地方人大和地方人民政府制定的地方性法规和地方政府规章，立法层阶较低。其后果必然是损害法律自身的权威性。

其次，相关立法缺乏统一性。由于国务院部门规章及规范性法律文件与省级人大立法具有相同或事实上相同的法律效力，实际上地方可以通过立法改变或规避监管机构的规定，因而相关法律法规之间的冲突不可避免。

最后，相关立法缺乏可操作性。其一表现为立法的模糊性。例如1997年《价格法》第23条规定：“制定关系群众切身利益的公用事业价格、公益性服务价格、自然垄断经营的商品价格等政府指导价、政府定价，应当建立听证会制度，由政府价格主管部门主持，征求消费者、经营者和有关方面的意见，论证其必要性、可行性。”这一条款仅仅停留在原则性概念阶段，缺乏可供操作的程序性规范，比如在听证会召开的条件、召开的程序，参加人员的产生，听证意见是否被采纳和运用等诸多问题，法律上都没有明确规定，造成听证会的随意性，进而影响产品与服务定价的合理性。其二表现为立法的缺漏。目前，对包括供水企业在内的公用企业运营管制的细则性法律规范尚处于缺失状态。例如，《市政公用事业特许经营管理办法》对包括特许经营的内容、产权归属、提前终止或取消特许权时对企业的补偿等之类的一些实质问题没有规定，甚至可以说该文件只是政府实施特许经营的简单程序，其实践效果如何就可想而知了。现有法律法规还缺少对公用企业社会责任的明确规定。基于自身基础产业性的特征，公用企业应当随着社会经济的发展，不断提升产品和服务的层次，承担产品或服务升级的义务，以对国民经济其他产业提供支持。① 但是目前只有关于这项责任的政策指导性意见，并没有法律上的强制性规定②，这必然会使企业社会责任只停留在形式层面而无实质内容。

总之，水利（水务）企业是水资源管理中不可缺少的一个环节，例如在国外水资源

① 冯果、辛易龙:《公用企业社会责任论纲——基于法学的维度》，载《社会科学》2010年第2期。

② 2008年国务院国有资产监督管理委员会在《关于中央企业履行社会责任的指导意见》的文件中，确定了中央企业提高产品性能、加快自主创新和技术进步的社会责任内容，这其实是对产品升级的义务性规定。

管理中，企业的主体作用得到了充分发挥。在相关法律和政策的指导下，德国、法国、意大利三国的很多企业都从事节能环保产业，承担了许多过去由政府承担的任务。[①] 我国在水资源管理体制改革过程中，应弥补现行相关立法的不足，将水利（水务）企业纳入水资源法中加以规范，以促进水利（水务）企业功能的充分发挥。

（三）用水户

用水户依据生产用水、生活用水，以及生态用水的分类可以做不同类别的划分，进而按照不同的水价缴纳用水费用。从制度层面看来看，目前对用水户的制度安排主要存在两方面问题。

一是有效的利益表达机制的阙如。用水户作为水资源的直接使用者，既对本区域的用水现状有着充分了解，又对水资源的分配、使用和开发有着具体需求，因此应建立用水户与相应行业协会及各级政府之间的信息交流平台，以使用水户能够充分表达自己意愿，亦使得政府、协会充分了解本区域真实用水情况以及用水户多元化的用水需求。

二是有效的监督机制的阙如。虽然理论上作为本区域用水户的利益代表，政府和各行业协会应当将用水户的公共利益作为目标，但实际上政府及其组成部门、行业协会都是独立的经济主体，因而不排除存在以行政权力谋求私利的现象，尤其是在我国目前水资源行政管理体制改革相对滞后的情况下，一些权力部门在拟定政策法规进行管理时不免要考虑地区利益、部门利益，甚至下属经济实体的利益，违背或危害用水户的整体利益。因此，需要建立有效的监督机制。

第 3 节　水资源法的权利体系

一、水权的体系

（一）水权体系的逻辑起点：水资源所有权

水资源的开发、利用，即将水资源的占有、使用、收益和处分权能从所有权中分离出来，转移给其他社会主体即资源的开发、利用者的过程。因此，水资源所有权虽然不包括在水权体系之中，却是水权体系的逻辑起点，是水资源占有、使用、收益和处分权

① 湖北省党委政研系统考察组：《绿色发展引领时代潮流——赴德法意三国考察报告》，载《政策》2011 年第 10 期。

能的母权。

水资源权利（力）体系的构建都是以水资源所有权为基础。前文提到，现今绝大多数国家或地区的水法都未将水资源所有权归于私人所有，而是将其归于国家所有（法国、德国、南非、中国）、州所有（美国路易斯安那州、佛罗里达州、得克萨斯州）或全体人民所有（美国阿拉斯加州、华盛顿州、俄勒冈州、佐治亚州），或者将其认定为公共财产（日本，美国科罗拉多州、马萨诸塞州）。我国《宪法》第9条规定：“矿藏、水流、森林、山岭、草原、荒地、滩涂等自然资源，都属于国家所有，即全民所有……”从而从根本法层面确认了水资源的所有权。由此，需要解决两个问题，一是国家所有与全民所有是否等同的问题，二是宪法上的水资源所有权是否需要过渡到部门法上水资源所有权的问题。

首先，关于国家所有与全民所有。社会契约理论指出：“正是为了结束无国家时的纷争和不安全状态，全民才以订立社会契约的方式建立国家，由国家代表全民的利益。”[①]因此，在宪法层面，国家与全民并不是对立的，正是由于全民利益的需要，国家才有存在的必要。除国家之外，没有其他主体可以代表全民。因此，宪法上的国家所有实际上等同于全民所有，进而水资源在宪法上的所有权体现为国家所有权即全民所有权形式。而这一所有权形式是由“水资源所负载利益之公共性及国家所代表利益之全民性决定的”[②]。以宪法形式确认水资源国家所有权的意义在于明确作为权利成员的个体所应享有的水资源权利：可以通过参与机制在水资源规范的立法过程中表达其意志、行使参与权；可以通过监督机制对水资源的分配和管理行使监督权；可以通过利益分配机制享有水资源的相关收益、行使受益权。[③]

其次，宪法上的水资源所有权需要过渡到部门法上的水资源所有权。宪法上的国家所有权是一种纲领性的规定和宣示性的确认，但是仅止于此并不足够。将水资源纳入法律规制对象的目的在于保障水资源的合理开发、利用和保护。而由于宪法规范只能间接影响私法或公法效范的制定及解释，具体主体之间的法律关系一般不能直接由宪法规范调整，因此宪法上的水资源国家所有权主要为水资源全民所有提供基础性规定和制度性保障，通过宪法规范保护全民所有的水资源，而不涉及水资源的具体支配利用。在水资

① [德] 迪特尔・施瓦布:《民法导论》，郑冲译，法律出版社2006年版，第46~47页。

② 彭诚信、单平基:《水资源所有权基础理论解析》，载《金陵法律评论》2011年第1期。

③ 水资源收益虽然直接收归国库，但是国家通过兴修水利工程、优化水资源生态环境、治理水污染等方式又将水资源收益返还给普遍的个体，从而提高个体的生存、生活质量。

源形势日益严峻的情况下，需要对宪法上的水资源所有权作出具体制度回应，通过法律的平衡机制将涉水的相关利益纠纷纳入正常和固定的解决模式之中，以缓解水资源紧缺下的矛盾和危机。

在宪法上，水资源国家所有权过渡为部门法上的国家所有权之后，需要明确的是因水灾害、水事故而导致的损害赔偿责任的承担问题。对于责任的承担主体，可以参照大陆法系的“物的监管者的责任”。法国《民法典》第 1384 条第 1 款规定：“任何人不仅对自己的行为所造成的损害，而且对在其管理之下的物所造成的损害，承担责任。”这一归责制度对法国民法甚至欧洲大陆民法产生了深远的影响，但这一理论也存在弊端。英美法系应对这一问题的基本的标准是：看谁有权控制，即“控制理论”。借鉴这一理论，对于因水灾害、水事故而导致的损害赔偿责任的承担主体可采用“谁控制，谁负责”原则。

（二）水资源的占有

水资源的占有，是指占有水资源的状态。由于水资源的特殊性，其所有权与占有是分离的，因此水资源的占有是非所有人享有的独立的权利。在国家和农村集体经济组织水资源所有权并存的前提下，水资源的占有体现在两个层面：一是农村集体经济组织对水资源的占有；二是某些具体的水资源使用权在行使时须以实际占有水资源为前提，此时，水资源的占有产生。

其一，关于农村集体经济组织的水资源占有。我国 1988 年《水法》采用与我国土地的国家和集体所有的二元制相对应，将水资源权属设计为国家和集体的二元所有权主体制。因这一制度设计不能回应水资源紧缺下的整体规划、合理利用的要求，不能合理界定水资源自然流动特质下的产权归属，不能高效地解决水资源利用过程中资源浪费和水环境污染问题，而受到理论界与实务界的诟病。2016 年《水法》对此进行了修正，该法第 3 条规定：“水资源属于国家所有。水资源的所有权由国务院代表国家行使。农村集体经济组织的水塘和由农村集体经济组织修建管理的水库中的水，归各该农村集体经济组织使用。”该法第 7 条规定：“国家对水资源依法实行取水许可制度和有偿使用制度。但是，农村集体经济组织及其成员使用本集体经济组织的水塘、水库中的水的除外。国务院水行政主管部门负责全国取水许可制度和水资源有偿使用制度的组织实施。”这两条规定表明，属于农村集体经济组织所有的水塘、水库中的那部分水仍然是国有水资源的组成部分，只是作为不具有水资源所有权主体资格的农村集体经济组织，可以依照法律的特别规定不受约束地、无偿地、永久地使用这部分地表水。就地下水而言，我国《水法》第 48 条第 1 款规定：“直接从江河、湖泊或者地下取用水资源的单位和个人，应当按照国家取水许可制度和水资源有偿使用制度的规定，向水行政主管部门或者流域管理机构申请领取取水许可证，并缴纳水资源费，取得取水权。但是，家庭生活和零星散养、圈养畜禽饮用等少量取水的除外。”可见，农村集体经济组织开发从江河、湖泊中取用水资源，以及利用地下水资源，仍需要依法申领取水许可证，并且缴纳相应的水资源，费后方可进行。这与关于农村集体经济组织使用地表水的规定明显不同，是因为属于农村集体经济组织所有的水塘、水库中的水是由该组织直接占有的，而地下水资源具有连通性，不因土地所有权的不同而被相应分割，也就不存在被农村集体经济组织占有的情形。由此可见，农村集体经济组织对其所有的水塘、水库中的水，依据其对该水塘、水库享有所有权而实际地占有这部分水资源，进而形成对这部分水的支配和使用，并且在法律对这一事实予以认可之后，形成对这部分水资源的占有。有两种形成方式：一是自然状态下存在于或流入农村集体组织水塘、水库中的水，农村集体经济组织当然地形成占有；二是人为引水进入农村集体经济组织所有水塘、水库的情形，此时农村集体经济组织在申领取水许可证和缴纳水资源费之后，占有形成。农村集体经济组织的水资源占有状态的形成，有效地解决了水资源国家所有权制度下农村集体经济组织所属的水塘、水库的水资源利用问题。当然，除去这部分水资源外，对于其他水资源，农村集体经济组织既非所有权人，也非占有人，只能与其他单位和个人一样，依取水许可制度和有偿使用制度开发利用水资源。

其二，由于水资源的特殊属性，在一般情况下，水资源的使用无须实际被占有才能发生。但在特殊情形下，也需要实际占有。前者如汲水、引水等，它们并非用水人实际占有特定之水的状态，只是有益用水的权利。[①] 后者如水运、竹木流放等，如果权利人不占有就无法利用水资源，因此，在水运、竹木流放时需要实际占有。

（三）水资源使用权

水资源使用权是水资源国家所有权派生出来的权利，其意义在于将民事主体对水资源的开发和利用从水资源国家所有权中剥离出来，确认了民事主体对水资源使用和收益的权利，赋予了权利主体在水资源领域的使用自由，有利于保障主体生产经营和日常生活。水资源使用权需要通过行政许可的方式获得，因而是一类带有公法色彩的私权利。根据我国 2019 年修正的《行政许可法》第 12 条第 2 项的规定，有限自然资源的开发利用等，需要赋予特定权利的事项，可以设定行政许可。水资源作为有限的自然资源，需要主管

① David C. Hallford，“Environmental Regulations as Water Rights Takings”，*Natural Resources and Environment*，Vol. 6，No. 1，Government Liability（Summer 1991），pp. 13-15，54-56.

机关通过特许赋予特定的权利。为此，我国《水法》第 7 条及第 48 条规定了国家对水资源依法实行取水许可制度，根据《水法》，我国又相继出台了《取水许可和水资源费征收管理条例》《取水许可管理办法》。

由于水资源开发和利用的方式多种多样，因此水资源使用权包含多种形式。其中，取水权是较典型的一类水资源使用权。所谓取水权，是指公民、法人或其他组织依照法律规定或认可，利用水工程或者机械提水设施直接从江河、湖泊或者地下取水的权利。实际上，取水的方式也有多种，由此而产生的各项权利都属于取水权的范畴，主要包括：(1) 汲水权，即按照取水许可证的规定或者法律已认可的时间、地点、期限和数量，借助一定工具和设施对水进行抽取的权利;(2) 引水权，即按照取水许可证的规定或者法律已认可的时间、地点、期限和数量，利用渠道等输水系统对水进行引入的权利;(3) 蓄水权，即在地上或地下修建蓄水装置存蓄水的权利。此外，用于农业生产的灌溉用水和用于工业生产的工业用水也应属于取水权的范畴。除取水权之外，还有水运权、水电权、养殖权、竹木流放权等，也属于水资源使用权的范畴。

取水权的优先效力，又称物权优先权，是指权利效力的强弱，即同一物上同时存在数个利益相互矛盾冲突的权利时，具有较强效力的权利排斥或先于效力较弱的权利而行使。我国水资源丰富，但其地区分布极不均匀，受降水分布的影响，水资源储量呈北少南多的局面。而土地资源的分布与水资源的分布恰恰相反，水土资源分布极不匹配。以上因素决定了在我国取水权优先权安排的过程中，应当考量各流域、各地区经济发展、生态环境以及水资源利用的实际状况。一般来看，取水权的优先效力可因用水目的不同而产生不同的优先效力。按照用水目的的不同，可以将用水分为生态用水、农业用水、生活用水、工业用水、航运用水和市政用水等不同类型。不同类型的用水，其用水顺序也不相同。取水权还可以因取得的先后顺序而产生不同的优先效力。在水资源充足的情况下，所有的用水人在取得取水权后，都可以通过取用水资源，使自己的权利得以实现，优先效力此时没有发挥作用的余地。但在水资源不足的情况下，应当在确定了不同类型的取水权各自顺序的基础上，在同一类型的数个取水权之间，依照"时间在先，权利在先"原则确定取水顺序。此外，还可因取水权取得方式的不同而产生不同的优先效力。

（四）水资源收益权

水资源收益权，是指收取或获得水资源的自然孳息、人工孳息和法定孳息的权利。水资源收益权可分解为两个层次。一是水资源所有权人的收益权。国家作为水资源所有权人，不仅拥有水资源管理权，同时也需要体现其所有权人的收益权。二是水资源使用权人的收益权。水资源使用权人使用水资源，应该向政府交纳水资源使用费，即用其生产出的经济财富中水资源的份额交换取得水资源排他性使用权。例如，生产者获得初始水权后，可通过使用水资源进行生产和销售产品来获取收益，这是生产者实现水资源收益权的一种形式。生产者也可以将水权进行转让而获得收益。

长期以来，我国实行的是水资源无偿使用制度，生产者无须缴纳水资源使用费或仅缴纳很低的水资源使用费（行政事业管理费），无法体现水资源的稀缺性和市场价值。《水法》虽然规定我国实行水资源有偿使用制度，然而，如何确定水资源收费标准，是需要进一步研究的理论和实践问题。

（五）水资源处分权

水资源处分权，是指在水资源初始分配之后，通过水市场的交易机制进行二次分配时的转让权和交易权。水资源处分权亦可分解为两个层次：一是水资源所有权人的处分权。国家作为所有权人拥有对水资源的全部和最终处分权，例如“水资源分配权”“水资源监督权”。随着水权管理制度的完善，未来初始水权的分配必然会打破单一的行政分配的方式，而可以通过市场机制如水权拍卖，社会机制如团体间的协商，或者三者相结合的途径来进行。这些都如同水资源分配权和水资源监督权一样，是属于政府管理的权限，是国家（政府）行使水资源处分权的手段。二是水资源使用权人的处分权。《取水许可和水资源费征收管理条例》第 27 条规定：“依法获得取水权的单位或者个人，通过调整产品和产业结构、改革工艺、节水等措施节约水资源的，在取水许可的有效期和取水限额内，经原审批机关批准，可以依法有偿转让其节约的水资源，并到原审批机关办理取水权变更手续。具体办法由国务院水行政部门制定。”生产者在水权初级市场上获得的水权包含了部分的处分权，包括事实上的处分权和法律上的处分权。事实上的处分权是在生产或生活中使物的物质形态发生变更或消亡。法律上的处分权是指依照所有权人的意志，通过某种法律行为对财产进行处理。但是这一类处分权受一定限制，生产者不能出租、抵押，也不能全部转让水资源，只能转让节约出来的部分，且须经原批准机关审查批准。

（六）关于水工程设施收集的大气降水的所有权的确定

根据现行立法，大气降水是一种自由资源，其所有权在法律上处于空白状态。因此，探讨水工程设施收集的大气降水的所有权的关键，就在于分析水工程设施的所有权。我国《水法》第 25 条第 2、3 款规定：“农村集体经济组织或者其成员依法在本集体经济组织所有的集体土地或者承包土地上投资兴建水工程设施的，按照谁投资建设谁管理和谁受益的原则，对水工程设施及其蓄水进行管理和合理使用。农村集体经济组织修建水库应当经县级以上地方人民政府水行政主管部门批准。”但此条款仅涉及水工程设施的建设、管理和使用而没有明确水工程设施的所有权。

作为水工程设施中的一类，水库的所有权在立法上有所体现。水库是“用坝、堤、水闸、堰等工程，于山谷、河道或低洼地区形成的人工水域。它是用于径流调节以改变自然水资源分配过程的主要措施”①。早在1992年国家土地管理局、水利部发布的《关于水利工程用地确权有关问题的通知》第2条就规定，水库所有权按照“谁投资、谁拥有”的原则确立，水库所有权包括国家所有、集体所有和其他所有三种情形。该通知还进一步指出：“国家兴建水库的土地属于国家所有。对于集体所有的土地上的水库，如果水库是由集体投资、管理、经营的，则水库的所有权归集体所有，但如果是其他主体投资兴建的水库，则应当取得水库范围内的土地的使用权。”由此可见，水库的所有权包括三种情形，即国家所有、集体所有和私人所有。

同样，由于水工程设施收集的大气降水属于自由资源，国家、集体、个人等在内的各种主体都可以对其加以利用；且此处的水工程设施并不是大型的水利工程设施，而是小型、公益性不强的工程设施②，因此水工程设施的所有权可以参照水库的相关规定，即在不损害公共利益和他人合法权益的前提下，允许其存在多种所有权形式。理论界也普遍认为：“无论土地归国家所有还是属于集体所有，竖立其上的水工程不当然地归属于土地的所有权人，基于我国一直奉行对水工程‘谁投资、谁拥有’的原则，应归投资者所有。”③因此，在水工程设施的所有权包括国家所有、集体所有和个人所有的情形下，水工程设施收集的水资源所有权也应有国家所有、集体所有、个人所有三种情形。

二、水资源行政管理权

（一）现状

根据《水法》规定，我国水资源行政管理实行行政区域管理与流域管理相结合的方式，流域管理主要是整个流域统一管理，区域管理主要是分部门管理。从层级来看，水资源行政管理权的分配表现在三个层面。

一是中央政府层面。国务院水行政主管部门负责全国水资源的统一管理和监督工作。

---

① 郑太福：《论水工程设施收集的水资源的所有权归属》，载《中国环境管理干部学院学报》2010年第3期。

② 根据《土地管理法》第51条和第54条的规定，大中型水利、水电工程建设被视为基础设施，所需土地可以通过划拨的方式取得，如果需要使用集体所有的土地，则须办理征收手续，而且征用土地的补偿费标准和移民安置办法，由国务院另行规定。而《水法》第25条中规定的水工程设施可以在集体所有的土地上建造，因此属于公益性的、大中型的水利设施。

③ 郑太福：《论水工程设施收集的水资源的所有权归属》，载《中国环境管理干部学院学报》2010年第3期。

水资源统一管理的核心是水资源的权属管理。我国《水法》明确规定，水资源属于国家所有，水资源的所有权由国务院代表国家行使。国务院授权其所属的，包括水利部、生态环境部、国家发展和改革委员会、住房和城乡建设部、农业农村部、国家林业和草原局、国家卫生健康委员会在内的各部委以水资源行政管理职能依法进行统一管理。

二是地方层面。县级以上地方人民政府水行政主管部门依法负责本行政区域内水资源的统一管理工作。对于省级地方政府而言，其与中央部委之间不存在行政上的隶属关系，地位是平等的，只是管理的对象和范围有差异，而管理的性质和目标是一样的，这在管理上容易产生认识的不一致性。

三是流域层面。中央直属的流域管理机构目前有两类：第一类是水利部所属的流域水行政管理机构，为水利部的派出机构，代表水利部行使所在流域的水行政主管职能；第二类是生态环境部和水利部共同管理的流域水资源保护机构，管理范围与上述水利部直属流域机构相同。第二类流域机构比第一类流域机构在行政级别上低一级，且又都设在第一类流域机构中，作为第一类流域机构的一个事业单位。目前，长江水利委员会等7个流域水行政管理机构的职能为：按照统一管理和分级管理的原则，统一管理本流域的水资源和河道；负责流域的综合治理；开发管理具有控制性的重要水工程；搞好规划、管理、协调、监督、服务，促进江河治理和水资源综合开发、利用和保护。长江流域水资源保护局等7个局的职能在于对所在流域的水资源保护工作实施统一监督管理，防治水污染，协调省际水污染纠纷等。除以上两类流域管理机构外，还有一些中央有关部门的跨省的有关水的管理机构，如直属于交通运输部的长江航务管理局负责管理长江干线的航道及航务；属于中国电力总公司的若干个跨地区的电力集团公司，其职责之一是归口管理所辖范围内的水电建设规划和方针政策。

从权力内容来看，水资源行政管理权主要包括宏观和微观两个层次。就宏观管理权而言，表现为三个方面：一是配置权，即对水资源统一规划、配置和总量控制，制定水资源补偿和供水保障体系等；二是协调权，包括参与对用水纠纷的协商仲裁，制定流域水量分配方案，建立用水协调机制等；三是评价权与监督权，主要体现为水资源经济、环境和生态价值的评估制度，水资源的调查评级制度，水资源可利用量估算制度，水资源演变情势分析制度等，以及建立水资源配置的监督机制。就微观管理权而言，表现为三个方面：一是取水管理权；二是节水保护职责，建立相关制度以节约用水，进行水资源和水环境保护，以及对地下水的管理和保护；三是市场监管权，包括水权转让管理，水权交易审批，水权转让第三方利益补偿、第三方影响评价等，同时对水权交易主体、范围、数量、年限、程序、价格、交易资金、水功能区影响等进行监管。

（二）不足及其完善之路径

目前，学术界关于现行水资源管理体制的不足探讨较多，普遍认为其呈现“九龙治水”的局面。从表面上看，这种机制集中了众多部门的力量，但实际上却并不能达到合作治水的目的，从而引发了诸多矛盾，例如中央部委之间的主管与协管的矛盾、中央部委与地方政府之间的统管与分管的矛盾，以及地方政府间区域利益的矛盾等，这在前文已有阐述。从权力的角度看，可以将目前水资源管理的不足概括为三个方面。

其一，权力冲突。由于水利、环保等多个部委都被授予水资源管理权力，而省级地方政府在所辖区域范围内也同样拥有管理权，因此在实际管理中由于部门利益与区域利益的相异就会出现冲突。例如，在流域管理中，《水法》规定流域管理机构和县级以上人民政府水行政主管部门同为水事管理主体和执法主体，但没有规范两个执法主体间的协调问题，从而导致操作困难。此外，流域管理机构与其他如环保、农业、渔业、交通、林业、建设、地矿等多个部门的关系规定不明确、权力分工不明而导致权力的实际可操作性不强。

其二，权力缺失。法律在授予主体行政管理权的同时，却因缺少行使权力的必要辅助条件而导致权力实质性缺失。例如对排污的控制和对用水量的控制，流域管理机构缺少履行职能所必需的强制手段，且流域管理机构的全部经费都来自国家财政，而国家财政所支付的经费极其有限而缺少行使权力所必需的经济基础。

其三，权力模糊。《宪法》《立法法》《环境保护法》均未对流域管理机构的组织设置、立法权限作出规定；《行政处罚法》规定流域机构在其管理范围内的水行政处罚主体资格必须由国家法规授权或行政机关授权。《水法》规定我国流域管理机构是具有行政职能的事业单位，并初步厘清了流域管理机构和地方政府水行政主管部门在制定流域或区域综合规划、拟定水功能区划、排污口建设的审查、年度水量分配方案制定、取水许可证发放等问题各自权责。但是，流域生态系统的整体性决定了参与流域涉水事务主体的复杂性和多元性。流域管理机构与环保机构之间、流域管理机构与水资源机构之间都可能存在职能冲突，加之流域管理机构本身的协调职能亦不明确，使其无法发挥其应有的统一、协调流域管理作用。且由于无立法权，流域管理机构的执法地位有限。

针对不足，可以考虑完善水资源行政管理权力分配机制。但这不仅仅止于权力本身，还涉及水资源管理模式的变革以及整个行政体制改革。从权力分配角度来看。构建完善的权力分配机制应当考虑三个原则：一是权力分配的集中统一。在一个区域或者流域内，不能设立多个平行的管理机构，尤其对于流域性管理事务，应当统一到一个流域管理机构。

二是权力行使的独立自主。管理机构应当拥有完全独立自主的管理权。对于其所接受和委托的事务，管理机构应当享有完全自主管理和处理事务的权利。三是权力主体的分散化和多元化。政府可以适度放松管制，以授权或委托的方式将部分水资源管理权转交给社会和市场行使，实现国家权力的分散化和水资源管理的多元化。根据此三项原则，权力配置机制应该涉及水资源管理体制与治理模式的变革问题，这将在下一章中详细论述。

三、水资源行业自治权

（一）典型意义上水资源行业自治权：行业协会的自治权

正如美国学者费尔曼所言，有相当多的理由可以证实，行业协会对市场主体具有即时现实性的控制功能，在政治上是民主的，在经济上是有效率的。[①] 因此，作为市场调节机制和政府调节机制的补充，行业协会的自我管理作为一种社会调节机制应运而生。在制度化较强的场合，它甚至被称为“私益政府”（private interest government）[②]，其在各国的经济运行中发挥着愈来愈重要的作用。例如，在德国的市场经济运行机制中，从中央到地方、从系统到部门，分布着众多的行业协会和商会。[③] 从组织形式来看，行业协会重行业联合，这类组织的成员以行业为主，多带有自愿性；商会重本地区企业的联合，会员不分行业，国家法律强制规定企业必须参加商会，各地区、各州分别建立商会，最后在联邦一级形成最高组织，从而在全国范围内形成了纵横交错、既有分工又能相互协调的组织网络。德国行业协会和商会的组织程度很高。德国政府正是通过这些组织与所有企业发生联系，实现“看不见的手”的作用。行业协会和商会已成为德国市场经济运行机制中不可缺少的组成部分，在经济生活中扮演着非常重要的角色，发挥着内外协调、影响和参与宏观决策、行业自律、组织服务等诸多功能。

在水资源领域亦是如此，德国该领域的行业协会主要有德国取用储存库饮用水协会（ATT），德国能源和水行业协会（BDEW），德国水务管理联合会（DBVW），德国燃气和水科学技术协会（DVGW），德国水、污水和废物协会（DWA），德国地方市政协会（VKU）等。政府将目标任务下达到各行业，由各行业协会负责执行。行业协会不仅投入资金（政

---

① 转引自苏永钦：《经济法的挑战》，五南图书出版公司 1985 年版，第 185 页。

② Streeck, W. and Schmitter, Philippe C., "Community, Market, State-and Associations? The Prospective Contribution of Interest Governance to Social Order", in Streeck, W. and Schmitter, Philippe C. (ed.), *Private Interest Governmemt: Beyond Market and State*, Sage Publications Ltd., 1985, pp. 14–17.

③ 陈建南：《德国行业协会的作用及启示》，载《经济管理》2000 年第 3 期。

府的资金由行业协会执行）帮助企业对落后设备进行改造，还通过加强节能减排技术研发和行业监管等措施，促进本行业完成政府的节能减排目标任务。同时，政府非常重视行业协会建设，不仅给予政策倾斜，而且给予资金扶持，使得行业协会得以健康发展，协会的职能也得到很好的履行。2005年，各协会共同签署《关于在水务行业推进标准化的声明》，由此形成的水务行业标准化方案成为德联邦政府水务现代化战略的有机组成部分，并由多个协会和组织主导推进。在英国，消费者协会亦承担了一定职能，参与地方水资源管理。每一个区域的消费者协会都由地方行政人员和民众代表组成，对供水公司提供的服务进行监督，提出意见和建议。在实际上相当于地方参与水管理。在法国，基于一定目的[①]，政府可以委托“当地的水资源社团”对一项带有紧急或一般性性质的建设项目、安装项目或设备进行研究、承建和运行。

综上，行业协会承担了越来越多原应由政府部门履行的，诸如环境保护、满足社会多元化需求以及关注边缘弱势群体等职能，获得了前所未有的重要地位。从团体与其成员的关系来看，代表团体利益的行业协会，通过市场主体之间的信息交流、相互磋商、协调合作等运作方式，能更好地规制其成员行为，在克服过分追求私利和信息不对称而引起的市场失灵中发挥政府干预难以起到作用。从团体与政府的关系上看，行业协会能够代表集体利益与政府进行谈判，可以减少企业与政府双方的交易成本。同时，行业协会能够纠正政府在促进社会经济发展方面的制度弱点，通过参与公共选择、影响政府经济决策等方式促进民主管理的实现。

（二）行业协会自治权的内容

在我国，由于社会经济生活中涉水领域广泛，因此行业协会的种类很多，例如水资源管理协会、供水行业协会、供水排水行业协会等，在各自领域内发挥不同的功能。[②]针对目前水资源行业协会之不足，借鉴域外先进经验，可以将行业协会的自治权定位为参与决策权、规章制定权、监管权、处罚权、纠纷处理权、起诉权几个方面。

其一，参与决策权。在国家决策与立法过程中，单个企业的呼声往往是微弱的。由于行业协会熟悉本地区、本行业的事务，能够集中代表全行业、全地区成员集体利益，

① 其目的包括：开发一流域或水文流域的一个部分；开发、维护并使用一条不受国家管理的河道；供水；控制雨水及其排放；预防洪涝和海水；控制污染；保护并保存地表及地下水；保护并恢复场地、水生动物生态系统、潮湿地以及森林的边界；开发民用防护的水利工程。

② 例如，江苏省水资源管理协会是由江苏省范围内有关从事水资源开发、利用、节约、保护、优化配置和管理等工作的企事业单位，科研院所，大专院校，以及与之有关的设备和设施生产、销售企业自愿组成的行业性、非营利性的社会组织，其章程表明其具有沟通、维权、促进及引导等功能，其业务主管部门为江苏省水利厅，同时接受民政厅的业务指导和监督管理。

并将它们有效地传达给政府，从而使政府决策更有针对性，更容易被该行业、该地区的成员接受，并能使政策得到顺利贯彻执行。参与决策权的行使可以通过提出议案、监督政府的立法和公共政策、协助政府起草有关法律规范和政策、参加政府决策过程中的听证等方式行使这一权利。例如，《上海市供水行业协会章程》第6条规定："行业协会参与有关行业发展、行业改革以及与行业利益相关的政府决策论证，提出有关经济政策和立法的建议，参加政府举办的有关听证会。"

其二，规章制定权。行业协会为了进行正常的活动以实现其组建宗旨，就必须制定一定的规章制度，促使其运作规范化和有序化，并对成员企业行为产生约束。从其内容来看，经济自治团体的规章大体可以分为四类：一是章程；二是行为规范。这既包括职业道德规范即行业的伦理行为准则，又包括行业准则即行业标准、服务标准、质量规范和技术要求等。三是制裁规则，即协会对违反章程或行为规范的成员是否应当制裁以及如何制裁的规定。四是争端解决规则。这部分内容有时是散见于章程以及其他文件当中，但有时由行业协会单独制定，其主要规定协会成员相互发生争议或成员与协会发生争端时如何适用程序解决的问题。例如，《江苏省水资源协会章程》第6条规定，协会的业务范围包括："受委托拟定水资源开发利用、节约、保护、配置等方面的技术规程，促进全社会供水、节水、水资源保护及管理水平的提高。"

其三，监管权，主要是指行业协会监督和管理成员企业的权利。行业协会必须是一个有效率的集体性组织，这就要求经济自治团体必须具备一定权力来规制和约束成员企业，这种权力反映在法律上就是行业协会的监管权，主要包括：一是许可批准权，指允许企业享有在某行业或某产品上从事某项活动资格的权利；二是认证权，指行业协会对本行业产品的质量规格、产地等方面进行认定和鉴别的权利；三是日常管理权，指行业协会对协会成员具有日常的经营管理权能；四是标准制定和实施权，行业协会之所以享有标准的监管权，源自行业协会的专业化背景和信息优势。《福建省水利行业协会章程》第6条规定行业协会的职能包括："健全各项自律性管理制度，制定并组织实施行业职业道德准则，大力推动行业诚信建设，建立完善行业自律性管理约束机制，规范会员行为，协调会员关系，维护公平、竞争的市场环境。"

其四，纠纷处理权。这是指行业协会对有关内部事务或行业事务进行仲裁裁决或调解的权利。这不仅加强了行业协会的自治力，也能起到快速定分止争的功能，成为国家制定法的纠纷解决机制之补充。行业协会具有的纠纷处理权具有相应的功能优势：具有专业性与信息方面的优势；具有灵活性，不拘泥于法律程序性要求；节约当事人成本。

其五，处罚权。行业协会欲制定相应的规章来指导协会成员的集体行动，就必须建构相应的惩罚机制作补充。在拥有潜在共同利益的人们之间，拥有一套行之有效的赏罚规则，可以对合作者论功行赏，同时惩罚合作破坏者，有助于克服集体行动障碍，从而形成有效的集体行为。[①]行业协会具有法定效力的制裁有两种情况：一是依据法律进行的法律制裁；二是依据协会自治规章进行的非法律制裁，即行业协会成员违反的是内部章程的规定，但是，行业组织又是根据法律明确授权以自治规章为依据进行制裁，因而不同于一般的纯内部的纪律处分。有学者将其称为"追究法律责任之纪律制裁"，同样具有法律效力。这一区分在《上海市供水行业协会章程》中体现较为明显，其第6条规定："行业协会对违反行业协会章程或者行规行约、损害行业整体形象的会员，可以按照行业协会章程的规定，采取相应的行业自律措施，并可将有关行业自律措施告知政府有关工作部门。对行业内违法经营的企业或者其他经济组织，行业协会可以建议并协助政府有关工作部门予以查处。行业协会可以根据需要，制定行业内争议处理的规则和程序。"

处罚方式包括以下几种：一是金钱处罚。罚款是行业协会对违规者进行的金钱处罚，它是最常用的非法律处罚措施。但罚款的数额应当有一定限度，处罚数额不宜太高以致没收了成员企业的全部财产，剥夺了违规者的基本财产权；亦不能过低而缺乏威慑力。罚款可以适用于各个行业和绝大多数企业，但不可否认，就其对违规行为的控制力而言，由于适当的罚款对于资本实力并不雄厚的小企业而言，无疑是一项不小的负担。因而对中小企业而言，可以产生相当明显的效应。但对于大企业而言，由于罚款数额仅占其营业资本总数极其微小的份额，因而一般不具备特别明显的效果。二是名誉处罚。名誉处罚，指行业协会对违规成员所采取的一种使违规者在行业内部或社会公众面前的形象受到损害的处罚措施，名誉处罚虽然是非物质性惩罚，但其效果可能比物质性处罚更具威力。名誉处罚在控制力方面弥补了罚款的不足，尤其是对大企业，可以产生足够的威慑力和惩罚性。三是资格处罚。资格处罚是指行业协会单方面限制和剥夺成员资格的处罚。行业协会的资格处罚应当限于对行业协会的有效运作或声誉或市场有严重损害之事由，而且这些事由一般都应当在章程中有明确规定。

其六，起诉权。行业协会享有以自己名义提起诉讼的权利。[②]首先，当其利益受到直接损害时，行业协会有权直接提起诉讼。其次，行业协会的蓬勃发展使其发挥着越来越重要的作用，其组织性和协调性可以避免单个企业的盲目滥诉，且可以通过集中企业

① 张宇燕：《利益集团与制度非中性》，载张曙光主编：《中国经济学1994》，上海人民出版社1995年版，第190页。
② 鲁篱：《行业协会经济自治权研究》，法律出版社2003年版，第213页。

在本行业领域的共同问题，提高诉讼的效益。最后，当行业协会所代表的行业利益受到侵害时，由于行业协会对于与行业有关的公共事务更为熟悉，因而在行使原告权利或承担义务方面更利于对行业利益的维护。

四、农民用水户协会自治权

（一）农民用水户协会自治权的实践倾向

前文已论及目前农民用水户存在诸多问题的主要原因在于权力配置和运行的失范。从实践中看，我国农民用水户自治权的配置与运行存在行政性和非参与性特征。

关于行政性特征，从协会的运行来看，政府在协会的组建、生存与发展过程中起着主导作用。2002年《水利工程管理体制改革实施意见》、2005年《关于加强农民用水户协会建设的意见》、2007年《关于积极发展现代农业扎实推进社会主义新农村建设的若干意见》均体现出政府对组建和推广农民用水合作组织的积极态度，并越来越明确地给予引导。表现在实践中，农民用水户协会是由政府自上而下建立、由行政主导推动的。在目前多数协会是按照村边界而不是按照水文边界组建协会的背景下，各村的农民用水户协会的基本构建程序为[①]：由村委会向乡（镇）党委政府和民政部门提交申请成立报告，经批准后由村委会组织村民骨干进行各方面建设。由此，农民用水户协会和村两委组织上的高度重合也就顺理成章。而在这种情况下，其组织形式就具备了等级制，决策方式也由共同决定转向集中决策，协商执行被强制执行替代。当这些转变在组织内部实现制度化并得以运行后，意味着农民合作组织发生了行政科层化，而其表象特征为准政府化。[②]此外，农民用水户协会的成立与运行仍离不开政府的财政支持。例如，福建省在推广用水户协会过程中，对协会的注册和成立都提供了财政支持。在协会成立之初，农民用水户协会的资金主要来源于政府资助和原有积累。在协会运行过程中，发生水费征收问题导致协会运营资金缺乏的情况下，往往依赖协会负责人向发展和改革委员会、财政局、农业局、水利局、规划和自然资源局等行政部门申请项目资金，以此维持农村基层水利设施建设和管理的经费支出。综上所述，政府对农民用水户协会的法律赋权和财政支持必然进一步促成政府对协会的控制与支配关系，从而使协会自治权带上了浓厚的行政色彩。同时，行政主导性使得很多农民用水户协会不是按水文边界而是以行政区划（村、组）

① 蔡晶晶：《乡村水利合作困境的制度分析——以福建省吉龙村农民用水户协会为例》，载《农业经济问题》2012年第12期。
② 刘芳、史晋川：《组织关系视角下的农民合作组织行政科层化问题研究——以用水协会（WUA）的构建和发展为例》，载《农业经济问题》2009年第9期。

为单元进行组建，制约了农业用水的市场化；而协会负责人也不是通过受益区农民民主选举产生的，而由村组干部兼任，如此更加强化了协会自治权的行政特征。

关于非参与性特征，由于农民对用水户协会事务参与程度低，协会自治权表现为非参与性的特征。在形式上，农民用水户协会负责人及相关机构由农民民主选举产生，农民在管理、建设、财务上享有高度的知情权和参与权，农民主动参与渠系工程维护、协会运行监督等方面的积极性与主动性能够得到充分发挥。但是在实践中农民用水户协会基本上以村民小组为基础进行管理，村民参与程度明显不高。

农民用水户协会自治权的行政性与非参与性特征所导致的缺陷是明显的，例如前文提到的实践中普遍存在基础设施差、农民参与意识不强、协会登记难、经费不足等问题。这就需要从制度上对协会的自治权予以规范。

（二）农民用水户协会自治权的完善

针对我国农民用水户协会的现状，欲完善其自治权，首先，必须以法律形式明确农民用水户协会是自负盈亏、保本运行的经济自立型组织，主要应明确以下内容：其一，农民用水户协会具有独立法人地位，代表农民用水户的利益参与灌区管理，同时明确协会与村集体及相关政府部门之间是相互合作的关系，政府应从资金、技术、培训等方面提供指导和技术支持，而不是过多干预；其二，农民用水户协会对于特定的水资源拥有使用权①，对所投资兴建的灌溉工程拥有所有权；其三，农民用水户协会应扩展经费来源渠道，例如可设立农村水利专项基金，由专门机构负责集资、贷款、发放债券及水利建设管护和运营的资金收支，同时接受企业、个人、社会团体的捐资、投资，形成农村水利资金的稳定来源。

其次，农民用水户协会的建立有三个假设前提②，而缺失其中任何一个假设前提都会导致协会无法实质运转。一是用水户具有一致的灌溉利益以致成为一个灌溉共同体，这是农民用水户协会建立的首要前提。二是用水户具有合作能力，能够克服类似“搭便车”之类的行为对灌溉共同体的破坏。三是农民用水户协会作为用水户共同利益的忠实代理人，不存在道德风险。根据这三项假设，农民用水户协会自治权的配置应当遵循公益性、独立性和参与性原则。

关于公益性，指农民用水户协会应当是全体用水户共同利益的代表，自治权行使的目的是在节水灌溉和有效利用有限水资源的前提下，最大限度地保护用水户的合法权益。

① 农民用水户协会在灌区中代表用水户行使用水的权利并承担相应义务，因此而成为水资源的使用权人。

② 罗义云：《农民用水户协会的制度理想与实践困境》，载《农村经济》2012 年第 4 期。

关于独立性。我国当前的农村基层组织体制是承接人民公社而来的，国家自上而下建构了一整套高度集权的组织体制，在乡村社会形成了强制性合作模式，其在灌溉系统的建设和维护方面发挥了主导性作用，导致现有的农民用水户协会多按行政边界而不是水文边界组建，具有较浓厚的行政科层化色彩。因此必须清晰界定农民用水户协会所享有的权利边界，赋予真正的灌溉管理权力转移；政府部门或其他相关团体，对协会的工作承担相应的监督责任，但必须尊重和保持协会的独立性，不以强制性的政府威权干涉其运行。关于参与性，即保证农民用水户协会的规范性与用水户的参与，实现广泛参与式的灌溉管理。可以借鉴我国台湾农田水利会的经验，鼓励农民用水户协会开展多种经营以充分调动协会成员的参与积极性。

最后，农民用水户协会应当被赋予充分的自治权，即参与决策权与监督权、协调与处罚权、救济权。其一，农民用水户协会应享有参与决策权与监督权。其二，协会应享有协调与处罚权。这是针对用水户协会内部而言，指通过有效的制度规则推动成员间的沟通、交流与信息共享（如定期举行会员大会、小组成员议事会，制定协会财务收支公开制度，定期公布水费收缴情况等）、对违反规则的不合作者的惩罚及成员间的纠纷解决办法等。[①] 其三，协会应享有救济权。协会是用水户的利益代表，因而必须通过各种途径维护其成员的权益，包括保障其成员利益不受政府业务主管部门或灌区专管部门的侵害。在这种维权过程中，农民用水户协会可以作为原告对政府业务主管部门或灌区专管部门侵犯其成员利益的行为提起行政复议和行政诉讼。

① 蔡晶晶：《从外源型合作到内生型合作：农村合作用水机制的制度选择——以福建省农民用水协会调查为基础》，载《甘肃行政学院学报》2012 年第 4 期。

第三章　中国水资源管理模式的制度变迁与构想

第 1 节　中国水资源管理模式的变迁

水资源管理模式的制度变迁即水资源制度的替代与转换的过程，或者说是一种更完善的水资源制度对另一种水资源制度的替代过程。探讨水资源制度变迁的历程及其内在规律，有助于分析现行水资源制度的弊端并在借鉴先进经验的基础上明确未来发展和完善的方向。

一、制度变迁的历程

随着经济社会体制的变革，我国水资源管理模式的制度变迁大致可以分为以下三个阶段。

（一）计划经济体制下的水资源分散管理模式（新中国成立后至 1988 年）

新中国成立后，国家对水资源进行统一开发。管理模式呈现“分散管理”的行政管理模式，即于特定的水问题而建立具有单一目标的水管理部门，国家职能部门按职责分工对水资源分别进行管理或将水资源管理权下放给地方政府。在中央层面，设立水利部，主管全国水利行政，重点负责防洪、除涝和灌溉等工作；燃料工业部、农业部、交通部和建设部负责管理水力发电、农田水利、内河航运及城市供水等工作。在地方层面，成立相应的水利行政部门负责本地区的水利工作。在流域层面，中央政府在长江、黄河、淮河、海河、珠江、松花江与辽河、太湖等各大流域相继设立流域管理机构，进行了流域层次上的管理。这些流域管理机构直接隶属于当时的国务院水行政主管部门，其主要职责偏重流域规划和重点建设。

在这一时期，与水资源管理相关的职能由包括水利部门在内的相关职能部门承担，由于各公共部门只负责相对狭窄的管理活动，在各部门规章制度的约束和管理目标的价值及利益的影响下，很难实施有效的水资源管理措施。加之各部门间缺乏沟通，由此导致的最根本缺陷是水资源利用和配置的低效率。在这一时期，受计划经济体制制约，我国的水资源管理主要通过行政机关的指令性行政手段来配置水资源，呈现粗放式、高成本管理模式的特征，导致水资源价格严重扭曲，水资源开发和利用效益低下、保护不力。

（二）过渡时期的水资源系统管理模式（1988 年至 2002 年）

这一时期，相关法律法规逐步建立健全，例如 1988 年《水法》作为规范各经济主体的用水行为和水管理行为的，资源领域的基本法而颁布。《水法》明确规定国务院水行政主管部门负责全国水资源的统一管理工作，各级人民政府水行政主管部门负责本辖区内水资源的统一管理工作，并在全国范围内建立起取水许可制度等多项水管理模式，从而初步建立了从中央到地方的水法规体系和水行政执法队伍，使我国水资源走上了依法管理的轨道。可以说，我国水资源管理体制由原来的多头管理、权责利不明确逐渐向水资源的统一管理、权责利相对明确转变。

但是由于受当时立法环境的限制以及认识上的局限，原《水法》在水资源管理体制方面规定的“统一管理与分级、分部门管理相结合的制度”在实践中形成了“多龙治水”的局面。一些地方和部门以“分部门管理”为由，违背水资源管理的客观规律，推行城乡水资源、地表水与地下水的分割管理，由此产生许多弊端。例如 1996 年修订的《水污染防治法》仍然实行分区域、分部门的管理体制，规定各级人民政府的环境保护部门是对水污染防治实施统一监督管理的机关，各级交通部门和航政机关是对船舶污染实施监督管理的机关，各级人民政府的水利管理部门、卫生行政部门、地质矿产部门、市政管理部门、重要江河的水源保护机构，结合各自的职责，协同环境保护部门对水污染防治实施监督管理。正如 1997 年全国人大常委会组织对《水法》实施情况进行执法检查时所指出的：“水资源适宜统一管理和分级管理，不宜分部门管理。必须按照流域进行统一管理的原则，建立以流域为单元对水资源实行统一规划，统一配置，统一监督管理的体制。”[①]1998 年，国务院在机构改革中调整了政府部门的职责权限，将有关部门过去承担

① 王丙乾：《全国人大常委会执法检查组关于检查〈中华人民共和国水法〉实施情况的报告——1997 年 12 月 27 日在第八届全国人民代表大会常务委员会第二十九次会议上》，载《中华人民共和国全国人民代表大会常务委员会公报》1997 年第 7 期。

的部分水行政管理职能，移交给水行政主管部门，以克服多头管理、政出多门的弊端。这些意见和规定，为修改《水法》和完善水资源管理体制，提供了重要依据。

（三）变革时期的水资源统一管理模式（2002年至今）

2002年《水法》修订，确立了水资源的统一管理的思路，明确了国家对水资源实行流域管理与行政管理相结合的管理体制。其中第12条明确规定："国务院水行政主管部门负责全国水资源的统一管理和监督工作。……县级以上地方人民政府水行政主管部门按照规定的权限，负责本行政区域内水资源的统一管理和监督工作。"同时，以法律授权的方式赋予流域管理机构在其管辖的流域内行使一定的监督管理权。流域层面实行区域管理，横向实行环保部门统一监督管理与有关部门分工负责的管理体制，纵向实行各级地方政府对环境质量负责的分级负责管理体制，而地方环保部门则实行双重领导，以地方为主的"一龙主管，多龙参与"的管理体制。2012年国务院《关于实行最严格水资源管理制度的意见》再次重申，应"进一步完善流域管理与行政区域管理相结合的水资源管理体制，切实加强流域水资源的统一规划、统一管理和统一调度。强化城乡水资源统一管理，对城乡供水、水资源综合利用、水环境治理和防洪排涝等实行统筹规划、协调实施，促进水资源优化配置"。2016年修订的《水法》仍然保留"国家对水资源实行流域管理与行政区域管理相结合的管理体制"。可以说，这一时期，相对统一的水资源管理体制得以建立。尽管如此，水资源管理中的矛盾只是相对缓和，并没有完全解决。此外，公民参与水资源管理的方式日益广泛，主要有征询公众意见、举行公众听证会、专家对发展计划和项目进行评估和论证，以及利益相关者协商等形式。民间组织的功能也逐渐得以发挥，例如，在过去的十几年中，中国已成立了7 000多个用水者协会，参与灌区管理。公众与民间组织的参与有助于保护弱势群体的合法权益，实现社会福利和资源效用最大化。

从以上制度变迁历程来看，随着社会经济发展及其对水的需求增加与水资源供给相对不足状况的加剧，我国水资源管理模式由分散管理、系统管理向统一管理转变，由传统水资源管理向现代水资源管理转变。

二、制度变迁的动因

（一）客观动因

水资源管理体制变迁的客观动因可以从社会和经济两个视角来分析：从社会角度考察，其变迁与整体政治经济体制的变革密切相关；从经济角度考察，其变迁缘于水资源相对产品和要素价格的变化。

首先，水资源管理模式的变革亦是国家政治经济体制改革的一部分内容，因此是与后者的变革相适应的。新中国成立后，我国长期实行的是高度集中的计划经济体制。这是一种在资源高度垄断下形成的由国家控制一切的总体性社会体制。它是通过一系列的制度安排来建构的，其中最重要的是城市中的单位制和农村的人民公社制度。由于这两种组织形式本身就具有国家派出机构的性质，因而组织成员对组织的依附也就在很大程度上意味着对国家的依附。同时，为了强化对社会的总体性控制，就必然要消除任何带有独立倾向的社会力量。因而在高度集中的计划经济体制下，政府对经济实行集中管控、全面干预、高度计划，一切社会生活都以政治国家为中心展开，并受其支配和控制。因此在这一背景下，水资源实行统一的指令性行政管理，公民对这种管理只有服从，而无所谓享有和行使参与决策权的问题。而自党的十一届三中全会以来，随着中国特色社会主义市场经济体制的建立和发展，从根本上变革了中国的传统自然经济和计划经济体制。在这种情况下，总体性经济体制的不断弱化和解体，使得国家与社会的关系发生了深刻的变化。国家机构伴随着职能的转变正在进行结构性调整，逐渐从一些社会领域退出，将更大的空间留给社会和私人领域。在这样的改革背景下，水资源领域的政府机构设置及相应职能也实现了重大转变，以行政配置为主导的资源配置方式逐渐转向市场机制起决定性作用的资源配置方式。在公众尤其是用水户参与水资源管理方面也有了重大进步。

其次，水资源稀缺的加剧以及与之相伴随的水资源相对价格的提高是水资源管理模式及其他相关制度演进的重要原因。正如诺斯所言：“当动植物相对于人类人口的需求还算丰盛的时候，就没有激励机制去承担因建立对动植物产权所产生的费用。只有在稀缺性增大的过渡时期内，才值得去承受建立和行使产权所产生的费用。产权能够限制开发资源的速度。”[①] 新中国成立之初，经济发展比较落后，各地的水资源量远远超过本地区对水资源的需求量。在这种情况下，政府无须进行区域性的统筹管理。而进入 20 世纪 80 年代之后，随着经济和城市建设的快速发展，行业的用水量不断增大，水源地相对集中地得到大量开发，局部水资源供需矛盾已有所表现。但从整体上看，行业间、部门间的用水矛盾还不突出，因此，区域性水源工程或水资源由部门管理，而由于取水出现的暂时性水事矛盾则由政府或综合部门协调解决。这一时期所实行的仍然是分部门的分散管理体制。20 世纪 80 年代末之后，随着工业化、城市化进程的加快，人们对水资源的开采、

① [美] 道格拉斯·C. 诺斯:《经济史中的结构与变迁》，陈郁等译，上海三联书店、上海人民出版社 1994 年版，第 95 页。

利用和消耗水平大幅度提高，使得水资源供给相对不足、水资源稀缺问题日益严重。当这种稀缺程度一旦达到各经济主体为了获得更多利益而出现冲突时，必然导致现有制度均衡被打破、原有制度供给改变，以实现新的制度均衡。为了使相对有限的水资源得到合理的开发、利用以最大限度地满足各部门、各行业的需要，水资源管理主体必须对水资源进行统一规划、统一调度，使有限的水资源最大限度地发挥社会效益、环境效益和生态效益。

（二）主观动因

诺斯认为，“制度是一系列被指定出来的规则、守法程序和行为的道德伦理规范，它旨在约束追求主体福利或效用最大化利益的个人行为。”① 制度变迁的根源可归纳为三个主要原因：相对价格、偏好以及意识形态。现行的制度如果与意识形态有冲突，则产生改变制度的动力，因此意识形态是制度变迁的重要根源。② 作为制度的一种，水资源管理制度的变迁同样与意识形态的变化有着密切的关系。纵观我国水资源管理模式的变迁历程，不难发现其背后隐藏的观念的变革。

首先，对水的资源性的认知推动了水资源管理模式的制度变迁。在经济发展水平较落后时，水资源相对丰足，人们逐渐形成了“水是取之不尽、用之不竭”的意识。在这一意识支配下，水资源管理处于低水平、自由式的传统管理模式。即使在管理过程中，水只是被视为“工程”而非“资源”。水的资源性并未为人们所认知。随着经济发展，水资源存在的水稀缺、水污染、水灾害三大问题直接影响社会经济的可持续发展和水资源的可持续利用，这就促使人们认识到水的有限性与脆弱性，引致水“工程”观念向水“资源”观念的转变：第一，水同其他资源一样具有稀缺性。正是由于水资源供求矛盾日益突出，人们才逐渐重视水资源的稀缺性问题。从理论上说，它可以分成两类：经济稀缺性和物质稀缺性。由于获取水资源需要投入生产成本，而且在投入一定数量生产成本条件下可以获取的水资源是有限的、供不应求的，这种情况下的稀缺性就称为经济稀缺性。如果水资源的绝对数量短缺，不足以满足人类相当长时期的需要，这种情况下的稀缺性就称为物质稀缺性。第二，水亦具有不可替代性。水资源的功能可分为生态功能和资源功能两大类。其生态功能是一切生命赖以生存的基本条件。这是任何其他物质绝对不可替代的。水资源的资源功能的大部分内容也是不可替代的重要生产要素，即使在某些环节是可以替代的，例如水电可用火电、核电替代等。但是这种替代成本较高，缺乏可行性。因此

① ［美］道格拉斯·C. 诺斯：《经济史中的结构与变迁》，陈郁等译，上海三联书店、上海人民出版社 1994 年版，第 225 页。

② Peter Self，*Government by the Market——The Politics of Public Choice*，Westview Press，1993，p. 78.

水的资源功能在经济上也是相对不可替代的。人们对水的资源性的认知促使了水资源可持续利用观念的确立，从而产生改革“水工程”观念下设立的管理体制而建立现代水资源管理体制的需求，推动了水资源管理模式的制度演进。

其次，对管理本质的认知推动了水资源管理模式的制度变迁。随着时代的发展，政府对社会的管理逐渐被治理替代。如果说在民主时代以前，统治和控制是被贯彻的基本理念；在民主时代，管理是经典的形式；那么，在当代，治理则是政府干预社会经济生活的基本形式。从 20 世纪 80 年代开始，伴随着经济全球化浪潮和后现代社会哲学的提出，当代治理概念及其治理理论被作为一种阐释现代社会及其政治秩序与结构变化，分析现代政治、行政权力构架，阐述公共政策体系特征的分析框架和思想体系，与传统的“统治”和“政府控制”思想和观念相区别。1989 年，世界银行在讨论非洲的发展时首次提出了“治理危机”这一概念。此后，“治理”成为经济学、政治学、社会学以及管理学等文献中出现频率逐步提高的一个非常有用的概念。但由于治理理论试图概括时代社会变迁中纷繁复杂、异彩纷呈的现象，所以，其概念变得十分复杂。英国地方治理指导委员会的发起人之一罗伯特·罗兹认为，治理涉及一个全新的社会统治、控制方式转型的进程。[①] 韦勒则从公共政策结构和过程的变化的角度，讨论了治理的含义。[②] 美国治理研究的权威学者库伊曼和范弗利埃特指出：“治理的概念是，它所要创造的社会结构或秩序不能由外部强加；它之所以发挥作用，是要依靠多种相互发生影响的行为者的互动。这种互动是由参与者共同的目标支撑的。”[③] 在美国著名教授莱斯特·塞拉蒙看来，治理是实现公共服务效益、效率、公平的基本工具，是超越于“公”与“私”二元结构的、实现社会网络体系化的策略创新。[④]

治理与纯粹的管理不同，管理更着眼于对权威的服从，治理则强调利益相关者的参与。实际上，随着治道变革的兴起，政府对社会各个领域的管理本质上应当属于治理而非传统的行政管理。在水资源领域，这一认知在很大程度上推动了水资源管理模式的变迁。管理权主体的多元化、公民参与的不断广泛和深入就是这一制度变迁的显著体现。

综上所述，我国水资源管理模式的变迁动因包含主观和客观两个方面。从社会的发

① 转引自孙柏瑛：《当代地方治理：面向 21 世纪的挑战》，中国人民大学出版社 2004 年版，第 19 页。

② Patrick Weller，“In Search of Governance”，in G. Davis and M. Keating (eds.)，*The Future of Governance*，Allen & Unwin，2000，pp，23-40.

③ J.Kooiman，“Social Political Governance：Introduction”，in Kooiman (eds.)，*Modern Governance：Government Society Interactions*，Sage Publications Ltd.，pp. 1-9.

④ 转引自孙柏瑛：《当代地方治理：面向 21 世纪的挑战》，中国人民大学出版社 2004 年版，第 21 页。

展趋势来看，随着经济的高速发展及人口的不断增多，水资源的稀缺性和不可替代性只会日益显著；随着政府治道变革的不断深入，包括社会组织和公众在内的诸多主体会越来越深入到水资源管理之中去；加之现行水资源管理模式仍有弊病存在，因此，我国水资源管理模式的变迁并不会停滞，而是会随着社会发展不断创新和完善。

三、制度变迁之必然：现行水资源管理体制的弊端

随着水资源管理实践的深入，现行的流域管理与区域管理相结合的水资源管理体制的弊端也不断显现。就目前来看，其弊端主要体现在两个方面：一是管理权的过度分割，二是公众参与的不足。

（一）管理权的过度分割

作为水资源管理主体，无论哪一级政府都不可能从宏观调控到微观控制对水资源进行包揽一切的全方位管理。由此，行政分权成为必然。但就目前来看，我国水资源管理体制存在过度分割、缺乏协调的问题。水资源归国家所有，而国家所有权的特殊性在于国家是一个抽象的主体，其虽然拥有政治权力和财产权利却不能像自然人那样亲自为之，必须通过一定的机关或法人的活动才能实现国家所有权。因此，国家不得不委托或授权中央政府代为管理。而中央政府鉴于水资源管理职能的庞大和复杂，将权力加以分割，由国务院水行政主管部门负责全国水资源的管理；国务院水行政主管部门及其他相关部门作为中央的水务主管部门，再次将管理权分割，授权省一级政府中对应的下级职能部门；省一级职能部门随之又将职权向下级政府的对应部门层层分割下去。这就使得在纵向上，我国水资源管理体制处于过度分割状态。由于每级政府有其关注重点和优先事项，这就使得跨行政辖区的流域管理比较困难，而中国的多数河流都是跨行政辖区的。此外，在横向上，地方政府之间的管理权分割，以及不同行政部门之间的职能分割，最终形成错综复杂的多重分割，导致机构职能交叉重叠甚至相互冲突。这在一定程度上导致部门间协调的行政成本增加，甚至难以协调。例如，我国在七大流域都建立了流域管理机构，隶属于水利部。但是，这些机构的权力有限，其成员中也没有流域内有关地方政府的代表。因此，在流域管理中，它们很难协调相关省市和其他利益相关者。

（二）公众参与的不足

现行的水资源管理权力的分割本质上还属于将公众排除在权力中心之外的体制内分权。公众作为水资源的直接使用者，对水资源的分配、使用和开发有着具体需求，也最贴近本地区的用水实际。但是目前公众和各级政府之间尚未构建有效的信息交流平台，

公众意愿表达渠道和利益表达机制尚未畅通和建立。在政府不了解本地区真实用水情况和公众多元化的用水需求的情况下的管理显然是低效的。

此外，公众对政府的有效监督机制尚未建立。理论而言，政府作为本地区公众的利益代表，其行政目标必须符合民众的公益。但是实际上不少水行政主管部门有着直属或挂靠的经济实体的情况，其具有独立的利益需求。因此，水资源管理部门在进行管理时，不免要考虑地区利益、部门利益，甚至下属经济实体的利益，作出的公共决策可能会违背公益。而在有效监督机制尚不完善的情况下，公众对政府的监督和制约缺位，使得公众无法维护自身合法权益，进而影响水资源管理的公平和公正。

公众参与不足，其原因包括政府机构和公众关于公众参与水资源管理的潜能的认识不足，有关法律要求和监督不严，本应在水资源管理中发挥积极作用的非政府组织在注册登记和参与管理方面存在法律障碍，等等。同时，公众参与不足与水资源管理的透明度有限也密切相关。水资源管理透明意味着公众能够更好地获得有关水资源、水政策、水管理机构和各利益相关者行为等方面的信息。尽管目前政府已经意识到管理透明的重要性，而且已经在努力提高公共行政的公开化程度，但是关于水质和水量、水用户以及污染者的信息等，公众以及其他非主管政府机构仍然难以获得。

综上所述，由于种种弊端的存在，现行水资源管理体制的变迁是必然的。当然，制度变迁往往会遇到各种阻力，水资源管理制度的变迁亦不例外。例如来自既得利益集团的阻力：构建治理型政府，包括机构的精简、权力的削弱、身份的转换等，涉及政府工作人员的权力和利益，因此必然会有困难和阻力。又如，高耗水、高污染企业，其中一部分是地方的利税大户，就有可能采取寻租等方式寻求地方政府的庇护。再如，水务市场的改革必然会对水价产生影响，也就会影响包括农民和城镇低收入者在内的贫困人群家庭的生活质量。因此，水资源管理制度的变迁只能是渐进式、逐步深入的。

第 2 节　国外水资源管理模式的考察

一、发达国家水资源管理模式

（一）法国

法国 1964 年《水法》采取以流域为核心的组织管理模式。法国《水法》将全国按水系划分为六大流域，在各流域建立流域委员会和水管局，统一规划和管理水资源。在保护环境的前提下，实现流域水资源的高效开发利用。1992 年，法国对 1964 年《水法》进行了修改、补充和完善，颁布了新《水法》，明确提出了以自然水文流域为单元的流域管理模式，以实行各种用途水的平衡管理以及各种形式水（地表水、地下水、海水、沿海水）的统一管理。法国新《水法》提出，水的开发利用必须遵从于流域和子流域的规划文件，即流域水资源开发与管理总体规划和子流域水资源开发与管理框架。2006 年底，法国颁布了《水与水环境法》，改善了水管局的财政体系，并创建了法国国家水与水环境管理署。

综合来看，法国实行以流域为对象的水资源管理体制，其管理机构分为国家、流域和子流域三个层次。第一层次是法国国家水务委员会，这是国家级的水资源管理机构，其主席由一名国家议会议员担任，由总理任命。国家水务委员会成员包括来自用水户和协会、地方当局、国家政府和议会的代表以及有关专家及各流域委员会的主席等。其职能在于为国家水政策走向提供咨询，并对立法草案、政府行动规划草案提供建议，并不具体负责流域管理。第二层次是法国流域委员会和水资源管理局。其中，流域委员会根据 1964 年《水法》设立，共设 6 个。委员会成员由各级地方政府代表（40%）、用水户与协会代表（40%）和国家代表（20%）组成，以确保各利益相关者之间的协调及代表性。流域委员会的职能在于拟定流域水资源开发与管理总体规划（SDAGE）[①]，提交法国政府批准，并跟踪该规划的实施情况。依据法国 1964 年《水法》，也设立 6 个水管局，其作用相当于流域委员会的执行机构。水管局由其董事会管理，董事会成员由地方政府代表、用水户代表、国家政府代表以及水管局职工代表组成。除职工代表外，其他代表均由流域委员会从内部选举产生，而董事长及水管局主任则由法国政府指派。水管局受法国生态部和财政部的双重监督，其董事会成员中有来自这两个部门的代表。水管局负责计收取水费和排污费，资助与水有关的工程或科研项目。第三层次是法国子流域水务委员会，其职能在于拟定与流域水资源开发与管理总体规划相适应的子流域水资源开发与管理计划（SAGE），该计划也具有行政法规性质。以上三个层次之间相互关联，但并不具有直接的隶属关系。其中，流域委员会和水管局是法国流域管理的核心机构。

在法国水资源管理体制中，政府、公共机构和民众都发挥着重要作用。首先，政府

① SDAGE 以 6 年为一个周期，对流域水资源管理进行总体部署，并设定要达成的目标。SDAGE 具有法律效力，任何涉及水管理的行政决策（地方法规、财政资助项目、城镇规划文件）都必须符合该规划要求。流域委员会根据 SDAGE 提出的目标，给出取水费和排污费税率建议，通过议会批准后，由水管局征收。

涉水事务的主管部门是法国生态、能源、可持续发展与海洋部（简称法国生态部），负责制定与协调水政策。法国生态部于2007年由几个相关部委合并组成，集中管理生态、交通、能源、生境与海洋事务。法国生态部内设的水务部门负责设定并组织国家政府在水资源领域的行政干预。法国生态部管理着“部际水务委员会”秘书处，该委员会受国家总理领导，纳入了所有与水有关的部委，以便于部际协调。在地方层面，流域委员会总部所在大区的行政首长被任命为流域协调官，代表国家政府协调水资源管理事务。

其次，公共机构在水资源管理中的作用不可忽视。在国家层面，法国国家水与水环境管理署（ONE-MA）负责水与水环境的认知与监测，主要职能包括引导涉水科研项目的研发方向，管理国家水信息系统（并向高校、科研机构等单位提供数据支持），协助水执法并对违规行为进行记录，以及参与基层的涉水行动（如组织水与水环境状态的诊断等）。流域层面的公共机构（EPTB）[①]正在越来越多地参与到水资源管理中。

最后，在水资源管理领域，用水户代表直接参与到流域委员会中，普通民众也可通过多种渠道参与水资源管理。在法国，早在20世纪初期，法国的大型开发项目就已设立公开调查环节。近年来，对于特大型的建设项目，法国还成立了独立于行政主管部门的国家公共讨论委员会，以确保特大型的建设项目获得公众同意。在水资源管理领域，用水户代表直接参与流域委员会，普通民众也可通过多种渠道参与水资源管理。法国在20世纪70年代就建立了流域委员会与公众之间的对话机制。基于欧盟《水框架指令》对公共协商提出的更高要求，法国于2005年推行信息公开与公众咨询，并在2008—2009年对流域规划等文件进行了公共咨询。公共咨询由流域委员会和流域协调官（代表国家政府）共同组织，水管局负责具体协调。出版社、电视台、广播、网站等都成为公共咨询的途径，相关资料由地方政府和水管局向公众进行为期6个月的公示，并设置意见簿以收集民众意见，民众也可通过给水管局写信或上网反映意见。每个流域委员会都有专门部门负责跟踪公众咨询情况。因此，法国民众通过两种途径参与到水资源管理中：一方面，用水户代表作为流域委员会成员，直接对流域管理政策和措施产生影响；另一方面，民众可通过公众咨询环节，就流域规划、水价调节和大型涉水项目提出意见。这保障了水利规划和相关政策与其他行业的有效衔接和顺利实施。

---

① 法国于2003年7月30日颁布的《环境法》首次提到流域层面的公共机构（EPTB）的概念，强调通过创建EPTB以协调流域防洪、水资源管理以及湿地保护工作。该法律颁布后，法国已有的多个具有类似性质的公共机构（如卢瓦尔河公共机构和塞纳河大湖组织等）都被统称为EPTB，并成立了协会。截至2009年，法国已有25个EPTB，它们通过与水管局签署总协议，或者与子流域水务委员会签订合同，承担防洪工程的建设与管理等工作。

（二）德国

1949 年联邦德国《基本法》通过前，水资源管理一直都属于各州自行管辖的事务。在 2006 年联邦制改革后，德国《基本法》第 74 条第 1 款第 32 项规定了“竞合性立法权限”，赋予联邦政府以制定完整的水资源管理和保护规范的权利，因而联邦政府首次拥有了在水管理领域可制定完整规范的权限，各州必须通过地方立法将这些联邦政府制定的总体性法律转化为州法律，此外可自行制定补充性的规定。2009 年德国新《水平衡管理法》① 颁布，一方面在整体上承袭了原法规的大量内容，另一方面不仅做了条文的重新表述和结构的重新编排，而且大量吸收了各州的水法内容，成为全国统一的、直接适用的水管理法。在水资源管理模式上，由于联邦、州和市级机构之间明确分权，因而形成了不同管理层间的合作管理模式：德国联邦环境、自然保护和核安全部（简称德国环境部）是德国联邦政府负责环境和水资源问题的最高权力机构，负责制定联邦政策与法律，处理与水资源管理相关的基本问题以及跨地区合作；法律的具体贯彻执行任务，原则上由各州行政部门承担；德国联邦行政部门除承担联邦河道管理权限外，只承担某些与水政策相邻部门的执行权限；城市和乡镇基层行政单位既要承担州行政层面的一部分管理职责，也基于宪法拥有一定的自我管理权。

（三）英国

从英国将近 80 年的水资源管理体制和流域管理的历史演变看，综合管理体制是趋势，流域管理模式是基础。② 英国水资源管理主要经历了两个阶段。英国的水资源原来采取地方分散式管理方式，英国 1973 年《水法》颁布后，政府对水资源实行流域统一管理。英国 1989 年《水法》修订后，水务国有化管理向私营化服务转变。目前，基本形成了中央对水资源按流域统一管理与水务私有化相结合的管理体制。英国水资源管理体制主要有三个特点：一是由国家层面的管理、监督机构统一制定并组织实施水资源管理的法律、规章、制度、政策等；二是以流域为基本单元建立主管机构监督水资源管理政策的实施；三是供水、排水、污水处理等水资源管理的具体事务由私营水务公司承担。

英国环境、食品和农村事务部（Department for Environment，Food & Rural Affairs）是英国中央政府的组成部门之一，其主要职能是统一管理环境、农村事务和食品生产，重点负责制定环境、食品管理等方面的方针和政策。在涉水方面，主要从宏观上进行管理，

---

① Gesetz zur Ord-nung des Wasserhaushaltes，可翻译为《规范水预算的法律》《水基准法》《规范水平衡管理的法》（简称《水平衡管理法》）。

② 刘丽、陈初萍、吴初国：《英国自然资源综合统一管理中的水资源管理》，载《国土资源情报》2016 年第 3 期。

具体有三个方面：一是代表英国（英国脱欧前）在欧盟水政策制定和实施的安排上进行谈判，反映英国的利益要求和立场，建立法律机制，执行包括欧盟《水框架指令》在内的欧盟水政策；二是负责制定英国国内相关水政策法律，并在提交议会通过后负责实施；三是对水务监督管理机构进行宏观管理，负责制定监督管理机构的改革计划，并且对改革效果进行评估，适时调整改革方案。

英国环境署（Environment Agency）属于非政府部门的公共机构，受环境、食品和农村事务部领导，主要职责是保护、改善环境并促进可持续发展。在涉水事务方面，英国环境署是英格兰和威尔士执行欧盟《水框架指令》及英国国内水资源管理政策的权威机构，主要职能包括：制定防洪政策；负责取水管理，监测河湖水量，审批发放取水许可证；负责监管排污、控制污染源，监测河湖水质，审批发放排污许可证；负责水环境保护，控制水域开发；负责制定水资源发展战略，组织编制各流域区的流域管理规划，并监督规划落实；指导和监督水务公司的工作等。英国环境署下设 8 个区域办公室（regional office），分别负责各自管辖区域内相关政策的执行落实；每个区域办公室之下又设有 2~3 个片区办公室（area office），总计约 20 个办公室。片区办公室是英国环境署的最基层机构，承担片区范围内环境署的具体业务，直接与片区内的社团、民众接触和沟通。

英国水务局（The Water Services Regulation Authority）是非部长级的政府部门，直接向英国议会负责，主要职责是代表政府对水价进行宏观调控，以保证水务公司以合理的价格为用户提供优质高效的供水及排污服务。具体职能包括：确定水务公司水价的定价原则，颁布水价费率标准；每 5 年一次对水价进行评估，对下一个 5 年期的水价上限进行调整；审查水务公司的财务及投资状况；监管、评估水务公司的服务状况并定期公布评估结果等。

英国饮用水监督局（Drinking Water Inspectorate）成立于 1990 年，最初为英国政府环境主管部门的下属机构，由政府直接拨款，英国 2003 年《水法》修订后，脱离英国环境、食品和农村事务部成为独立机构。其职责是保护英格兰和威尔士的公共用水特别是饮用水安全，主要工作包括：代表政府制定饮用水的水质标准；监督、检测水务公司供应饮用水的数量和质量；处理消费者投诉，调查与水质相关的事故，对相关责任公司或责任人进行处罚等。

流域区联络委员会（River Basin District Liaison Panel）具有广泛的代表性。英国根据其水文地理条件将全国划分为 15 个流域区（River Basin District），每个流域区均设立一个联络委员会，由来自政府、行业、环境组织以及其他利益相关团体的代表组成，特别是当一个流域区跨不同区域时，不同区域在该联络委员会中具有同等的代表。委员会主要负责对流域管理规划的内容、措施及合作机制等进行讨论和协商，对规划制定过程的合规性进行检查，并对规划实施效果进行跟踪监督。

水务公司（Water and Sewage Company）是纯企业性质的私营公司，是英国政府管理和保护水环境方面的主要合作伙伴，主要负责向居民生活、工业生产、农业灌溉等提供供水、排水和污水处理服务。水务公司在获得政府取水、污水排放许可证的基础上，在政府分配的水权和指定的服务区域内，自主经营、自负盈亏。英格兰和威尔士地区目前共有25个水务公司，其中包括10个大型流域性水务公司，统一负责服务区域内的供水、排水和污水处理，服务区域基本按照流域划分；其余15个小型水务公司仅负责供水，服务区域也相对较小。此外，英国环境署与水务公司之间建立了协商机制，协调上下游取水分配。用水紧张时，英国环境署会建议水务公司提高水价以压缩不合理用水需求。通常通过非行政措施促使国家、流域区、流域、社区4个不同层次的利益相关者主动参与管理。其中被广泛采用的措施包括：由全国能效俱乐部提供资金支持，英国环境署提供技术支持和培训，帮助工商业企业提高效率、减少能耗、降低污染治理成本等，最终达到降低成本增加收益的目的；由水务公司制定“良好作业规范”，引导农民合理施肥以减轻污染，若因此影响了农民收入，则对其实施生态补偿，补偿的资金来源主要包括欧盟、水务公司及其他环境受益者。在水资源保护区，仅依靠引导农民、企业等主动参与的方式可能难以达到保护水质的目标，需要采取相应的行政强制措施。

（四）美国

美国是联邦制国家，在水资源管理体制和管理机构方面主要通过法律或政府授权予以明确。总体上来看，美国实行的是联邦与州管理相结合、流域管理与地方行政区域管理相结合、各有关社会团体广泛参与管理的水资源管理体制，具体可以从三个层面来分析。

其一，在国家水资源管理层面，美国国会通过法案，授权联邦政府参与国家水资源的规划、开发和管理工作。美国水资源的管理涉及三级机构：联邦政府机构、州政府机构和地方政府机构。直属联邦机构的部门有美国国防部下属的陆军工程师兵团（USACE）、美国内务部下属的垦务局（USBR）、美国国家地理调查局下属的水资源处、美国农业部的土壤保持局、美国国家环境保护局和田纳西河流域管理局（TVA），以及1965年依据美国《水资源规划法》设立的水资源委员会和一些流域委员会。大部分州都设有水资源管理机构，且各州在立法上与联邦政府平级。[①] 在联邦政府的统一领导下，各部门职责明

① 刘春生等：《美国水资源管理研究综述及对我国的启示》，载《未来与发展》2011年第6期。

确，既分工又协作，既相互配合又相互制约。

其二，在流域水资源管理层面，流域委员会由流域内各州州长、各州内务部成员及其代理人组成，主要负责计划的制定与实施、水项目的管理与经营、水环境的监督等。[①] 20 世纪 90 年代以后，美国流域水环境管理是一种“集成—分散”式的管理模式，具体表现为只由统一的流域管理部门制定水资源管理的政策、法规和标准。这些政策法规具有巨大的法律效力，同时起到平衡、协调相关部门和地区间的作用，而由各部门和地区按分工职责分别对所辖区水资源进行管理。美国田纳西河流域管理和密西西比河流域管理是流域管理的典型代表。

其三，在区域水资源管理层面，各州政府以流域为单位划分自然资源区，并由州政府的自然资源委员会统一管理，职责包括该自然资源区的水土保持、供水、灌溉、地下水保护、防洪、污水排放等。地表水和地下水的分配和质量管理分别由州水资源厅和环保厅负责。[②]

（五）日本

日本关于水资源管理的法律体系比较完整，具体可以分为五个领域：水资源开发的总体规划；与水资源相关的设施的开发建设，包括政府补贴的建设项目；水权和水交易；水务企业的运营和管理，包括私营部门通过签订合同参与运营和管理的企业；水环境保护。从水资源管理体制来看，日本政府建立了一套具有自身特点的管理体制。

在中央层面，日本政府主要负责制定和实施全国性的水资源政策、制定水资源开发和环境保护的总体规划，如水资源开发、供水系统管理、水质保护等方面的政策和规划。日本主要有五个部门涉及水资源管理，它们是国土交通省、环境省、厚生劳动省、经济产业省、农林水产省。五个部门之间既有分工又有合作[③]：一方面分别承担着与各自领域相关的不同的具体职能；另一方面通过省际联席会之类的形式相互合作，以制定与水资

---

① 刘春生等：《美国水资源管理研究综述及对我国的启示》，载《未来与发展》2011 年第 6 期。

② 刘春生等：《美国水资源管理研究综述及对我国的启示》，载《未来与发展》2011 年第 6 期。

③ 日本国土交通省主要负责总体规划和水资源开发，具体包括：制定综合性的水资源政策；水资源开发、河流设施的维护与管理；河水的利用与保护；污水设施的建设和管理。此外，日本国土交通省还要对负责水资源开发设施建设、运营、维护和管理的日本水资源机构进行监管。日本环境省主要负责与水有关的环境管理，具体包括：制定有关水资源保护的指导原则、政策和规划；水污染检测；地面下沉检测；制定环境质量标准。日本厚生劳动省主要负责与生活用水供给有关的事务，具体包括：对生活用水供给单位的监督；对生活用水供给设施的规制。此外，日本厚生劳动省还要对负责运营、维护和管理城市水务单位和设施的地方政府机构进行监管。日本经济产业省主要负责与工业用水供给有关的事务，具体包括：对工业用水供给单位的监督；对工业用水供给设施的规制。此外，日本经济产业省也要对负责运营、维护和管理城市水务单位和设施的地方政府机构进行监管。日本农林水产省主要负责与农业用水供给有关的事务，具体包括：农业用水的规制；为保护水资源而对森林进行保护。

源相关的综合性政策。

在地方层面，日本地方政府负责供水系统、水处理设施的维护和管理，以及水务机构的运营。此外，日本地方政府机构还对公共用水的水质开展持续监控，对私营机构进行监督，以保证其废水排放达标。

在日本的水资源管理中，政府起着重要作用，主要表现在三个方面：其一，制定与实施水资源开发和环境保护的政策及总体规划。这是日本中央政府在水资源管理方面履行的最基本也是最重要的职能，集中体现为两个综合性的规划，即《国家水资源综合规划》和《环境基本规划》，以及一系列与水有关的环境质量标准。[①] 其二，对水务事业单位和设施进行监管并负责其运营、维护和管理。其三，为水资源管理提供财政支持。日本政府，尤其是中央政府每年在水资源管理方面投入大量资金，为水资源的开发、利用和保护提供有力的财政支持，表现为直接投资于水资源开发和保护项目的建设、运营、维护和管理，以及通过转移支付为地方政府和公有水务企业提供补贴，使之在将生活用水、污水排放收费维持在较低的水平的情况下，能够支付有关设施建设、运营、维护和管理的成本。资金主要用于新的水资源开发和保护设施的建设以及现有设施的运营、维护和管理。

（六）澳大利亚

澳大利亚水管理大体上分为联邦、州和地方三级管理，但基本上以州为主、流域与区域管理相结合、社会与民间组织参与管理。

澳大利亚联邦政府水资源理事会是全国的水资源咨询机构，也是国家管理地表水和地下水的主要机构，负责组织和协调全国范围的水资源研究和规划。理事会由联邦、州和北部地方的部长组成，由联邦政府开发部部长任主席。理事会下有若干专业委员会，委员会由下属各水管理局以及相关地方政府的人员组成。理事会负责制定全国水资源评价规划，研究全国性的关于水的重大课题计划，制定全国水资源管理办法、协议，制定全国饮用水标准，安排和组织有关水的各种会议和学术研究。

澳大利亚州政府的水土部代表州政府实施水资源管理、开发建设和供水分配，并根据澳大利亚联邦政府确定的各州水资源分配额，对州内用户按一定年限发放取水许可证，同时收取费用。

澳大利亚地方政府是执行机构，主要执行州政府颁布的水法律、法规，地方水务部门具体负责供水、排水及水环境保护。各级政府分工明确，对水资源进行分级管理，收

① 例如，对公用水和地下水作出了统一的质量规定；针对包括河流、海洋和沿海地区、湖泊等在内的每种水体制定了不同的环境质量标准等等。

到了较好的成效。

流域管理机构呈现三层管理组织框架，主要包括部长理事会、流域委员会和公众咨询委员会。部长理事会是流域管理的决策机构，由澳大利亚联邦政府和流域所在州的土地、水利及环境部部长组成，对流域内水事的政策和主张进行表决。流域委员会是执行机构，接受部长理事会指导，对各州负责，但不是任何一州政府的法定机构，主要负责流域水资源分配，向部长理事会提供流域自然资源管理咨询意见，实现资源管理策略，包括提供资金和框架文件。流域委员会的成员由各相关州负责土地、水利及环境的司（局）长级官员组成，主任由理事会指派，通常由持中立态度的专家或教授担任。流域委员会常设机构有办公室和特别工作组。公众咨询委员会是部长理事会的咨询机构，负责调查研究，收集各方意见，就一些决策问题进行咨询，发布最新研究成果。成员一般来自农民联合会、地方政府协会、工会理事会及各种基金会等。

澳大利亚各州对水资源实行自治管理：其一，放松对水权的管制，将原来由澳大利亚联邦政府控制的水资源管理权下放给州政府管理，各州又通过多种形式将水权委托给各大公司经营[①]；其二，对水资源管理机构进行改制，主要是将水资源行政管理组织形式改成公司组织形式，吸纳农场主、私营公司参与水的管理，公司组织形式由原来政府统管，转变为政府、农场主、公司共同管理，并成立水资源管理董事会，董事会任命执行经理，执行经理负责管理各执行机构。[②]

二、发展中国家水资源管理模式

（一）巴西

巴西自然条件得天独厚，是世界上淡水资源最丰富的国家之一。横贯巴西北部的亚马孙河是世界上最长、最深、最宽和流量最大的河流。虽然巴西水资源丰富，但人口集中在城市等经济发达地区，缺水矛盾仍较突出。巴西目前的水资源管理体制包括全国水资源委员会、全国与州水资源秘书处、河流流域委员会、水管理局，以及与水资源管理有关的民间组织等。

其一，全国水资源委员会。全国水资源委员会由巴西联邦政府承担水资源管理职能

① 如澳大利亚维多利亚州政府以立法形式，将水权委托给 GMW 公司，实行水资源管理公司化运作。

② 例如，GMW 就是公司组织形式的水管理机构，它下设 7 个执行机构（包括水库管理服务机构、其他水资源管理机构、区域服务管理机构、自然资源管理机构、策略和发展机构、水系统和环境机构、经营财务机构），其主要职责是为区域提供水利服务，并在征求用户协会意见的基础上，制定供水政策、分配配额，并确定水价等。

的部局、各州水资源委员会以及用水者、民间组织的代表组成。[①] 全国水资源委员会主席由巴西环境部部长担任，执行秘书长为环境部负责水资源管理事务的部门领导。全国水资源委员会处于巴西水资源管理体制中的最高一级，其职能包括：（1）推进国家、州与用水者水资源规划的整合；（2）对州一级水资源委员会的水资源纠纷作出最终行政裁决，以及对水资源利用工程的跨州影响作出评估；（3）对各州水资源委员会或河流流域委员会提交的问题进行讨论；（4）对修改现行水资源法律及一级全国性水资源政策的建议作出评估；（5）指导全国水资源政策的执行、政策工具的应用和信息系统的运行；（6）批准建立河流流域委员会的建议，并确定该委员会的运作模式；（7）监督全国水资源规划的实施，决定完成规划的行动方案；（8）确定水权和水资源费的标准。

其二，全国与州水资源秘书处。作为全国水资源委员会的执行机构，全国水资源秘书处职能为：（1）协助全国水资源委员会管理行政、技术和财务事务；（2）协调全国水资源规划的准备工作并提交委员会批准；（3）报告全国水资源委员会和河流流域委员会工作进程；（4）协调水资源信息系统的建设与运行；（5）制定工作计划及相应的年度预算并提交委员会批准。同时，各州也成立了相应的秘书处，其主要职能是授予用水权，在水质、水量两方面对水资源进行监督和管理，组织实施水资源费征收，对违规使用水资源或违反水资源规划的行为进行处罚等。

其三，河流流域委员会。该委员会是把有关利益方召集在一起共同讨论和决定有关保护自然资源特别是水资源问题的组织，其代表组成包括联邦政府、河流流域所在州或联邦特区，市、用水者及民间水资源组织。其主要功能有：（1）讨论与水资源有关的问题；（2）对水资源纠纷进行仲裁；（3）批准流域水资源规划；（4）监督流域水资源规划的执行；（5）向全国或州的水资源委员会提出本流域无须申请取水许可的储水、引水、集水和排水的建议；（6）建立水费计收机制及建议水费标准；（7）根据公共或集体利益制定多元目标，利用水资源工程的建设投资分配制定标准。

其四，水管理局。水管理局是作为河流流域委员会的执行秘书处运作的，其成立须由河流流域委员会提出，经联邦或州的水资源委员会批准。尽管流域委员会与水管理局关系密切，但两者的作用大相径庭，主要不同点在于其自身性质和组织结构。在巴西，

① 其中巴西联邦政府代表数要占 50%，还要再加上一票，即巴西联邦政府的代表要在委员会中占简单多数，这种制度安排主要是考虑到水资源管理工作在巴西开展的时间还很短，不可避免会出现政策制定上的失误和偏差，在现阶段有必要由巴西联邦政府来控制多数。目前巴西全国水资源委员会共有 29 位成员，其中 15 位来自巴西联邦政府，26 个州共 5 位代表，按五大水文分区派出。

流域委员会被称为“水议会”，而水管理局更像私人企业或国有企业。水管理局的职能有:（1）对本辖区的水资源数量进行计算和统计;（2）负责用水户登记，经授权收取水费;（3）对必须由水费支持的水资源工程进行评估,并将评估意见提交有关财政部门;（4）监督水费的管理使用;（5）管理水资源信息系统;（6）签订有关财务的服务协议、合同;（7）准备预算建议并提交流域委员会;（8）安排水资源研究项目;（9）制定水资源规划并提交流域委员会审查;（10）提出水体分类、水资源费、水费使用及工程建设资金分配的建议。

其五，与水资源管理有关的民间组织。在巴西，有关水资源法律对公众参与原则的处理是非常谨慎的，因为，在水资源管理决策过程中发挥民间组织的作用显得十分重要。巴西的与水资源管理有关的民间组织一般有以下几种:（1）各市间的联合组织，因为有市长等官员参加，其政治影响力较大;（2）与流域有关的协会，如非政府组织，可以带来新的思路;（3）区域、地方或行业的用水户协会，以及水资源学术和研究组织等。

（二）南非

南非政府十分重视水资源的管理。自 1956 年颁布实施《水法》后，随着水资源的日益紧缺和国家政治制度的改变，南非政府水资源管理的指导思想、方针和管理制度也发生重大的变革。从 1956 年至 1998 年，南非对《水法》共作了多次修订。南非《水法》的基本指导思想是实现水资源的可持续利用和保证所有人都能公平公正地用水。其中在水资源管理体制方面规定了以下基本原则:（1）平等获得水的权利;（2）水资源是公共资源，必须在国家的控制下使用;（3）对于水资源来说没有拥有权，只有使用权（包括环境和人类使用的权利）;（4）土地所有者附近的水资源并没有优先使用的权利，河岸原则在该国不适用;（5）水管理机构要尽可能简化，有实效性和可操作性;（6）开发、分配和管理可利用的水资源的责任由流域和地方政府承担，保证利益相关群体参加;（7）在水资源管理系统中受益的单位应该对维护水资源和流域作出贡献。

根据这一规定，南非在中央层面，设南非水务与林业部①，负责全国水资源的统一开发、利用、保护和配置，主要负责制定政策、起草法规、制定国家水规划和战略规划，管理全国水资源和国际河流，负责水信息发布的服务；在地方层面，以流域为单元进行管理建立流域管理机构，其主要职能是对用水状况进行监测和管理，保护水质，建设和管理水利工程，组织实施流域管理战略。此外，南非《水法》还规定把原有的灌溉协会、地下水管理机构和水库管理机构改组为由用水户组成的自治组织——用水户协会，建立

① 南非水务与林业部对水资源实行垂直统一管理，该机构在南非全国 9 个省设有办公室。

起公众参与水资源管理的机制，主要任务是促进用水户间的合作，对有关水事活动进行协调，保障水资源的可持续利用。

2001 年，南非开始对水资源管理体制进行改革。[①] 这次改革的核心是从过去由中央政府按行政区域管理到按流域进行管理，并吸纳用水者参与管理。南非计划用 20 年的时间，在全国 9 个省建立健全 19 个流域管理机构，每个机构成立由南非水务与林业部成员、市政府代表和大的用水户代表参加的流域管理委员会，负责该流域的水资源管理。为确定改革导向，南非中央政府确定了基本政策：其一，在纵向管理上，中央和地方水管理机构必须有各自明确的职责。南非中央政府准备将自己的位置摆在制定政策、法规、标准的位置上，将一部分基础设施建设的具体运作交给公共事业部门和流域机构；在横向管理上，不同的主管部门和机构对水有共同的利益或者竞争需求。其二，不同的用水群体需要良好合作以达到公共利益与国家财产利益的趋同。其三，在开发、管理和使用短缺资源如土地、矿产和环境资源时不同的部门之间要相互协调。其四，在地理分布上，要反映水的自然循环过程与人类生活和生产活动的相互作用。

对于流域管理，南非政府认为，相对成功的经验是建立流域管理机构或者水董事会，并视流域的具体情况而定位流域管理机构的职能。流域机构应当以服务公共利益为目标，且必须符合国家政策和标准。为此，必须有一个平衡各个利益群体的顾问委员会。参加这个顾问委员会的成员是水的使用者和所有间接对水量、水质有影响者的代表。

（三）泰国

近年来，泰国积极采取措施加强对水资源的管理、开发和利用。根据泰国 2007 年《水资源法》规定，泰国实行统一管理与专属管理相结合的水资源管理模式。首先，设立专门机构对水资源进行统一管理。在中央层级，泰国国家水资源管理委员会是最高水资源管理机构，负责对全国的水资源进行管理，其职能包括：向内阁提交国家水资源发展政策和规划，审议和批准流域发展规划，对政府机构提出的年度预算案申请的水资源开发、管理、恢复和保护的计划和项目进行审议，在相关流域委员会意见的基础上制定水资源配置优先保障方案，调解和仲裁流域之间的纠纷，等等。[②] 在地方层级，则由各府设立水资源厅负责本地方的水资源管理。

其次，设立由泰国国家水资源管理委员会领导的流域委员会和支流域委员会对流域进行专属管理。其中，流域委员会负责本流域范围内水资源的管理，其职能包括：审议

① 徐宗学、张志果：《南非正在进行的水资源管理体制改革》，《中国水利报》2009 年 3 月 19 日，第 4 版。

② 米良：《泰国水资源管理及其法律制度探析》，载《广西社会科学》2014 年第 6 期。

批准本辖区范围内水资源的开发、管理和保护规划以及年度支出预算的水资源计划或项目；根据泰国《水资源法》制定流域规章条令，制定本流域取水许可和优先保障用水配置方案；调解和仲裁流域内支流流域间的纠纷；等等。[①] 支流流域委员会负责管理本支流流域水资源，其职能主要包括：向流域委员会提出本辖区水资源发展的计划和项目；在不与上位法相冲突的前提下颁布支流流域条令，并对违反条令者予以 1 万泰铢以下的处罚；等等。[②]

三、小结

纵览国外水资源管理体制，可以发现各国管理体制的共通之处。第一，各国拥有基本完备的规范和保障水资源管理的法律体系。明确水资源管理工作中各个环节的权责关系、管理目标与手段，建立完整的水资源管理法律法规体系是水资源管理的支撑，也是相关政策实施的保证。国外在这一方面做得相对较为完善。例如，英国在国家、流域、地方层面都有完备的法律规范，特别是在水资源的流域管理上，英国还遵守欧盟制定的《水框架指令》。与此同时，法律对流域管理相关各方的权责界定清晰，执法也十分严格，能够确保无论是政府部门、环境署这样的团体机构，还是水务公司等企业、农场主等，都严格按照法律规范的要求，采取一致行动。又如，美国在水资源管理方面制定了很多法律法规和政策，包括美国《清洁水法》《安全饮用水法》《濒危物种法》等法律，以及日最大负荷总量限制、水质管理规划、非点源控制计划等一系列重要的政策措施。日本水资源管理最主要的法律依据是 1964 年颁布的日本《河川法》。1997 年修改的日本《河川法》倡导分权趋势，将各项公共管理的责任从中央转移到地方政府。这意味着水资源由中央政府管理转变到地方政府管理，而且从水资源管理的公共管理机构转移到私营机构，从而使管理的含义更广，其领域包括防洪、生态恢复和保护，及其融资、实施、运行和保护。日本于 2006 年 12 月颁布《分权制改革促进法》，该法于 2007 年 4 月实施，并依法成立了分权改革委员会，以保障水资源管理改革的顺利进行。

第二，管理主体的分工明确。从对国外水资源管理体制的考察中可以发现，各国管理机构分工明确，以预防职责不清导致的低效或无效管理。在法国，生态部负责制定与协调水政策，其内设的水务部门负责设定并组织国家政府在水资源领域的行政干预。部际水务委员会则负责协调所有与水有关的部委。例如，法国卫生部负责饮用水、再生水、

① 米良：《泰国水资源管理及其法律制度探析》，载《广西社会科学》2014 年第 6 期。
② 米良：《泰国水资源管理及其法律制度探析》，载《广西社会科学》2014 年第 6 期。

雨水利用以及污水处理等方面工作；法国农业部则涉及灌溉、水库蓄水等方面工作；法国生态部在地方上的行政职能主要体现在技术支持和执法监督方面，如各大区的环境局等部门负责可持续发展等方面工作，各省的公共事务与农业局等部门通过“水执法”完成水政策的监督与技术支持。在英国，在中央、流域及水务公司层面，均实行水量、水质、水工程的一体化管理，其中中央层面主要负责制定政策并组织实施，流域层面主要负责监督和协调，水务公司负责具体措施的执行和反馈，通过一系列措施构建了较为完善的水资源管理体系，为实施以流域为单元的水资源综合管理奠定了基础。此外，在流域管理规划制定与实施过程中，各机构分工明确、相互配合，通过自上而下的管理指导及自下而上的建议反馈，确保了流域综合管理的顺利实施。在德国，如前文所述，联邦、州和市级机构之间实行明确的分权体制，因而形成了不同管理层间的合作管理模式。

当然，管理主体的分工并不意味着管理模式的部门分割，而是综合的水资源管理。这与传统的水资源相关部门各自完全独立运行①不同，综合的水资源管理规划对供水、污染控制、农业、水电、防洪和航运等统筹考虑，其主要目的是通过机会成本分析或者水资源用途的最大价值分析来确定水的成本，从而改善水资源的配置。例如，欧洲委员会于2000年制定了《水资源管理框架指导方针》(The Water Framework Directive)，提出了“基于流域管理的水资源政策”。美国《清洁水法》(The Clean Water Act)改变了美国原有的从项目到项目、污染源到污染源、污染物到污染物的管理模式，转而采用更为整体性的、基于流域的管理战略。

第三，权力主体多元化。若作为唯一管理主体，政府将从宏观调控到微观控制对水资源进行包揽一切的全方位管理，由此会带来庞大而复杂的公共管理职能。而如此庞杂的公共管理职能政府无法独自承担，因此进行分权则成为必然。由于在单一的管理主体体制下，对水资源行政管理权的分割只是行政机关内部的体制内分权，因此，此处的分权指向的是体制外分权。纵观各国管理体制，将水资源管理的部分权力授予公共机构已成为普遍现象。例如在法国，流域层次的公共机构（EPTB）正在越来越多地参与到水资源管理中。法国于2003年颁布的《环境法》首次提到EPTB的概念，强调通过创建EPTB以协调流域防洪、水资源管理以及湿地保护工作。该法律颁布后，法国已有的多个具有类似性质的公共机构（如卢瓦尔河公共机构和塞纳河大湖组织等）都统称为EPTB，并成立了协会。2010年颁布的《格勒纳勒2号法令》(2010年第788号）更进一步提出

① 各部门完全独立运行，使得它们因利用有限的共享水源而发生利益冲突。

要加强 EPTB 在子流域水资源开发与管理计划（SAGE）实施中的作用。又如，巴西的各类民间组织在水资源管理决策过程中发挥重要的作用。

第四，重视公众参与。水资源的开发、利用、保护、管理涉及每一个社会成员的利益，与每个人的生存、发展息息相关。公民参与水资源管理，既是出于保证自身利益的需要，也是对水资源管理机构进行监督的一种重要方式。从立法上看，各国都有关于公众参与方面的规定。在欧盟，1998 年签署、2001 年生效的《奥尔胡斯协定》规定了公众知情权、参与决策权、质疑权；①2000 年《水框架指令》，依据《奥尔胡斯协定》而制定，鼓励所有利益相关方的参与；2003 年制定、2005 年生效的《关于公众获得环境信息的指导方针》规定了公众的权利、管理机构的责任、公共信息服务的方式；② 美国《清洁水法》《资源保护与恢复法》《安全饮用水法》则规定了公众参与公共决策的政策要求和建议；③ 美国 2003 年《公众参与政策》再次提出了公众参与的具体要求；④ 法国 1992 年《水法》规定水务监管四个层级由国家、地方社区、用户三方面共同管理；英国 2005 年成立水务消费者委员会⑤，代表消费者利益，监督所在地区水务公司的经营情况。

第五，管理方式市场化趋势。水资源管理的直接目标在于实现水资源的合理配置，实现水资源的合理开发、利用和保护。而后者的关键在于建立健全水权制度。在现代经济环境下，完全依靠行政管理的强制性权威显然不可行。与此相对的是，经济手段的可行性和自觉约束力在管理中具有显著的优势。在法国，在进行水管理时流域机构淡化了这种强制性权威，多通过经济手段经济，例如补贴、奖励、转移支付等方式来促进水环境设施的建设和水资源的分配，将收取费、税金的大部分以补助和贷款方式供给地方政府，用于水资源开发、污染防治、水质改进、人员培训等项目。又如，澳大利亚在水改革框架方案实施后，就开始建立水市场，制定水价，进行水权交易等。墨累—达令河流域的市场化管理就建立在国家长期水市场管理的基础上。市场化管理的封顶和水权交易制度

① 该协定为公共参与确立了三个支柱：其一，每个人都有权利获得公共机构所掌握的环境信息；其二，每个人都有权利从早期阶段就参与环境决策；其三，对于不尊重上述两项权利或违背环保法律的公共决策，每个人都有权利在法庭上提出质疑。从中央到地方的各级政府机构都有义务为促进这些权利的实现作出努力。

② 其主要内容为：明确指出获得环境信息是公众的一项权利，政府应积极向公众发布有关环境信息；对环境信息提出了更加广泛的定义，对公共管理机构也作了更加详细的界定；公共机构应公众要求提供信息的期限由原来的两个月缩短到一个月；阐明了公共机构可以拒绝提供信息的各种情况；确定了公众就环境信息要求对公共机构提出质疑的两种程序。

③ 包括政府机构发布信息、通告以及开展咨询的责任，公众听证会、公众会议、咨询小组、许可证实施细则、财政资助协议等。

④ 其主要内容为：所有项目都必须有公众参与，并不断寻找扩大公众参与的新方法；环保署的员工和管理者应搜集能够反映各方观点的意见，并在决策时认真参考；环保局人员应采取措施保证其决策过程公开透明。

⑤ 该委员会是一个代表消费者利益的独立组织，在英格兰设有 9 个地区委员会，在威尔士设有 1 个地区委员会。各地区委员会由地方行政人员和一般民众代表组成，对供水公司提供的服务进行监督，提出意见和建议，受理消费者投诉等。

等都是为了实现总量控制的目标。其总量控制措施就是要通过建立一个在全流域内共享水资源的“新框架”,来确保水资源的有效和可持续利用。“封顶”原则是根据各地的来水、用水记录以及土地的拥有情况等确定上限额度，并预留生态用水，保证水资源的可持续利用。“水权的市场交易”使拥有水权的公司或农牧场主可以买进水权或卖出多余的水权。由水权管理机构批准，办理有关手续，交付相应费用并变更水权。水权管理机构控制水权交易量，使水的利用尽量接近水源地供水目标，并使水资源向利用效率高和使用价值大的用途转移。

综上所述，由于我国水资源时空分布不均，地域间经济社会发展不平衡，水资源管理问题比其他国家相对复杂和艰巨，但是通过对国外主要国家水资源管理体制的考察所归纳的以上经验，可在建构我国水资源管理体制时参考借鉴，如各国较为完备的水资源法律体系有助于为我们在完善水资源立法时提供参考，水资源管理主体的分工明确有助于我们对目前我国水资源管理部门及其权限的设置予以反思，水资源管理中权力主体多元化有助于我们对政府的水资源宏观调控权和微观管理权的有效配置予以反思，各国对公众参与的重视以及水资源管理方式市场化趋势也可以为我国水资源市场化发展提供借鉴。

第3节　中国水资源治理模式的构想

一、水资源治理权的概念

（一）治理权的概念

治理权是治理主体基于对社会经济运行的治理而享有的权利，其内涵可以从其产生基础、主体及配置原则几方面阐释。

首先，治理权的产生，可以溯源于社会主体自由权利的需要。自17、18世纪资产阶级革命取得胜利以来，随着社会经济的发展，政府管理模式分别经过控权型、自主型两个阶段，向回应型发展，其背后蕴含着社会价值选择的变化。控权型模式的时间跨度为从农业社会向工业社会转变的整个阶段，它实际上是要求摆脱封建贵族、僧侣和世袭制官僚对社会政治经济生活的控制，通过构筑相对独立的市民社会活动空间，将人从各种先赋性的、身份性的、血缘性的约束下解放出来，从而获得分享社会稀缺资源的机会的权利。因而，“控权型”的政府管理是以个人的自由、平等、公正为基础，以最小国家理论为核心，以维持秩序和公共安全为主要功能的。这一时期，个人自由权利是人类社会的精神追求和价值取向。

“自主型”模式则以程序正义的形式合理性为根源，以政府目标为导向，通过科层化的组织机构确定社会资源的配置机制和原则，强调政府干预的不可或缺性。其时间跨度为19世纪末至20世纪70年代末，即工业社会向后工业社会或信息社会的转折时期。“自主型”政府管理以科层化政府组织“溢出效应”的普遍存在为基本特征。这一时期，由于个人自由权利的泛化而引起的各种矛盾的出现使得政府介入社会经济的运行，其价值取向在于协调个体权利的冲突而达致社会整体发展的最优化状态。但“自主型”模式的缺陷随着社会发展而日益暴露，这一模式下国家对社会经济运行的过度干预反过来又抑制了个人权利的实现。由此导致人们开启了对新的政府权力运行模式的探求。

起源于20世纪70年代末80年代初，并于90年代开始走向兴盛的新的政府管理改革的模式被称为“回应型”模式，是对“控权型”模式和“自主型”模式的扬弃和创新。“回应型”模式要求限制和排除政府管理活动中的恣意因素，广泛吸纳民意，集思广益，协调利益冲突。治理则是“回应型”模式下新型国家—社会关系的写照，是对政府与其他社会主体关系的重新定位。

其次，治理权的主体包括政府和以行业协会为代表的自治团体。社会各主体积极参与社会经济、文化、政治事务的共同治理是治理得以实现的物质基础。因此，治理也意味着政府放松对社会的过度管制，逐步授权给社会团体和个人，增强社会主体的参与意识。正如有学者所指出的，当代治理模式的选择，归根到底是人类在国家（政府）—市场—公民社会三维关系的组合中，寻求不同于以往的、更为有效地实现共同利益道路的努力。[①] 权力回归于民、民间社会的兴起和国家政府权力的相对弱化，正是治理背景下国家—社会关系变迁和调整的一系列外在表现。因而治理权的主体有两类：一是对国家社会经济运行过程进行善治的政府，二是对本行业、本部门的运行进行治理的自治团体。总之，治理权抽象和概括了宏观和微观领域政府和自治团体权力的运作方式和特点。因此，治理权与民事权利和行政权力不同：它是一种向下或集体性的权力，这与民事权利的平等性不同；治理权的主体不仅包括国家，还涵盖了自治团体，这是行政权力无法反映和涵摄的特殊调整范围。

① 孙柏瑛：《当代地方治理：面向21世纪的挑战》，中国人民大学出版社2004年版，第25页。

最后，从社会的历史发展可知，完全的社会（市场）自治会导致“政府失灵”，因此需要外部力量的介入；而政府过度地介入，则亦会引致“市场失灵”。无论社会经济如何发展，围绕如何有效矫正“政府失灵”与“市场失灵”，这一最基本的目标是不会改变的，改变的只是实现这一目标的手段和方式。因此，对治理权的配置，仍然要从“市场失灵”与“政府失灵”的现象中寻求答案。

从市场的角度来看，市场化的资源配置方式的效率条件构成了不同时期社会自主性空间的自然边界和政府行为领域的分水岭。这一自然边界实际上就是市场容量①，是与知识和技术的提高、进化与发展密切相连的。一定时期市场容量的余集就是该时期所表现出来的市场失灵。因而，从这一角度来审视，市场失灵是一个动态概念，是随知识和技术变迁而变化的概念。一定时期的市场失灵并不意味着在另一时期也存在，在一个国家表现的市场失灵并不意味着对另一个国家也存在。或者反过来说，在一个国家市场容量即市场效率疆界以内的活动在另一个国家可能就处于市场效率的疆界之外。对于具有不同历史文化传统、处于不同生产力发展层次上的不同国家来说，市场失灵的领域或集合并不相同，有时甚至相差甚大。因此，用市场容量的概念代替市场失灵的概念，不仅更准确地反映了客观的现实生活状况，也避免了“市场失灵”的静态性缺陷。从这个角度来看，自由的确立就在于在市场容量的最大范围内政府不得介入。从现代市场经济的宏观和微观领域来看，市场容量的限度表现在公共物品的供给失灵、外部性、经济性垄断、信息不对称以及无法促进社会整体协调发展几个方面。

从政府本身的角度来看，与市场容量相类似，政府容量也是一个动态概念。由于人类知识存量、信息完备程度以及处理复杂问题的结构化能力的制约，就目前社会状况来说，不论追求机会均等还是结果均等都面临无法解决的难题，因而哪种方式都不是十全十美的。此外，不同形式的政府、具有不同文化传统的政府，以及生存于不同社会经济发展水平下的政府，各自有着不同的有效性活动空间，因而具有不同的政府容量。② 从共性的角度观察，政府容量的限定性边界主要体现为经济决策的失效、公共物品供给的低效率、内部性以及寻租几个方面。

（二）水资源治理权的内涵

从上文分析来看，市场容量和政府容量实际已构成治理权配置的基础性背景。就政府治理权而言，应当将其限定在市场机制不能良好运作的领域以及政府本身能够良性治

① 杨冠琼：《政府治理体系创新》，经济管理出版社 2000 年版，第 149 页。

② 杨冠琼：《政府治理体系创新》，经济管理出版社 2000 年版，第 215 页。

理的领域。各国的实践业已证明，市场机制是迄今为止人类所拥有的最有效的资源配置工具，它能够以最快的速度、最低廉的费用、最简单的形式把资源配置的信息传递给相关的决策者。凡是市场能够调节好的社会经济活动和领域，政府就没有必要插手，否则会适得其反。此外，由于政府在实施经济治理时并非全能的，会存在公共物品的低效率、经济决策的失效等问题，因此，除市场良性调节的领域外，凡是社会能够自我调节的内容，政府也应当退出，或者例如在公共物品与服务的生产和供给方面选择多样化的机制。同样，在水资源管理领域亦是如此：政府与市场通过治理权的分配实现良性互动和合理作用，从而达致水资源的合理有效配置。由此，在治理模式上，就体现为单一行政管理模式的摒弃，以及多主体共同治理模式的构建，进而实现政府、社会和市场三者的循环互动。实际上，我国水资源制度构建的核心也在于此，即管理制度的转型，由以“控制”为核心的传统管理模式转向以“善治”为目标的现代治理模式，从工程技术控制走向综合治理，从而建立新型水治理结构和体制。

首先，水资源治理的调控层次。这一层次中，政府作为主体，对水资源治理起着主导作用，其作用范围“从直接调配水资源转向实施水权管理调控、配置水资源；从直接投资办水利转向大规模利用社会资本办水利；从直接办污水处理厂转向制定标准和强化监管来保障水安全；从全方位提供水利产品转向专注于提供贫困人口吃水、生态用水、灌区节水改造和跨行政区污染控制等公共物品和服务；从直接行政管制转向宏观调控，做好水市场的裁判员、服务员和信息员”①等诸多方面。

其次，水资源治理的基础层次。这一层次中，市场作为主体，对水资源治理起着基础性作用，即在明晰水权的基础上，水资源配置方式由政府向市场转化，且市场机制的作用不断增强，最终形成一种有效、规范的体系和运行制度。要发挥市场的基础性作用，就必须通过水资源的产权化、资本化和产业化来完善水资源市场体系建设和秩序规范。正如有学者所指出的②，水资源的市场化应遵循一定的内在逻辑关系：水资源产权市场化是水资源市场化的制度核心，水资源产业市场化是水资源市场化的重要内容，水资源资本市场化是水资源市场化的发展方向。

最后，水资源治理的中间层次。这一层次中，社会中间组织和公众作为主体，起着参与的重要作用，即确认社会主体的参与资格，扩大社会主体的参与范围，增强水资源治理决策的公众参与度，实现全方位的社会主体参与。

---

① 李雪松、夏怡冰、张立:《中国水资源制度创新目标模式》，载《水利经济》2012 年第 2 期。

② 刘普:《中国水资源市场化制度研究》，武汉大学 2010 年博士学位论文，第 42~48 页。

二、水资源治理模式的构建原则

（一）主体结构之多元化原则

根据现代治理理念，水资源治理权的主体构成应当达至主体结构多元化之目标。所谓多元化，即水资源治理主体的多元化。随着现代行政管理内容的扩张和民众用水需求的多元化，单一的行政管理模式是不可取的，应该实现水资源治理主体的多元化，其至少包含三方面内容。

其一，政府必须实现主动让位和自我克制。政府应当适度放松对水资源的管制，实现权力主体的分散化和公共资源管理的多元化，将一部分水资源管理权授权或委托给社会和市场行使，[①] 构建多主体共同治理的水资源管理模式。在退出中观和微观管理领域后，政府应严格规范自身权力的行使，不得随意再度进入。此外，政府应当对社会中间组织予以培育和制约。一方面政府可以通过政策指导、制度支撑、信息提供和财政支持等多种方式为社会中间组织参与水资源治理提供良好的外部环境；另一方面，政府应当通过非直接干预的方式对社会中间组织的无效治理行为、权力滥用行为予以监督和制裁。

其二，社会中间组织对政府的协助和监督。一方面，社会中间组织参与水资源治理可以起到有效协助的积极作用。由于直接与用水者联系，社会中间组织可以通过收集、统计、分析各种用水信息，研究和制定当地水资源的开发规划，进行实践调查等方式为政府的宏观调控提供基础数据，同时协调政府与其成员以及其成员之间的利益矛盾等；[②] 另一方面，社会中间组织可以通过参与政府的水资源决策以及对政府违法行为提起复议或诉讼的方式对政府的水资源治理予以有效制约和监督。

其三，市场主体积极参与水资源治理。国外的水资源治理实践表明，水资源治理中的公众参与能够增强公众对水资源管理和分配的参与意识，有利于促进水资源分配的公平性。例如，澳大利亚的水资源管理部门就通过设立一些民间机构为公众参与提供平台，如社区咨询委员会、农民联合会、民间团体等。[③] 基于此，我国应着手建立政府调控与市场调节相结合、多元主体参与的水资源管理机制，并在中央层面设立水资源监督管理委员会对水资源进行统一管理；同时，政府应开放水资源市场并适当分权，保证社会中间

---

① 可以将属于宏观层次、具有决策和调控性质的水资源管理职能由政府保留，属于中观和微观层次、具有执行性和技术性的一般管理职能根据具体情况以不同方式让渡给社会（例如社区自治组织和社会自治组织）行使。

② 杨宇、马友华：《论我国水资源的多主体共同治理》，载《华东电力大学学报（社会科学版）》2011 年第 1 期。

③ 刘普：《中国水资源市场化制度研究》，武汉大学 2010 年博士学位论文，第 65 页。

组织及市场主体能够参与水资源的治理。

（二）主体权责之法治化原则

主体权责之法治化原则包括两方面内容：权力的法治化与权利的法治化。就权力而言，从“权力意志论”“权力关系说”“权力力量说”等诸多观点中可以看出，权力是指在某种社会关系中，社会主体一方作为权力拥有者促使另一方作为权力对象服从于自己意志的力量。它具有社会性、强制性、整合性与扩张性的特征。权力自身是一个中性的、不具有任何价值判断的概念。它既可以帮助权力主体谋求自由，促进组织内部的合作与团结，也可能沦为一种恶性的或消极的力量，使权力主体为了实现自己的需要和自由去限制或剥夺他人的需要与自由。可以说，权力实际上表达的仅仅是一个事实状态，即在一定的社会关系中，一方当事人对另一方当事人的服从状态。因此，对主体及其行为进行规范，就必须规范其所拥有的权力。

就权利而言，权利具有正当有效性，其主体是个体性与社会性的统一，在形式上表现为利益、要求、资格、可能、选择。例如，有学者将权利的要素归纳为个体自主地位、利益、自由、权力四大要素，并以此下了一个综合性定义：法律权利是国家对个体根据自己的意志谋求自身利益的自由活动的认可与限制，目的是确保一定社会政治经济条件下的个体自主地位的实现。[①] 又有学者归结了一项权利的成立所必不可少的，也是最基本的五大要素[②]，即利益、主张、资格、权能、自由。其后，这种方法被许多学者沿用。[③] 故权利的行使与实现对于主体有着重要意义，因此，权利的法治化也应当成为制度构建的重要方面。

三、水资源治理模式的结构设计

根据决策理论，公共管理的管理主体越多越分散，管理责任就会越趋于松弛，对资源的保护就越无力，资源的状况则越坏。权力越统一，责任就越大；权力越是集中并趋向单一中心，责任就越明确，权力主体之间的破坏性竞争和摩擦就越小。因此，在构建整个水资源保护体制时，必须确立单一权力结构和单一行政领导系统。同时，权力亦需要分权与平衡。在水资源管理中需要有广泛的协调和处理机构间冲突的机制，需要有必

---

① 葛洪义：《论法律权利的概念》，载《法律科学（西北政法大学学报）》1989 年第 1 期。

② 夏勇：《人权概念起源》，中国政法大学出版社 1992 年版，第 46 页。

③ 参见程燎原、王人博《赢得神圣——权利及其救济通论》，山东人民出版社 1993 年版，第 35 页；北岳《法律权利的定义》，载《法学研究》1995 年第 3 期；舒国滢《权利的法哲学思考》，载《政法论坛》1995 年第 3 期；吕世伦、文正邦《法哲学论》，中国人民大学出版社 1999 年版，第 546 页。

要的权力交叉与分割。因此，水资源管理体制应当注重集权与分权的平衡。一方面，单一主体的行政管理模式已经无法适应日益庞大和复杂的公共管理职能。因此需要适度放松管制，构建多主体共同治理的水资源治理模式。从主体结构来看，这一治理模式应当包括政府、社会中间组织、企业和公众三个组成部分；从内容来看，应当是权力（权利）与责任（义务）的有机结合。另一方面，在水资源政府管理领域，应选择趋向集中和倾向单一决策、指导、控制、与执行中心的方向。实践中，大多国家的水资源保护管理的权力越来越向一个政府部门聚集，越来越向中央政府聚集。

（一）作为治理主体的政府

水资源治理主要涉及三个方面内容，即机构的设置、权力的划分以及责任的形式。

首先，关于政府的机构设置。鉴于目前政府水资源管理体制存在的问题，有必要对其进行改革。在中央层面，设立国家级的水综合管理机构。可以考虑两种方案进行设计：一是设立国家水资源委员会，作为政府最高层对全国性涉水事务进行指导和协调的机构。该委员会是负责水政策制定的高层次机构，在很大程度上类似于由国务院总理领导的国家能源委员会。二是整合水利部、生态环境部、国家林业和草原局，成立环境资源部，以对水量和水质、地表水和地下水、水资源保护利用和水环境保护实行国家综合管理。

关于地方层面，在第二种改革方案的情况下，可以考虑整合地方相关部门的职能，成立环境资源厅、局，对水资源实行统一管理。

关于流域治理，可以设立环境资源部直属的流域管理委员会，作为流域范围内各项流域管理事务的总决策机构，赋予其相应职权。委员会委员应当具有广泛性，包括中央有关部门、流域内各地方的代表、受益户的代表以及专家代表。其职责为制定政策，作出各项决议和决定。在流域管理委员会中可设立由各方代表组成的专业委员会，负责人由委员选举产生或者在选举的基础上报国务院任命。在流域管理委员会下设执行机构，这个执行机构的职能是执行流域管理委员会所制定的一切政策和所作出的所有决议和决定，其负责人由流域管理委员会负责人提名，流域管理委员会全体会议或其常委会议表决后任命。

其次，权力的划分与类型。对水资源治理权力，必须进行有效配置，使各治理主体的权力明晰、职责明确，才能更好地解决集权与分权等问题，从而更有效地进行水资源治理。权力的划分包括中央与地方、政府及其职能部门之间的分配，即政府职能部门之间的横向配置与在中央和地方之间的纵向配置。此处主要是指中央与地方之间的纵向配置。贾谊曾在《治安策》中指出“欲天下之治安，莫若众建诸侯而少其力。力少则易以使义，国小则无邪心”，这被认为在历史上第一次以现实主义原则解释了中央和地方的关系,其思想亦被张宇燕等学者概括为“贾谊定理”。[①] 其核心是通过分权来“强干弱枝”，避免出现“弱干强枝”或“弱中央强地方”的局面。目前，大多数观点认为，宏观调控权作为包含决策权与执行权的经济权力，是国家站在全社会的总体立场上对宏观的经济和社会运行所实施的调节与控制。因此，水资源宏观治理的主体应当归属于中央层面的治理机构。地方的水资源治理机构或组织只有本地区或本区域范围内的调节权，没有宏观治理权，主要起着执行中央宏观调控政策、措施和决定的作用。亦即，水资源宏观治理作为中央级次的职能，其决策权应当掌握在中央级次的国家机关手中，地方国家机关则根据中央的宏观决策具体执行。

就地方的微观水资源治理权而言，其主要体现为对水市场的监管权，例如对水权交易的合法性进行严格监管、规范水权交易行为以降低交易成本、保护第三方利益和公共利益,主要涉及交易主体和可交易水权确认、对公共利益的保护和第三方影响评价等方面。与宏观治理权不同的是,由于在微观经济领域治理行为具有直接性,其针对的往往是个案,也只有针对具体的相对人才能作出。因此微观治理行为涉及具体的主体，只有主体适格，法院才能受理有关治理失败的诉讼。

最后，责任的形式。完善政府水资源治理责任，这是实现水资源有效治理的必要保障。其一，由于并非所有的治理行为都是可诉的，比如宏观意义上的治理决策行为就不可诉，因此，应当建构新的责任体系即法律化的政治责任，例如弹劾、引咎辞职，以弥补其不可诉的缺陷。这种责任形态的建构，使得不能通过诉讼途径追究的宏观治理决策行为得到追究。其二，在赔偿问题上，水资源法上的国家赔偿不同于行政赔偿和司法赔偿,它主要是基于政府因实施水资源治理行为不当而产生的。当不按规定的程序发布信息、泄露秘密等不当或违法行为，造成对其他水资源权主体利益的侵害时，被侵害主体有要求国家赔偿的权利，负有责任的政府有义务予以赔偿。其三，就公职人员而言，其职务行为和决策必须合乎社会利益，如果因其决策失误或行为有损环境利益，或者对其所管辖的部门用人不当、管理不力，工作失察而造成重大环境损害，就应当承担水资源法律责任，其中包括赔偿责任。但由于个人经济能力的限制，仅承担经济赔偿责任，往往不足以抵偿所造成的损害，所以往往用其他的责任形式使直接责任人承担责任，包括撤销职务、引咎辞职等。此外，补正、撤销、停止不恰当的治理行为和实际履行也应当成为

① 何帆:《为市场经济立宪》，今日中国出版社 1998 年版，第 212~213 页。

责任承担的方式。政府对欠缺合法要件、程序轻微违法的水资源治理行为应予以事后补正；对内容不恰当或违法的治理行为应及时停止、撤销；当不作为可能对水资源开发、利用和保护产生不利影响时，政府应以实际履行的方式来完成。

（二）作为治理主体的社会中间组织

一是关于社会中间组织的独立法律地位的问题。社会中间组织只有首先与政府分开，才能形成自治团体自主管理、自我发展的良性机制，才能改变民间组织目前对政府的“不平等—依附”的关系，实现政府与社会中间组织的“平等—合作”关系。早在 2005 年，《2005 中国市场经济发展报告》一书就指出，中介组织未来的发展趋势应当是：“政府对中介组织的管理从直接管理向间接管理，从微观管理向宏观管理，从行政主导向法治主导进行转变。逐步取消限制中介组织竞争的各项措施，形成统一、规范、开放和竞争的中介市场，最终形成市场决定社会中介组织的生存、发展和调整的机制。”① 目前，我国社会中间组织的运行所依据的规范性文件较为分散，包括 1998 年《社会团体管理条例》、民政部《关于〈社会团体登记管理条例〉有关问题的通知》、原国家经贸委 1997 年颁发的《关于选择若干城市进行行业协会试点的方案》、1999 年颁发的《关于加快培育和发展工商领域协会的若干意见（试行）》以及 2002 年颁发的《关于加强行业协会规范管理和培育发展工作的通知》。同时，一些单行法律特别就某些特殊行业协会作出规定。而地方政府迫于发展的需要，则对所辖区域内的经济自治团体制定了大量地方性法规和其他规范性文件，例如《上海市行业协会暂行办法》《深圳经济特区行业协会条例》《青海省规范和发展行业协会的暂行规定》。而地方政府对社会中间组织的职能定位并不十分明确，有些规定还存在模糊性和随意性。立法的无序必然导致法律适用的混乱，以至影响司法实践中法律的权威性，这在相当程度上制约了行业协会的发展。而在国外，水资源领域的行业协会正发挥着日益重要的作用。例如在德国，水务行业标准化方案成为德国联邦政府水务现代化战略的有机组成部分，并由多个协会和组织主导推进。2005 年 6 月，德国多个协会组织② 共同签署《关于在水务行业推进标准化的声明》。

因此，有必要在我国的水资源法中明确水资源管理领域社会中间组织的法律性质和法律地位。我国水资源领域的社会中间组织应是具有法人性质，由同业企业、个体工商户和其他相关企事业组织依法自愿组成的非营利性、自治性的社会团体法人。中间组织

① 北京师范大学经济与资源管理研究所：《2005 中国市场经济发展报告》，中国商务出版社 2005 年版，第 159 页。
② 包括德国取用储存库饮用水协会（ATT），德国能源和水行业协会（BDEW），德国水务管理联合会（DBVW），德国燃气和水科学技术协会（DVGW），德国水、污水和废物协会（DWA），德国地方市政协会（VKU）。

实行会员制。会员大会或会员代表大会是中间组织的最高权力机关，是会员表达自己意思的主要机关，对重大事项作出决定。为解决重复设会、职能交叉问题，按具体性质不同，明确自治团体按“一地一会”或“一业一地一会”的原则设立，并分为县、市级，省、自治区、直辖市级，全国级三个层次。

二是关于社会中间组织的法律责任的问题。“凡有权力，必有与其相关的责任，权力所出，必有责任所行。”[①] 社会中间组织行使相应职权的同时，还须有相应的责任机制予以制约以保障权力的正确行使。根据承担责任主体的不同，可以将社会中间组织的法律责任划分为两类。一是个人责任。当社会中间组织负责人或其他相关责任人存在失职、失误等情形时，应当承担法律责任。例如社会中间组织负责人有可能“因自己个体化利益或所属成员企业的利益而背叛整个行业协会的利益”[②]，因此应当强化对决策者决策失误责任的追究以及对决策权力的监督。二是社会中间组织的团体责任。当社会中间组织的行为给社会和市场主体带来危害时，该团体本身还应当承担法律责任，例如赔偿、罚款甚至取消主体资格等。

就社会中间组织所承担的水资源法律责任的形式而言，又包括以下几种：(1) 赔偿性责任。社会中间组织因实施经济治理行为不当，造成对其他主体利益的侵害时，被侵害主体有要求赔偿的权利，负有责任的社会中间组织有义务予以赔偿。(2) 实际履行。当社会中间组织的不作为可能对其他主体和经济发展产生不利影响时，社会中间组织应以实际履行的方式来完成。(3) 停止、纠正或撤销违法行为。社会中间组织在进行经济治理行为的过程中，对不恰当的治理行为，应及时停止、纠正和撤销。(4) 引咎辞职或撤销职务。社会中间组织主要负责人如果工作失误、失职或对社会公共利益造成重大损失，或产生恶劣社会影响，或对重大事故负有领导责任的，应当承担水资源法律责任，其形式包括撤销职务、引咎辞职等。(5) 罚款。(6) 撤销社会中间组织主体资源。

（三）作为市场主体的水利（水务）企业和公众

随着市场经济体制改革的不断深入，如何改变过去传统的管理体制和经营机制、实现水资源治理的市场化已成为当前的重要课题，而水利（水务）企业作为水资源市场主体也成为市场化体制改革中的重要一环。这一点在前文已有论述，此处不再赘述。

公众参与水资源治理的意义与价值毋庸置疑。然而，目前这一机制尚缺乏立法支撑。如果没有强有力的法律法规给公众参与提供保障，将会出现不对等的权力博弈，难以形

① 谢晖:《法学范畴的矛盾辨思》，山东人民出版社 1999 年版，第 285 页。

② 鲁篱:《行业协会经济自治权研究》，法律出版社 2003 年版，第 224 页。

成真正的公众参与。因此，首先必须为公众参与建立强有力的立法基础，在相关法律中规定公众参与的权利，以确保其参与的有效性。例如，首先，在《水资源保护法》《环境保护法》等法律中明确赋予公众参与水资源治理的权利，包括知情权、参与决策权和对相关决策的质询权。其次，改革现有的机构设置，以全国层级的水资源监管机构的人员构成为切入点，引入公众参与机制，或者设立专门的公众参与机构。最后，建立相关程序制度，使公众参与机制具有可操作性。主要应包括：知情制度，即公众有知晓水资源保护立法相关情况的权利；听证制度，即参与与自身利益攸关的行政听证；许可程序制度，该制度涉及水资源许可等行政权力；时效制度，即公众相关权益参与的时效限制。

第四章　中国水权与水市场法律制度的建构

第 1 节　水资源权利制度的建构

由于水资源具有公共属性，其权利呈现所有权与使用权相分离的特点。而建构水资源权利制度，就是要通过明晰水资源权利，建立关于水资源所有权、使用权、收益权的制度体系，形成与我国经济和社会发展相适应的水资源权属管理制度。

一、水资源所有权制度

如前文所述，水资源所有权的主体包括国家和农村集体经济组织，因此水资源所有权制度的建构包括两个方面，即水资源国家所有权制度和水资源集体所有权制度。

在大陆法系国家，立法对水资源国家所有权的规定大致有三种模式[①]：一是对国家所有权不作规定，仅在相邻关系的规定中，涉及道路通行、用水、流水关系等，对国有财产采取特别法规定，如德国、日本、巴西。二是对水资源国家所有权仅作简单或零星规定，对国有土地资源、水资源、文物等财产的归属和保护作了相应规定，如法国、荷兰、葡萄牙、埃及、阿尔及利亚、韩国、蒙古。三是对水资源国家所有权作出专门规定，如俄罗斯、越南、朝鲜、意大利。我国则采取第三种模式，我国《宪法》规定了水资源国家所有权，这是确立国家所有权制度的根基和依据，并为此项制度的全面建立提供

① 马俊驹:《国家所有权的基本理论和立法结构探讨》，载《中国法学》2011 年第 4 期。

了宪法保障。

（一）水资源国家所有权的行使

水资源国家所有权制度的建构是一项系统性工程，其内容丰富，水资源国家所有权的行使是其中一个重要方面。国家所有权的行使，是指权利主体通过自己或者代表人的积极行为支配特定的客体，从而使所有权的利益得到实现。水资源国家所有权的行使实际上是国家所有权得以实现的过程。

首先，关于水资源国家所有权的行使主体。根据我国法律规定，国家所有即全民所有。但在马克思那里，国家享有所有权与全体人民享有所有权的意义有所不同。他论述国家土地所有权与人民土地所有权的不同性质时指出："如果国家把土地所有权据为己有，而资本主义生产继续存在，Ⅱ、Ⅲ、Ⅳ的地租就会支付给国家，但地租本身还是存在。如果土地所有权归人民所有，资本主义生产的整个基础，使劳动条件变成一种独立于工人之外并同工人相对立的力量的基础，就不存在了。"[①] 资本主义国家也存在国家所有权，但它与全民所有制无关，而社会主义国家的国家所有权才是全民所有制主体形式在法律上的直接体现。可见，"国家所有即全民所有"是与生产资料所有制相联系的。另外，按照民法理论的内在逻辑，"全民所有"只能是一个经济或社会意义上的概念，不能成为特定个体权利上的法律概念。[②] 有学者对国家所有权进行了专门研究，认为就国家所有权而言，"全体人民的任何个体成员都不可能转让其权益份额，也不可能'退出'国家所有权。国家所有权受侵害时，全体人民的个体成员无权请求司法救济"[③]。可见，国家所有与全民所有并非具有绝对同一性。有学者认为，"全民所有与其说是一种民法上的所有权形式，不如说是一种确保全民可平等地享用或享受其利益的一种制度措施，是确保社会中重要财产合理利用和实现社会平衡与持续发展的策略；其重要意义在于它的制度价值。"[④] 因此，"国家所有即全民所有"是与所有权行使主体、方式相联系的。只有在全体公民通过民主程序选择真正能够代表自己利益的所有权行使者，由其作为代表对全民的生产资料行使所有权时，方能真正实现"国家所有即全民所有"，才不至于使国家所有成为一个空洞、抽象的法律概念。

根据"代表说"[⑤]，作为国家所有权权利主体的国家是一个集合概念，因此其对特定

---

① 《马克思恩格斯全集》第 26 卷第 2 册，人民出版社 2004 年版，第 108 页。

② 马俊驹：《国家所有权的基本理论和立法结构探讨》，载《中国法学》2011 年第 4 期。

③ 王军：《国家所有权的法律神话——解析中国国有企业的公司制实践》，中国政法大学 2003 年博士学位论文，第 1~2 页。

④ 高富平：《公有和私有的法律含义》，载马俊驹主编：《清华法律评论》第三辑，清华大学出版社 2000 年版，第 86~98 页。

⑤ 与"委托—代理说"相比较，"代表说"更为契合具有大陆法系法律文化传统的中国，更能阐释国家机关行使国家所有权之性质。参见屈茂辉、刘敏：《国家所有权行使的理论逻辑》，载《北方法学》2011 年第 1 期。

财产的占有、使用、收益和处分必须借助其代表人的活动才能实现。由于现代国家系由诸多国家机关按照一定的组织原则构成，因此国家机关与国家之间实际上构成了代表与被代表的关系。对于国家所有权的行使而言，国家机关对国有财产的占有、使用、收益、处分的行为，构成了国家对所有权的行使。也就是说，国家通过其内部代表人即国家机关实现了国家所有权的行使。而具体到哪些国家机关可以作为代表人行使国家所有权，则须根据主体法定原则确立。① 根据我国《宪法》规定，在人民代表大会制度下，国家的一切权力属于人民，人民行使国家权力的机关是各级人民代表大会。亦即，只有全国人民代表大会才有权代表全体公民行使政治主权和经济主权。同时，《民法典》第 246 条第 2 款规定："国有财产由国务院代表国家行使所有权。法律另有规定的，依照其规定。"因此可以认为，国务院作为国家所有权的行使主体，是来自全国人民代表大会的授权。而国务院以外的国家机关代表国家行使所有权，应当获得人民代表大会的授权，并且应当按照授权所确定的方式和程序行使所有权。对于水资源所有权，《水法》第 3 条规定，水资源的所有权由国务院代表国家行使。由此可见，只有中央政府即国务院才有权代表国家行使对水资源的所有权，地方人民政府欠缺合法性。然而，在实践中，地方政府却作为事实上的行使主体进行运作。这不能不说是立法上的疏漏之处。因此，应在水资源法中明确，国务院及地方政府均可成为国家所有权的行使主体。

其次，关于水资源国家所有权的行使原则。其一，水资源国家所有权的行使须遵循公共利益原则。国家所有权是一种不同于私人所有权的所有权制度：私人所有权以追求私人利益为目的，体现所有权人的自由意志，即"法无禁止即自由"。而国家所有权则以公共利益为目的，体现的是国家对于全体国民的责任。这在水资源领域尤为明显。水资源不仅具有经济价值，还有着承载社会公共利益的重大非财产价值。从这个意义上说，水资源国家所有权不仅是权利，也是一种义务和责任，其行使应当以公共利益的实现为出发点和目标。其二，水资源国家所有权的行使须遵循法定原则。作为国家的代表，国家所有权的行使主体本身所享有的权利必须得到法律的明确授予，亦即，其权力的行使应遵循"法无授权即禁止"的原则，不能超出法律所划定的边界。

（二）水资源国家所有权的关键制度

在市场经济条件下，国家作为水资源的所有者，通过相关程序，将其使用权出让给有关受让者，进而形成如下法律关系：一是国家以出让者的身份与受让者之间形成私法

① 屈茂辉、刘敏：《国家所有权行使的理论逻辑》，载《北方法学》2011 年第 1 期。

关系，政府得以收取出让金和水资源使用费，实现水资源国家所有者权益；二是国家以管理者身份对水资源的开发、利用实行监督和管理，与受让者之间形成公法关系，维护国家作为自然资源管理者的利益。水资源国家所有权关键性制度的建构，应当围绕水资源国家所有权成立后所形成的法律关系进行。

首先，水资源综合规划制度体现了国家基于所有权对水资源的统一管理。水资源综合规划是国家合理开发、利用、保护水资源，充分发挥水资源的综合效益的重要手段，其目标在于以一种有效的、利于环境的、合理的手段来开发和利用水资源从而在满足全社会对水资源需求的同时，实现社会、经济、环境和资源相互协调的可持续发展。我国水资源综合规划制度起步较晚，直至2010年，我国第一个国家水资源战略规划——《全国水资源综合规划》才被国务院批准通过，其内容包括水资源及其开发利用现状、规划目标与任务、水资源供需分析、水资源配置、水资源可持续利用对策、水资源管理制度建设、实施效果与环境影响评价以及保障措施八个方面内容。

制定水资源综合规划时需要注意以下三个方面问题。

其一，水资源综合规划与水资源其他类型规划相协调的问题。从国外情况来看，大多数国家水资源规划具有区域性、专业性和多层次性。其区域性体现在诸多国家都是以流域或水系为单位来制定规划，例如英国、法国、美国、日本等。其专业性体现在水资源规划包括各种专业规划和专项规划，例如防洪、治涝、灌溉、城镇供水、地下水、水资源保护、水土保持等。其多层次性体现在水资源规划的级别上，例如英国的水资源规划有国家级、流域级、区域级规划，各基层地方的水资源规划；① 法国的水资源规划分为流域规划和地方规划；② 美国的水资源规划从层次上可划分为联邦级别、流域或区域级别、具体的行动规划三个层次；③ 日本的水资源规划分为全国规划和水系规划两个层次。④ 我国水资源规划可以作相应借鉴，在内容上，须将水资源统一规划、统一配置和总量控制，水资源补偿及供水保障，各种补偿方案，应急水源地补偿机制等纳入其中；在层级上，要在与国民经济和社会发展规划以及土地利用总体规划、城市总体规划和环境保护规划相协调的基础上兼顾各地区、各行业的需要，协调完善综合规划与区域规划、专业规划之间的关系。

---

① 其中，国家级水资源总体规划由英国环境署制定，流域级规划由英国环境署下设的水务公司负责，区域级规划是在流域规划指导下制定的更为详细的规划，在区域规划下还可以有基层地方的规划。

② 其中，流域规划由流域委员会负责，地方规划则由地方水资源委员会（地方政府）在流域规划的框架之下制定，而且必须与流域规划相协调。

③ 联邦级别由美国联邦政府提出，流域或区域级别由流域或跨流域的委员会制定，具体的行动规划由具体的工程单位负责。

④ 水系规划由日本土地、水资源局与政府其他部门以及相关辖区行政长官协商制定，全国规划则由日本国土厅负责。

其二，水资源综合规划与水资源其他法律的衔接问题。我国目前已有《水法》及其他一些水资源治理的法律法规，但缺乏一部统一的水资源法对水资源治理的目的、原则、范围、具体制度、责任等予以明确规定。此外，在执法领域，水资源治理中有法不依、执法不严的现象仍然存在。因此，水资源综合规划尚缺乏完善的制度体系予以支撑。这就需要进一步完善我国水资源的法律制度。

其三，水资源综合规划的制定程序问题，这是需要关注的重点问题。水资源综合规划的规范包括实体规范和程序规范两方面内容。就实体规范而言，由于水资源规划是集立法与行政于一身的政府行为，规划机关拥有大量的裁量权。同时，水资源的复杂性和日益丰富的社会经济活动需要规划机关编制的规划有足够的灵活性与之相适应，规划裁量权就成为水资源综合规划的核心。此时，程序规范的规制优势逐渐得到重视并被广泛应用。正如被学者广泛引用的一段话所言，“行政机关的权力越大，它在行使权力的时候就越应该公平。一个巨大的权力如被专横地行使，那就成为一个不能忍受的暴力。程序的规则所以重要，正是由于在实体法上不能不给予行政机关巨大权力的缘故”[①]。因此，除以实体规范来规制水资源综合规划的编制之外，还可以通过程序规范来规制水资源综合规划的编制。

从水资源综合规划的编制程序来看，有准备、编制、报批和公布 4 个阶段。其中，信息公开制度与公众参与制度应当得到体现。第一，信息公开是制定水资源综合规划的前提和基础。通过信息公开，公民可以有效了解规划，参与规划程序，监督政府权力以防止权力的滥用，维护自己的合法权益。信息公开的内容包括编制前的公开，即公开制定规划的依据，也包括编制过程中的公开，例如公开规划的草案，还包括制定后的公开即公开已确定的规划，并解释争议焦点。第二，公众参与制度在水资源综合规划中体现在两个阶段，一是规划拟定阶段，例如以调查问卷等方式征求公众意见；二是规划确定阶段。这一阶段，公众已掌握比较充分的资料并形成独立判断，听证成为吸纳公众参与的主要途径。水资源综合规划的制定涉及较多的立法事实和利益判断，因此需要规划机关在发挥自主理性的基础上，允许公众就水资源规划的事实基础和制度选择提出异议，并对异议予以斟酌考量。

信息公开制度与公众参与制度在国外水资源综合规划制定过程中得到广泛应用。例如，法国流域水资源规划的审批程序有：流域水资源管理局董事会通过水管局制定规划

① 王名扬:《英国行政法》，中国政法大学出版社 2004 年版，第 152 页。

草案并递交至流域委员会；流域委员会征求社会各界意见和建议，然后提出权威意见并返回水管局董事会；流域水资源管理局根据意见对规划进行修改，并将修改后的规划报流域委员会和法国环境部，同时将修改意见公布于众，以便进行讨论，法国环境部审定规划，流域委员会再次进行审查并决定是否批准该规划；若规划得以批准则通过流域水资源管理局实施。澳大利亚流域水资源管理规划的制定也有如下程序：制定规划初始框架并公之于众以展开讨论；水管理局根据建议准备规划内容并邀请公众讨论，然后考虑所有意见酌情修改规划内容；水管理局再次邀请公众讨论并举行会议制定规划草案；草案完成后再次邀请公众讨论并举行会议讨论，然后将草案递交给部长委员会；部长委员会集体协商后提出建议；水管理局根据建议修改规划草案并再次递交部长委员会，部长委员会进行深入磋商，决定是否采用该规划。由此可见，水资源规划从草案的提出到最终成形，涉及众多的部门和程序，是一个相当复杂的过程。因此，必须有严格的程序设定，以保证规划制定、审批过程的民主性和科学性。此外，印度在 2010 年由非政府组织，即果木克可持续发展环境联合会完成了韦恩根格河水资源统一开发与管理规划的编制，标志着印度政府水资源管理观念的重大变化以及水资源规划编制过程的更加透明。[①] 印度由非政府组织参与甚至完成水资源规划的编制，这一点值得我国加以借鉴。

其次，水资源国家所有权的关键性制度还包括协调协商制度、调查评价制度、监督管理制度等。关于水资源协调协商制度，其内容有参与流域水资源分配、对用水矛盾的协商仲裁等内容。关于水资源调查评价制度，主要是指水资源调查评价和价值核算，包括相关水资源调查评级和机制核算制度，例如对水资源的经济、环境和生态价值进行评估的制度，对水资源的调查评级制度，对水资源可利用量估算制度，对水资源演变情势分析制度等。关于水资源监督管理制度，主要是指水资源配置的决策、监督体制和机制，体现为水资源宏观调配体制、流域管理体制和区域水管理体制的制度。这一部分内容前文已涉及或者在后文将专门阐述，因此此处不再赘述。

（三）水资源集体所有权

前文已述，水资源所有权主体除国家之外，还应当包括集体，即农村集体经济组织。

---

① 为发展韦恩根格河流域经济，印度通过协商人共同参与的方式，在恒河发源地成立了果木克可持续发展环境联合会，其成员浦那市启动了水资源统一开发与管理规划的编制开发工作。2010 年 6 月，韦恩根格河流域的马哈拉施特拉邦水利部正式加入可持续发展环境联合会。可持续发展环境联合会组织了两轮咨询专题讨论会，专题讨论会邀请来自工业、城区、政府机构的代表参加。会议的目的是听取利益相关者代表的建议和意见，并通过收集基本数据和投资项目计划形成子规划，进而形成主规划以及利益相关者和水行业政府机构之间的信息交换系统，最终启动规划制定。这是印度政府第一次选择让非政府组织——果木克可持续发展环境联合会作为印度西部地区水伙伴的一个协调机构去完成韦恩根格河水资源统一开发与管理规划的编制。

其一，关于水资源集体所有权，其法律性质属于“总有”。“总有”所有权的行使受到集体的制约，总有成员和其集体对总有土地具有抽象的统一支配权，总有成员按照“平等自愿，决议一致”的原则行使所有权，总体成员对水资源享有收益权。其二，农村集体经济组织的界定，与其所有水资源相关。如某一处水资源利用范围覆盖一村，则该水资源所有权属于村农民集体所有；如某一处水资源利用范围覆盖了某几个乡镇，则该水资源所有权属于这几个乡镇集体所有。

二、水资源使用权制度

水资源使用权制度内容广泛，包含了水资源使用权的分配、取水管理、节水管理，以及持有者的权利保护四个方面内容。

（一）水资源使用权的分配制度

从内容上看，水资源使用权的分配制度主要有初始分配制度、民主协商制度、预留水权制度、生态需水保障制度。

1. 关于水资源使用权的初始分配制度

水资源使用权的初始分配是指水资源所有权的主体或者其管理者分离水资源所有权的部分权能，从而使用水户取得水资源使用权的过程。我国在流域层面的初始分配制度的探索与建设相对较早，例如，制定了1987年《黄河可供水量分配方案》、1998年《黄河可供水量年度分配及干流水量调度方案》和《黄河水量调度管理办法》等。2008年《水量分配暂行办法》颁布，标志着我国的水资源使用权初始分配制度的基本建立。但是，从现行规定和实践来看，我国水资源使用权初始分配制度仍存在一些问题。例如就《水量分配暂行办法》而言，其计划经济的色彩仍比较浓厚，政府职能的定位尚不合理；同时规定过于原则化，并未体现出具体、合理的分配方法。因此《水量分配暂行办法》也只能是一种过渡性的制度安排，尚需进一步完善。而完善的途径可以从两方面进行，一是确立明确的分配原则，二是明晰分配过程中政府的职能，三是完善分配的基本层次。

第一，完善水资源使用权分配制度的基本原则，包括分配公平原则、分配优先原则和分配效益原则。由于水资源的自然属性和社会属性，每个公民都应当平等地享有使用水资源的权利。水权作为一种用益物权，任何私人均可依法取得。2005年水利部《关于印发水权制度建设框架的通知》就强调，在水权配置过程中应将“充分考虑不同地区、不同人群生存和发展的平等用水权，并充分考虑经济社会和生态环境的用水需求”作为水权制度建设的一项基本原则。亦有学者指出，“水权作为一种对水资源的使用和收益权，可以为任何私人所拥有”①。因此，水资源使用权的初始分配首先应以分配公平为基本原则。分配公平既包括程序公平，即初始分配的程序、依据和原则，分配方案必须公开透明，也包括结果公平，即用水户得到的初始水权与其需求量能够相匹配，在水质水量方面获得公平的保障。只有坚持分配公平原则，才能保证每个用水者在分配中的地位平等以及实现分配公平、权利公正、权益公正等权利。换言之，初始分配必须以公平分配、保障安全为基础最大限度地追求水资源利用的效率。此外，分配公平还包括综合考虑经济发展需求与水资源合理利用的平衡，保障水资源分配的代际公平。以江苏省为例，其总体分配的水权所规定的全部水量不能超过多年平均可利用水资源量，其下属各市县总体分配的水权所规定的全部水量不能超过多年平均可利用水资源量，同时还要对地下水的开采进行总量限制。

分配优先原则，是指在某些特殊情况下的特殊分配次序。对于不同类型用水的分配次序，须合理安排，从而避免或协调用水人之间的利益冲突。我国《水法》第 21 条第 1 款规定：“开发、利用水资源，应当首先满足城乡居民生活用水，并兼顾农业、工业、生态环境用水以及航运等需要。”《取水许可和水资源费征收管理条例》第 5 条第 1 款亦有此规定，并在第 2 款规定，省、自治区、直辖市人民政府可以依照条例规定的职责权限，在同一流域或者区域内，根据实际情况对各项用水规定具体的先后顺序。然而，其中规定的内容并不明确，例如，当“农业、工业、生态环境用水以及航运等”出现用水冲突时，优先位序的确定缺乏法律依据。那么，在缺乏明确规定的情况下，往往可能造成各地区及各部门从各自管理的职能出发确立水权取得优先位序，从而对水权取得进行分割管理。② 以用水目的为标准进行划分，用水类型可以分为居民生活用水、市政用水、农业用水、工业用水、水利用水、娱乐用水、生态用水，其优先序位为居民生活用水、生态用水、农业用水、工业用水、娱乐用水及其他类型用水。以时间和地域为标准划分，则其优先序位为占用水资源使用权时间在先者优于在后者，同时兼顾考虑水源地、上游地区以及距离较近地区分配水资源的优先权。在优先权原则的基础上，还应尊重历史用水习惯，避免不必要的混乱和纠纷。同时，从原则上讲，后位序水权的主体不得受让前位序水权，如不允许市政当局为现在和将来的工业、高尔夫场地和公园草地的用水而受让灌溉水权。③

---

① 裴丽萍：《可交易水权研究》，社会科学出版社 2008 年版，第 51~52 页。

② 单平基：《水权取得及转让制度研究——以民法上水资源国家所有权之证成为基础》，吉林大学 2011 年博士学位论文，第 82 页。

③ 崔建远：《水权与民法理论及物权法典的制定》，载《法学研究》2002 年第 3 期。

分配效益原则，则是指水资源使用权的初始分配在追求公平的同时，也应当重视经济效率的最大化，实现包括经济效益、社会效益和生态效益在内的总体效益最大化和高效性。需要注意的是，获取最大的经济效益虽然是水权配置的一个重要考量因素，但是并非法律的首要目的。正如蒂瑞克所言："虽然经济效益是评价一项水资源工程资金耗费的一种方法，但它并不能支配水资源分配。项目选择和授权中还有一些其他因素，而这些因素不能在经济分析中货币化（如：环境质量、地区发展和社会福利）。"[①] 因此，水权配置过程中绝不能使分配效益原则超越公平和优先原则，以使任何人都能够以适当的方式平等地享有取得水权的机会。

第二，关于水资源使用权初始分配中的政府职能。作为水资源国家所有权的行使主体，政府在水资源使用权初始分配中发挥重要作用。作为水资源分配法律法规的制定者、水资源初始分配方案的设计者和执行者，政府的作用贯穿于初始分配过程的始终。但是从目前来看，在水资源使用权初始分配领域，存在政府失灵现象。

其一表现为政府在初始分配中偏离公平原则从而造成宏观和微观上水资源配置效率较低。这一缺陷表现在多个方面：在不同用水类型的使用权分配方面，政府为了片面追求经济效益而挤占居民生活用水、生态用水来支持各种生产用水；在同一用水类型的使用权分配方面，区别对待城乡居民生活用水的指标分配；在可持续发展方面，政府过多强调当代人的用水权益而忽视了后代的平等用水权益等。

其二表现为政府在初始分配中的内部性倾向。以"寻租"为例，通常认为，"寻租"行为之所以发生，是因为某些公职人员掌握或者垄断了某种资源并且拥有如何分配这些资源的处置权。[②] 水资源使用权的分配实际上也是一种利益分配，在分配过程中存在不同的利益主体和利益需求。不同的利益主体例如从流域各省域之间到各市域、县域之间，直至各具体用水户之间都会存在相关利益的争夺，从而很有可能存在利益主体为谋取更多利益而作出对政府决策或政府官员施加影响的"寻租"行为。

其三表现为政府在初始分配中的地方化、部门化倾向。目前，我国对水资源实行流域管理与行政区域管理相结合的管理体制。在水资源使用权初始分配方面，流域管理机构承担着以流域水资源的特征为基础将水资源使用权在流域各省、自治区、直辖市之间

① John R. Teerink, "Water Allocation Methods and Water Rights in the Western States, U.S.A.", in John R. Teerink and Masahiro Nakashima, *Water Allocation*, *Rights and Pricing: Examples from Japan and the United States*, The World Bank Press, 1993, p.13.

② 吴敬琏：《腐败：权力与金钱的交换》，载《经济社会体制比较》编辑部编：《腐败：权力与金钱的交换》，中国经济出版社 1993 年版，第 1~9 页。

进行合理配置的职能；各行政区域管理机构承担着同流域管理机构协商制定水使用量权分配方案，并在方案确定后将其所获得的水使用量权进一步细分的职能。这一过程中，如果缺乏有效制约，就可能出现各行政区域管理机构为追求本地区用水利益而采取不正当手段，如虚报需求量等，以争取更多的水资源使用权的情况，从而与分配公平、分配效益原则相违背。

由此可见，政府在水资源使用权初始分配领域的职能需要进一步完善。一是确定政府在初始分配中的职能应定位为宏观调控、监督制约和安全保障。所谓宏观调控，即在初始分配的整个过程中，政府应当从水资源的总体出发，综合协调流域上下游，左右岸，不同地区、行业、部门的用水需求对用水进行总量控制和定额管理。所谓监督制约，即政府应当对初始分配过程包括初始水权分配制度的合理与否、初始分配程序的正当与否进行监督和管理，以保证水资源使用权初始分配过程的公正、公开和透明。所谓安全保障，即在初始分配之后政府还应当保护分配结果以保障用水户的合法用水权益并惩戒侵犯他人合法权益的取用水行为。

第三，完善分配的基本层次。2008 年《水量分配暂行办法》第 3 条规定“本办法适用于跨省、自治区、直辖市的水量分配和省、自治区、直辖市以下其他跨行政区域的水量分配”。因此，目前我国的水资源使用权初始分配的制度规定实际上只是解决了区域间的水资源使用权分配问题。如此一来，区域以下的使用权分配仍然是以行政为主导，无法保证分配的公平和明晰，甚至将进一步导致政府失灵。因此，水资源初始分配不应仅局限于水资源在区域间的分配，还应在更深的层次上发展，从而建立具体用水户间的公平、明晰的分配机制。水资源使用权初始分配应该是自上而下、多层次的体系，包含三个层次，即国家层次、区域层次和用户层次。国家层次是指水资源使用权由中央管理部门向大流域进行分配，区域层次包括流域监管部门在各行政区域间的使用权分配和各级行政区域在下一级的行政区域间的使用权分配，用户层次是地方水行政主管部门在最终用户间的分配。从这个意义上说，水资源使用权初始分配的实质是对同一层次及不同层次之间各用水主体利益关系的协调。

2. 关于水资源使用权初始分配的民主协商制度

民主协商的优势在于克服单一主体决策的有限理性，化解利益冲突，实现参与权利，促进利益和谐。水资源使用权的初始分配涉及各流域、各省（自治区、直辖市）、各用水户等其他利益相关者之间多方主体的利益分配和调整，需要各利益方就初始分配涉及的重要问题进行多层次、多形式协商，因此应当以平等参与、公平公开为原则建立水资源使用权的民主协商制度，从而保证初始水权分配的民主化以及全局利益和局部利益的协调。协商的具体形式可以体现为组建初始分配协调委员会，由所涉相关利益主体，例如行政管理部门、社会中间组织、对区域经济发展有重大影响的大型用水户、公共利益代表等组成。各参与方地位平等，通过召开初始分配协商会议的形式就初始分配的主体、对象、范围、依据、原则和程序，初始水权的用水类型与拥有期限，各区域用水总量控制指标、可分配的水量、各类用水定额等有关事宜进行民主协商。但正如有学者指出的，这一协商制度也存在缺陷。在实践中，协会之间、部门之间，以及各行业之间的水权分配矛盾实际上是较难统一协调的。因此，民主协商制度需要与行政分配制度相结合，共同构成我国水资源使用权的初始分配机制。

3. 关于水资源使用权初始分配的预留水量制度和生态需水保障制度

由于不同地区经济发展程度不同、需水发生时段不同，且人口变迁等原因都会产生新的水量需求，因此，水资源使用权初始分配需留有余量，按照一定比例（例如3%~5%）预留适当的机动水权以用于生态环境应急、水市场应急和国民经济应急。

稳定健康的生态环境和生态系统离不开一定数量和质量的水资源的供应，因此需要建立确定的制度满足和保障生态环境用水。可以设置生态需水的三个级别：一级水资源使用权包括重点环境用水单位、比较重要的公共环境需水以及天然生态最低需水；二级水资源使用权包括城市绿地、公园、水土保持天然生态恢复的一般需求；三级水资源使用权包括保障生态环境改善较充分需求。其后根据水资源可利用量的情况进行分配。

（二）水资源使用权的取水管理制度

水资源使用权的取水管理制度主要包括取水权管理制度，例如取水权许可、再生水管理、调水工程供水管理等，以及水资源有偿使用制度即水资源费征收管理制度等内容。其中最为核心的制度有取水许可制度和水资源有偿使用制度。

1. 关于取水许可制度

相对于传统河岸权规则、先占规则、绝对所有权规则的衰落，现代取水许可制度正日益兴起。美国学者斯普林克林指出："历史上，水权系通过私人行为而取得，要么通过取得河岸地而取得，要么通过有益用水而取得。如今多数州都对取得水权的过程实施行政管理，一般要求新的使用人必须取得地表水的引用许可证。"[①] 在美国，2004年西弗吉尼亚州通过修订《水法》设定了取水许可制度，以对传统的普通法水权取得规则进行调

①［美］约翰·G. 斯普林克林：《美国财产法精解》，钟书峰译，北京大学出版社2009年版，第495~496页。

整。[①] 同时，美国越来越多的州通过制定法来规范针对地下水资源的水权取得规则。在这些州，制定法所确立的水权取得规则通常是以先占规则为模式，但抽取地下渗透水必须取得许可证。[②] 在英国，1991 年《水资源法》第 57 章第 24 条规定，抽水和节水的人必须取得用水许可；[③] 许可证确定了取水数量和用水目的，拥有毗邻河流的土地之人或者其他人都可以申领许可证。[④] 法国《水法》第 8 条规定，水权取得应当遵循“为了满足不同用水用户需求所需的水分配原则”。在制度实践中，用水人必须经过许可方能取水。[⑤] 日本针对地上水资源之水权取得采取行政许可的方式。日本《河川法》第 23 条规定：“凡占用河川水流者必须根据建设省令的规定取得河川管理者的许可。”

在我国，水权的取得方式主要有两种：一是一般情况，根据《水法》等相关法律规范规定，水权的取得原则上须经申请，获得行政许可后方可设立。《水法》第 48 条规定，直接从江河、湖泊或者地下取用水资源的单位和个人，应当按照国家取水许可制度和水资源有偿使用制度的规定，向水行政主管部门或者流域管理机构申请领取取水许可证，并缴纳水资源费，取得取水权。二是例外情形，即《水法》第 7 条规定的“农村集体经济组织及其成员使用本集体经济组织的水塘、水库中的水”无须经过行政许可；依据《取水许可和水资源费征收管理条例》第 4 条第 1 款规定，家庭生活和零星散养、圈养畜禽饮用等少量取水、为保障矿井等地下工程施工安全和生产安全必须进行临时应急取水、为消除对公共安全或者公共利益的危害临时应急取水以及为农业抗旱和维护生态与环境必须临时应急取水的情形不需要经过行政许可。

由上可知，在目前我国水资源国家所有权的前提下，农村集体经济组织及其成员从本集体经济组织的水塘、水库中取水的行为并不需要行政许可。显而易见，在本书所设定的水资源集体所有权的情形下，农村集体经济组织及其成员因为直接享有水资源的所有权亦无须再办理取水许可和执行水资源有偿使用制度。但是其他性质的水库水资源使用权的取得，仍需要依法实施取水许可和水资源有偿使用制度。

---

① West Virginia Water Code 2004，Chapter 22，Article 26，Section 3.

② [美] 约翰·G. 斯普林克林：《美国财产法精解》，钟书峰译，北京大学出版社 2009 年版，第 497~498 页。

③ U. K. Water Resources Act 1991，chapter 57，section 24.

④ U. K. Water Resources Act 1991，chapter 57，section 27-46. 同时，英国国家河流管理局（the National Rivers Authority）可以变更或取消用水许可，但是若许可证的变更或取消使许可证持有人已经开始的工作归于失败因而招致了费用损失，或者遭受了直接归因于这种取消或变更的损失或损害，管理局要给予赔偿。U. K. Water Resources Act 1991，chapter 57，section 61（1）.

⑤ See James Gordley，*Foundations of Private Law：Property*，*Tort*，*Contract*，*Unjust Enrichment*，Oxford University Press，2006，pp.126-128.

对于取水申请的许可，根据《水法》和《取水许可和水资源费征收管理条例》的规定，我国取水许可实行审批制。例如《取水许可和水资源费征收管理条例》第10条第1款规定："申请取水的单位或者个人，应当向具有审批权限的审批机关提出申请。申请利用多种水源，且各种水源的取水许可审批机关不同的，应当向其中最高一级审批机关提出申请。"第14条第1款规定："取水许可实行分级审批。"但是取水许可的审批制设置有待改进。如前文所述，取水权是水资源使用权的表现形式之一，与占有、收益权共同构成水资源使用权利体系。《民法典》规定，取水权属于用益物权的范畴，因此《民法典》实际上确认了取水权的民事权利属性，这就意味着其权利主体只要不违反国家法律、行政法规强制性规定以及社会公共利益，就可以根据自身实际情况和市场环境，自由地安排其权利内容和实现方式。如此，一方面，这对于保护取水权人的合法权益、实现其合法利益最大化进而促进水资源的可持续利用有着重要意义。另一方面，包括国家行政机关在内的第三人必须尊重取水权人的合法权益，不得不当干涉；如因不当干涉而造成权利人损失，则必须承担民事损害赔偿责任。此外，取水权的民事权利属性要求国家立法机关在制定法律法规时必须尊重取水权作为民事权利应有的权能和行使方式，只要不损害社会公共利益，不得加以限制和剥夺。根据取水权的民事权利属性，政府对取水权的行政许可应当实行核准制而不是目前的审批制。核准制与审批制有相异之处，核准制尊重了取水权的民事权利特性，政府并不主动干预或主导取水申请人的申请行为；只要申请人的条件符合法律相关要求，政府主管部门应予以确认。而与核准制相比，审批制则带有浓厚的行政色彩，政府对取水权的设立起主导决定作用，政府及其工作人员享有的自由裁量权较大；取水申请人是否符合申请条件，由政府主管部门进行实质审查认定。因此，相比较而言，核准制比审批制缩小了行政不当干预的潜在空间，更能体现其对取水权民事权利属性的尊重，既遵循了市场经济自由竞争原则，也符合《民法典》的立法精神。此外，对于一些影响较小、涉及公共利益范围不大的取水申请，还可以采用备案制。

在获得水资源使用权许可之后，须设立权利公示制度，这是解决水权冲突的重要依据。但是目前我国立法缺乏对水权取得公示方式的规定。例如《民法典》第329条虽对取水权进行了规定，但对取得取水权的公示方式却未提及。其他相关立法亦未从民法的角度对水权取得的公示方式进行规定，这既不利于保护水资源使用权，也构成了水权流转的制度障碍。因此，必须明确公示方式。一方面，从理论上看，"法律就是以这些生活经验为其规范基础，当然对其也有所变化，并予以类型化：在动产物权中占有是公示之手段，而在土地中则有官方之记录，亦即土地登记簿，取代占有而成为公示手段”[①]。民法理论亦规定不动产物权的公示方式为登记，动产物权的公示方式是占有。而水权作为一类不动产用益物权，应以登记作为公示方式。另一方面，从各国、各地区立法来看，亦是以等级作为水权取得的公示方式。例如，在美国，“水资源引取和利用要通过水权系统进行登记，从而明确用户和用途，确定用水量，并决定可分配的水资源。当水权经过法律登记后，优先权就随之建立。水权登记系统为确认哪些用户和用水可能受拟议中的改变河道水质水量的行动所威胁或损害，提供了一条途径”[②]。从这两方面来看，正如崔建远所认为的，“因水权为准物权，并属于不动产权益，具有绝对效力，基于交易安全的要求，水权转让以到水管部门办理完过户登记手续为生效条件。初始分配水权，须有初始登记；水权转让，则有过户登记”[③]。所谓水权登记制度，即指水资源权利人在人占有、利用自然资源时必须进行相关登记的法律制度。

2. 关于水资源费征收管理制度

我国《水法》第55条规定：“使用供水工程供应的水，应当按照规定向供水单位缴纳水费……”第48条第1款规定：“直接从江河、湖泊或者地下取用水的单位和个人，应当按照国家取水许可制度和水资源有偿使用制度的规定，向水行政主管部门或者流域管理机构申请领取取水许可证，并缴纳水资源费，取得取水权。但是，家庭生活和零星散养、圈养畜禽饮用等少量取水的除外。”可见，《水法》规定可收取的费用包括水费和水资源费。此处仅就水资源费进行探讨，水费则在后文水价部分予以研究。就当前实践来看，水资源费的征收管理存在很多问题。一是缺乏统一合理的标准。水资源费的征收标准由地方政府确定，缺乏理论依据和清晰的概念体系，导致实际征收效果较差；二是缺乏制约手段和法律依据。《水法》及相关法律法规仅明确了征收水资源费的若干情形，但是对于拒不缴纳水资源费的行为也仅规定了缴纳滞纳金和罚款的惩戒措施，从而带来执行上的难度；三是缺乏规范的资金使用机制。由于水资源费的使用不科学，因此既无法满足污染治理的资金需要，也容易造成资金的体外循环。[④]

本书认为，应当对目前的水资源费进行分解。一方面，水资源费制度应当向水资源

---

① ［德］鲍尔·施蒂尔纳:《德国物权法》(上册)，张双根译，法律出版社2004年版，第61页。

② John R. Teerink, “Water Allocation Methods and Water Rights in the Western States, U.S.A.”, in John R. Teerink and Masahiro Nakashima, *Water Allocation, Rights and Pricing: Examples from Japan and the United States*, The World Bank Press, 1993, p.19.

③ 崔建远:《水权转让的法律分析》，载《清华大学学报(哲学社会科学版)》2002年第5期。

④ 刘柄秀:《我国实行水资源税的可行性》，载《改革与开放》2007年第7期。

税制度迈进，这是制度发展之必然趋势。大多学者亦主张以税代费，开征水资源税，并从理论依据、法律依据、必要性和可行性等方面进行了研究。[①] 另一方面，应当从水资源税中分离出水资源使用权出让金和水资源税。所谓水资源使用权出让金，是指国家和集体将水资源使用权出让给水资源使用者，并向受让人收取的国家和集体放弃若干年水资源使用权的全部货币或其他物品及权利折合成货币的补偿，这是因取得使用权而产生的必然结果。之所以主张收取出让金，理由有三。

第一，单一的水资源税（费）无法弥补水资源开发带来的负面影响。例如各大电力公司纷纷将大江大河划入自己的开发范围，很多私人投资者在江河的源头山区围坝圈水、开展小型水力发电。这种现象的负面影响日益突出，例如水资源利用粗放导致环境污染严重、干旱缺水问题越来越突出，生态环境日益遭到破坏等。而目前相对低价的水资源费根本无法弥补水资源开发带来的负面影响。[②]

第二，在单一水资源税（费）的情形下，提高征收标准的做法固然能够起到一定程度的弥补作用，但是由于会对激励业主努力经营带来负面影响，因此单一的水资源费不符合经济学中的"产权追逐效率"原则。[③] 同时，如果只采取单一出让金的形式，则过高的出让金必然会加大业主的经营风险而导致无人问津，水能资源就得不到有效开发；而过低的出让金必然损害国家的产权收益，导致社会不公平和不稳定。

第三，水资源费的改革已有实践基础。在出让金制度方面，浙江省 2002 年出台了《浙江省水电资源开发使用权出让暂行办法》；湖北省 2006 年出台了《湖北省人民政府关于加强水能资源开发利用管理的意见》；福建省 2005 年出台了《加强水能资源开发利用管理规定（试行）》；重庆市 2007 年出台了《重庆市水电开发权出让实施细则》；等等。同时收取水资源开发权有偿出让金和水资源费，即先通过拍卖、协议等方式收取出让金，将水能资源有偿出让给开发者，在水资源开发使用过程中再收取水资源费用。这已为全国范围内的制度变迁提供了坚实的基础。在水资源税费改革方面，2016 年 3 月，财政部、国家税务总局发布《关于全面推进资源税改革的通知》，水利部率先在地下水超采严重的河北省进行试点；2017 年 12 月，水利部联合财政部和国家税务总局出台《扩大水资源改

① 参见张彦军、魏健：《水资源税研究》，载《华北水利水电学院学报（社会科学版）》2006 年第 4 期；周国川：《国外水资源保护税税制比较研究》，载《水利经济》2006 年第 5 期；王敏、李薇：《欧盟水资源税（费）政策对中国的启示》，载《财政研究》2012 年第 3 期；廖霞林、路桥：《我国征收水资源税的法律思考》，载《安徽农业科学》2013 年第 2 期。

② 这种水资源税（费）的弥补作用只是一个方面，更重要的是对目前的水资源粗放利用予以治理以达到水资源的可持续开发利用。

③ 高登奎、沈满洪：《水能资源产权租金的必然分解形式：开发权出让金和水资源费》，载《云南社会科学》2010 年第 1 期。

革试点实施办法》，将水资源税改革试点扩大到北京、天津、宁夏、山东、内蒙古、四川、山西、河南、陕西 9 个省（自治区、直辖市）。

从域外实践来看，国外的水资源税费制度相对完善。例如，英国取水者在申请取水许可时，不但要缴纳一次性的申请费，每年还要缴纳相应的水资源费，其中申请费相对固定，但水资源费却是变化的，其收费标准根据英国环境署预算的财政支出而逐年调整，即英国的水资源费政策主要以回收行政费用为目标，并不体现取水的环境成本或其他的外部成本。在德国，其水资源税政策主要是以补偿某个群体经济利益因环境改善政策受到的影响为主要目标。由于德国联邦政府没有关于水资源税的统一规定，各州政府在制定地方性水资源税费政策时有很大的自由度。1988 年德国巴登 – 符腾堡州成为德国第一个征收水资源税的州，征收的主要目的是要用税收收入补偿当地农民在流域内限用化肥而产生的损失。①1989 年汉堡州采用了不同于巴登 – 符腾堡州的原则和规定，仅对取用地下水资源者征收水资源税，水资源税的大小则按取水许可证上授予的取水量来计算，只有当实际取水量超过许可授予的取水量时，税率才按实际取水量来计算。②法国水资源费政策则以增加财政收入为主要目标，如果公司、个人的行为造成了水质恶化，或在自然界取用水资源，或改变了流域的水环境，都需要支付相应的费用。其水资源费的收取以用水户抽取水量和消耗水量的多少为标准。荷兰水资源税政策以节约使用地下水和增加财政收入为主要目标。其水资源税的征收以实际取水量为标准，包括两种类型：地方政府向企业征收地下水取用税以增加地方财政收入，以及国家对取用地下水资源者征收的水资源税。由此可见，国外的水资源税费制度首先有着明确的制度目标。每个国家根据本身的水资源状况和水资源管理制度制定各不相同的目标，其后根据这些目标，再制定科学合理的水资源税费标准。

水资源税的施行有利于促进水资源的高效利用，也有利于推动水资源保护与管理。我国水资源费制度应当向水资源税制度方面迈进。第一，明确水资源税的制度目标。如果将水资源税作为节水减污的手段，则属于资源管理目标；若作为新兴税源满足税收规模最大化，则属于收入目标。但是在实践中往往会出现重视收入目标忽略资源管理目标

① 巴登 – 符腾堡州资源税政策规定，年取水量低于 2 000 立方米的企业和个人无须缴纳水资源税，年取水量介于 2 000 立方米到 3 000 立方米的企业和个人可获得 50% 的水资源税折扣，德国《联邦水管理法》和《巴登 – 符腾堡州水法》中规定的一些无须取水许可的取水行为，无须交水资源税。其水资源税标准对不同水源和不同取水用途做了区分，并按实际取水量向企业和个人征收。

② 汉堡州的水资源税标准按照不同的地下水质量和取水户来区分，取用水质好的地下水比取用含氧较高的浅层地下水要缴纳更高的水资源税，而公共供水取水的税率一般低于其他取水的税率。对于年取水量少于 1 万立方米的用户以及其他一些特殊情况，免征水资源税。

甚至将资源管理目标异化为收入目标的情形。因此，在制度目标设计时，应确立资源管理目标与补偿目标相结合的机制，亦即，以节约水资源、减少水污染，且补偿贫困群体或低收入群体的经济利益因环境改善政策受到的影响为主要目标。第二，明确水资源税的税种。应当将取水和排污统一起来归入水资源税之中：对所有排放污染物的单位和个人开征水污染税（包括地下水与地表水）；对抽取地下水的单位和个人征收使用地下水资源税；对利用地表水资源营利的企业征收取水税。第三，水资源税的缴纳标准。在制定标准时，既要反映市场上水资源供给需求状况，又要反映水资源丰歉和季节的差异，还应当体现政府宏观调控目的。因此，应先确定一个适当的税率水平适用于大部分地区，在此基础上允许根据地区差异上下浮动，具体的税率根据各地的实际情况设定。

水资源税改革涉及方方面面，需要相应的制度保障才能顺利推进。例如，取水许可制度为水资源税征收提供准确的用户信息和量测标准，水价改革为水资源有偿使用提供标准和依据，水权市场改革与水资源税改革则互相促进，协调发展。①

（三）水资源使用权的节水管理制度

从立法层面来，《宪法》《水法》《农业法》《清洁生产促进法》《循环经济促进法》等法律，以及《城市供水条例》《取水许可和水资源费征收管理条例》《水文条例》《抗旱条例》《太湖流域管理条例》《关于实行最严格水资源管理制度的意见》等法规都规定了有关节水的内容。但是总的来看，存在一些问题。一是立法位阶不够。目前专门性节水立法只有住房和城乡建设部颁布的《城市节约用水管理规定》，其适用范围较窄，立法位阶较低。有关的节水内容分散地体现在法律、行政法规、部门规章之中，甚至还体现在数量庞大的地方性法规，地方政府规章，各级政府规划、指导意见、规范性文件中，且相关立法条款过于原则而缺乏针对性和可操作性，导致实践中执行难度较大。二是立法内容欠缺。作为专门性节水立法的《城市节约用水管理规定》将农村和农业节水问题排除在外，而农业生产、农民生活用水比重较大、水价较低、用水粗放、漏损严重的现象正亟须立法予以规制。三是法律责任不完善。例如《水法》中仅有 3 个条款设定了节水法律责任，欠缺针对性和威慑力。在节水立法方面，可以借鉴国外节水单独立法的经验，例如美国《节水规划指南》、日本《节约用水纲要》，制定节水法或节水条例。其内容包括总则、计划用水、节水措施、节水研究与推广、节水宣传教育、监督管理、节水奖励、法律责任和附则等。② 从制度来看，应当建立节水型社会指标体系，建立节水设施、再生

① 董延军等：《贵州省水资源费改税面临问题及对策研究》，载《中国水利》2019 年第 8 期。

② 陈红卫、陈蓉：《我国节水立法的现状分析与对策》，载《水利发展研究》2012 年第 9 期。

水利用设施的“三同时”制度，建立水资源和水环境保护的相关制度，例如排污浓度控制与排污总量控制制度，污水处理设施的“三同时”制度，河湖滨岸带建设和管理制度，河道、湖泊排水总量控制制度，建设项目水环境影响评价报告书制度，入河排污口管理制度及入河排污口设置同意书制度，污染事件责任追究制度，污染限期治理制度，排污收费制度，水环境质量公告制度等；同时，还需要建立地下水管理和保护制度。

其中，地下水管理制度体系的建立尤为重要。其核心为地下水超采制度、地下水评价与监测制度。首先，关于地下水超采制度。《水法》第 36 条虽然对超采区作了相关规定，但由于内容过于原则，仅具有指导意义而缺乏可操作性。亚利桑那州是美国第一个立法限制开采地下水的州，其 1980 年制定的《亚利桑那州地下水管理法》颇具借鉴意义。该法的特点一是根据地下水开采的程度不同将地下水区域划分为特别管理区、非拓展灌溉区，且在不同的区域采取不同的措施；二是限制地下水农用。以其为借鉴，我国水资源法对地下水也应当按照一定标准划定限制开采区与禁止开采区。现行立法对限制开采区和禁止开采区并没有列出划分标准，但学者对此多有研究，例如有学者明确提出划定禁止开采区的五个标准和划定限制开采区的四个标准。① 此外，在超采责任的承担方面，我国立法亦需要改进。美国《亚利桑那州地下水管理法》规定，超额开采地下水的主体将会被登记在册，并被赋予回灌的义务。而我国《水法》和《水污染防治法》及其实施细则中虽然有对人工回灌的零散规定，但是并没有将人工回灌作为超采地下水的情形予以规定。在立法上，将人工回灌作为超采地下水承担责任的方式之一，可以使有效地利用人工回灌方式恢复地下水资源成为可能。②

其次，关于地下水评价与监测制度。地下水评价制度是地下水保护的重要制度之一，各国均予以重视。例如美国在关于修改《2011 年美国与加拿大间大湖水质协定》的议定书中明确规定，缔约方应确定受污染的地下饮用水源现有的和潜在的水源；绘制邻近受污染地下饮用水源现有的和潜在的水源地水文地质状况；制定地下饮用水源中污染物抽样和分析标准方法与统一程序。③ 我国水资源法也应当建立起完善的地下水评价机制：一是完善地下水评级的内容，包括地下水水量的评价、地下水水质的评价、开采技术条件的评价、环境效益的评价、防护措施的评价。二是扩大地下水评价的区域范围，规定对跨行政区域开发利用地下水活动的评价和可能对相邻行政区域产生环境影响的开发利用

① 王建文、熊敬：《我国地下水管理主要制度的构建》，载《河海大学学报（哲学社会科学版）》2012 年第 2 期。
② 王建文、熊敬：《我国地下水管理主要制度的构建》，载《河海大学学报（哲学社会科学版）》2012 年第 2 期。
③ 蓝楠：《美法等国地下饮用水源保护法律规定的启示》，全国环境资源法学研讨会 2008 年论文。

地下水活动的评价。三是地下水评价程序必须公开，其结果也必须向社会进行公开。

地下水监测网和信息共享机制是管理和保护地下水必不可少的制度之一。这一机制在国外已较为完善。例如在荷兰，其地下水监测网的监测点根据目的的不同分为为政府管理服务、为用水工业和供水公司服务、为土地管理服务，以及用于研究目的的监测点。以此为借鉴，我国可以建立一个地下水监测信息共享平台，以供地下水管理的相关部门、地下水研究者和公众获取最新信息。然而，目前我国地下水监测网覆盖范围较小，技术手段比较落后，经费也不足以进行相关研究。因此，有必要加强地下水监测网的基础建设，完善监测网系统，为地下水管理提供全面、准确的信息。①

（四）水资源使用权的水污染管理制度

目前，我国关于水污染的相关法律规定主要见于《水污染防治法》。但其中存在不少问题，需要进一步加以完善。首先，水污染管理的目标定位不高且模糊。《水污染防治法》第1条规定："为了保护和改善环境，防治水污染，保护水生态，保障饮用水安全，维护公众健康，推进生态文明建设，促进经济社会可持续发展，制定本法。"可知，该法的主要目标在于"保障饮用水安全"，而饮用水安全仅仅是防治水资源污染的一个方面。从这个意义上看，水污染管理的目标定位于"保障水源安全"更为合适。

其次，关于排污者法律责任的规定，《水污染防治法》主要以罚款方式对排污者的违法行为进行惩罚，显然不具有威慑力。这使得在实践中很多企业宁愿承担较低的违法成本也要继续违法排污行为。因此有必要加大罚款额度，例如采取以"按日计罚"的方式计算罚款数额，增加违法者的违法成本。同时，停产整顿、限期治理等方式在企业行业属性不改变、经济结构不改变的情况下，只能对违法行为进行临时性矫正，而无法从根本上消除违法排污行为。实际上，包括水污染在内的污染治理只有从区域功能定位、产业结构调整的角度出发，才能真正落到实处。此外，《水污染防治法》第96条第2款规定，"由于不可抗力造成水污染损害的，排污方不承担赔偿责任；法律另有规定的除外。"这就意味着，在不可抗力的情形下，受害者的利益损失将无法获得补偿。而从因果关系来看，尽管是由于自然灾害等不可抗力，但如果不存在排污者的排污行为，亦不会造成受害人的利益损害。因此，应明确规定不可抗力免责的具体要件，只有在完全属于不可抗力且致害人及时采取合理措施的情形下才可以免责，否则应就因不及时采取措施而致损害扩大的部分承担赔偿责任。

最后，关于管理部门的法律责任。《水污染防治法》也设定了政府保护水环境的责任，

① 王建文、熊敬：《我国地下水管理主要制度的构建》，载《河海大学学报（哲学社会科学版）》2012年第2期。

例如第6条规定："国家实行水环境保护目标责任制和考核评价制度，将水环境保护目标完成情况作为对地方人民政府及其负责人考核评价的内容。"第80条规定："环境保护主管部门或者其他依照本法规定行使监督管理权的部门，不依法作出行政许可或者办理批准文件的，发现违法行为或者接到对违法行为的举报后不予查处的，或者有其他未依照本法规定履行职责的行为的，对直接负责的主管人员和其他直接责任人员依法给予处分。"然而以上只是针对政府及其负责人的内部处罚，对于其他责任方式，《水污染防治法》未涉及。这种权责不清、重内部处分轻法律责任的规定显然不利于遏制地方政府重视经济发展、忽略环境保护的倾向。因此，必须确立行政问责制，完善地方政府的环境法律责任，包括民事责任、行政责任，甚至针对造成重大水污染事故的决策人员，还应当依法追究其刑事责任。

三、水资源权利持有者的权利保护与救济

对水资源权利持有者的权利保护和救济可以从两个角度出发，一是从物权法的角度研究持有者权利救济问题，完善作为准物权的水资源权利的救济体系；二是从水资源法的角度研究持有者权利保护问题，完善水资源生态补偿制度。

（一）完善权利救济体系

当水资源权利受到侵害时，侵害人应当承担一定的法律责任。其具体构成如下：首先，关于水资源权利侵害行为。这是指行为人非法侵犯国家、法人或其他组织、自然人的水资源权利的行为。具体可表现为两类形式，一是侵害水资源所有权的行为，包括非法取水行为、污染水资源的行为、流失水资源行为、超量取水的行为；二是侵害水资源使用权的行为，包括妨害水资源使用权行使的行为、非法剥夺或限制水资源使用权人的水资源使用权的行为、非法侵占他人水资源使用权的行为。其次，关于法律责任体系。因侵害行为而应承担的法律责任应包括民事责任、行政责任、刑事责任、国家赔偿责任和违宪责任五种。[①] 前三种可见于物权法和相关水资源立法中。国家赔偿责任是指国家对于国家机关及其工作人员执行职务、行使公共权力损害公民、法人、和其他组织的水资源权利所应承担的赔偿责任，包括行政赔偿和刑事赔偿两部分。违宪责任则是指由于有关国家机关制定的某种法律、法规和规章，或有关国家机关、社会组织或公民从事的与宪法规定相抵触的活动而产生的法律责任，包括违反宪法关于水资源所有权的规定，以及侵犯公民的水资源权利两方面。对于可能产生违宪责任的情况，应当依据违宪审查程序进

---

① 黄锡生:《经济法视野下的水权制度研究》，西南政法大学2004年博士学位论文，第9页。

行违宪性审查。违宪行为一经确认，同宪法相抵触的有关水的法律、行政法规、地方性法规、行政规章应依法被宣布无效并撤销；相关工作人员也应承担违宪责任。

（二）完善水资源生态补偿制度

生态补偿概念的提出最初出于生态环境治理目的，发展至今，其概念经历了“生态环境治理—生态经济补偿—生态可持续发展”① 的发展过程。由于水资源生态补偿既具有经济补偿属性，又具有社会公平正义规范要求，因此它实际上是一项由多元主体参与的系统工程。对于水资源权利持有者来说，个人或区域因保护生态环境而投入或放弃发展机会，由此而产生的损失可以通过生态补偿制度获得一定的补偿。因此，生态补偿制度对于水资源权利持有者来说亦具有重要意义。在现行立法中，包括《宪法》《民法典》《环境保护法》《水污染防治法》《水法》《排污费征收使用管理条例》在内的法律法规中都有与生态补偿相关的规定。根据现行立法，我国水资源生态补偿主要是以政府付费为主。尽管这一模式在实践中较为简单易行，但其缺陷亦很明显。例如标准难以确定、管理和运作成本高、补偿资金来源单一、资金不足、生态受益者与保护者分离。

从域外水资源生态补偿实践来看，大多数国家或地区采取政府调控与市场机制相结合的补偿模式，政府以第二补偿者、管理或协调者的身份参与补偿过程，公众参与是评价或监督补偿的重要方式。例如在法国的毕雷矿泉水公司的生态补偿实践中，政府作为第二补偿者也对农民进行了补偿②；在美国纽约市与上游卡茨基尔河之间的清洁供水交易③中，政府则作为平等交易主体参与到生态补偿之中，同时政府针对利益主体进行了调查④，而公众对调查的反馈则体现了公众参与对补偿过程的评价和监督。以域外先进经验

① 肖加元：《跨省流域水资源生态补偿：政府主导到市场调节》，载《贵州财经大学学报》2013 年第 2 期。

② 20 世纪 80 年代，法国毕雷矿泉水公司为保持供水地水源的清洁，向位于流域腹地的奶牛场提供生态补偿。20 世纪 90 年代早期，为进一步保护水源，毕雷矿泉水公司与当地农民协商限制杀虫剂的使用，并采取减少水土流失的措施，为此公司向农民支付了生态补偿费用，每个农场的花费大约是 15 万多美元，支付时间长达几十年。该公司在合约期内还为农场发展提供技术支持，并承担农业设备费用，设备所有权属于公司，但农场享有使用权。在补偿过程中，政府还支付了 20%的生态补偿费用。参见任世丹、杜群：《国外生态补偿制度的实践》，载《环境经济》2009 年第 11 期。

③ 1989 年，美国环保局要求所有来自地表水的城市供水都要建立水的过滤净化设施，除非水质能达到相应要求。纽约市在建立新的过滤净化设施与保护上游卡茨基尔河生态花费的权衡下，最后决定购买卡茨基尔河流域的生态环境服务。政府决策确定后，水务局协商确定流域上下游水资源与水环境保护的责任与补偿标准，并通过征收附加税、发行纽约市公债及信托基金等方式筹集补偿资金，补贴上游环境保护主体，激励他们采取有利于环境保护的友好生产方式，以改善流域的水质。参见朱桂香：《国外流域生态补偿的实践模式及对我国的启示》，载《中州学刊》2008 年第 5 期。

④ 在这次补偿过程中美国政府针对利益主体做了一项调查，调查显示：近半数的被调查者称流域生态补偿增加了他们的经济福利，几乎所有的被调查农民都有农业之外的收入。流域生态补偿还提供了额外的经济福利，如基础设施的改进和市场帮助，这都增加了流域农场的财富和效益。见 Sara J. Scherr，Michael T. Bennett，Molly Loughney，Kerstin Canby，“Developing Future Ecosystem Service Payments in China：Lessons Learned from International Experience”，in a Report Prepared for the China Council for International Cooperation on Environment and Development（CCICED）Taskforce on Ecocompensation，2006。

为借鉴，针对我国水资源生态补偿的现状，可以做以下制度完善：其一，以法律法规形式明确水资源生态补偿中包括交易主体、实施主体和监督主体在内的主体资格，矫正目前实践中主体错位的情况；其二，明确水资源生态补偿法律关系的客体，即水资源及其生态系统；其三，明确补偿资金的筹集途径和使用方式，开拓其市场化运作的渠道；其四，明确补偿的方式，提高技术补偿的比例；其五，保障公众在水资源生态补偿中的参与权和监督权，规定多样化的参与方式。

第 2 节　水资源权利流转制度的建构

水资源权利流转，有广义和狭义两种解释。从广义上看，其包含两个层次：一是初次分配之后，处于许可有效期和使用限额内的水资源使用权的让与和取得，主要表现为取水权交易和水污染权交易；二是在经过分配的水资源经过加工制作后形成水产品在水务企业和消费者之间的交易。狭义上的水资源权利流转仅仅指向水权市场的取水权和水污染权交易，而不包括后者。本节将从狭义角度探讨水资源权利流转制度的建构。

一、水资源使用权交易的理论与现状

（一）水资源权利交易的概念与类型

关于交易的概念，康芒斯最早对其作出系统解释。他认为，交易是“个人与个人之间对物质的东西的未来所有权的让与和取得,一切决定于社会集体的规则”[①]。由于康芒斯是在私有产权制度的前提下讨论这一问题的，他将交易的主体局限于“个人”。在我国，交易的主体不一定局限于个人,还可以是集体或者政府。只要是经济主体之间对某种“物质的东西的未来所有权的让与和取得”都可被称为交易。因此，水资源权利交易就是指经济主体之间对于水资源使用权的让与和取得。

康芒斯认为,“当我们分析交易时，我们发现它们分成三种类型，可以区别为‘买卖的’、‘管理的’和‘限额的’交易。这些在职能上相互依存，并且共同构成我们比作‘运行中的机构’的整个组织。”[②] 显而易见,康芒斯的交易概念是一种广义的概念。其中，“买卖的交易通过法律上平等的人们自愿的同意，转移财富的所有权。管理的交易用法律

① [美] 康芒斯:《制度经济学》上册，于树生译，商务印书馆 1962 年版，第 73 页。
② [美] 康芒斯:《制度经济学》上册，于树生译，商务印书馆 1962 年版，第 86 页。

上的上级的命令创造财富。限额的交易，由法律上的上级指定，分派财富创造的负担和利益”[①]。

以此为依据，水资源权利交易亦可分为买卖的交易、管理的交易和限额的交易。而正如学者所言，这三种制度正代表了三种制度安排，即市场、企业与政府。[②] 从广泛的意义上看，水资源权利交易可以与其一一对应，例如，水资源使用权的初始分配即限额的交易，水资源垂直管理、企业化经营中的水务公司之间的交易即管理的交易，水市场中经济主体之间的交易即买卖的交易。本书中的交易是指狭义上的交易，即康芒斯所言的“买卖的交易”，即在水资源权利明晰前提下经济主体之间的交易。

在此意义下，水资源权利交易以时间为坐标，可以作不同类型的区分。正如学者邦妮·G. 科尔比等所言，水权的市场交易因水权的法律特征、交易与开发的成本、买者与卖者的偏好的不同存在不同的类型，可以将其分成四种基本类型：一是水权的出售（sales），即包括收益、成本、义务、风险等在内的永久性交易；二是水权的租赁（leases），即时间长度不等的暂时性交易；三是水权的选择（options），即兼有出售和租赁性质的水权合同的签订；四是水权的协商调整（negotiated adjustments），即参与者之间一致同意。[③] 以此来看，依据交易时间的长短，可以将水资源权利交易分为临时交易、永久交易与水权租赁三种类型。临时交易，是指在水权仍由原权利人掌握的前提下，发生在一年内的水调配量在不同用户之间的转移；永久交易则意味着部分或全部水权的完全转让，其中包括销售者的部分或全部水权的永久减少或签发新的水权许可证给购买者；水权租赁则是指在租期内由买方拥有水权，期满后再转移回卖方的交易方式。而水权租赁的实质与水权交易别无二致，因此水权交易实际上只有临时交易与永久交易两种形式。

（二）水资源使用权交易之现状考察

水资源使用权交易形式上主要表现为两类，一是取水权交易，二是水污染权或排污权交易。由于排污是使用水资源的一种方式，水污染权交易应当包含在水资源使用权交易之中。排污权交易由美国经济学家戴尔斯于 20 世纪 70 年代初提出，1976 年美国国家环保局开始将其用于大气污染及河流污染源的管理。1990 年，美国修改《清洁空气法》时将排污权交易在法律上制度化，从而建立起一种利用经济手段解决环境问题的有效方法。在我国，综合各地对水污染权的实践操作，可以将水污染权交易界定为：获得排污

① [美] 康芒斯：《制度经济学》上册，于树生译，商务印书馆 1962 年版，第 86 页。

② 沈满洪：《水权交易制度研究——中国的案例分析》，浙江大学 2004 年博士学位论文，第 20 页。

③ Bonnie G. Colby，Kristine Crandall and David B. Bush，“Water Right Transactions：Maket Values and Price Dispersion”，*Water Resources Research*，1993（6），pp.1565–1572.

许可证的权利人依据法律规定，并结合自己的需要，将排污许可证项下的排出污染物的种类和数量的权利转让给第三方的法律行为。与取水权交易制度相同，水污染权交易制度也是市场机制发挥基础性作用、各经济主体共同参与、政府参与调节的一种有效运行机制。

关于取水权交易，我国 2006 年《取水许可和水资源费征收管理条例》第 27 条规定：“依法获得取水权的单位或者个人，通过调整产品和产业结构、改革工艺、节水等措施节约水资源的，在取水许可的有效期和取水限额内，经原审批机关批准，可以依法有偿转让其节约的水资源，并到原审批机关办理取水权变更手续。具体办法由国务院水行政主管部门制定。”《民法典》第 329 条将取水权作为一种可以由民事主体依法享有的用益物权加以确认，实际上也为水权的转让提供了制度性前提。从现有规定来看，可以如此理解水资源使用权交易制度：主体是依法获得水资源使用权的单位和个人；标的为通过调整产品和产业结构、改革工艺、节水等措施节约的水资源使用权；期限为水资源使用许可的有效期和取水限额；程序上则应当经原审批机关批准，并到原审批机关办理水资源使用权变更手续，更换使用权许可证；价格则是双方当事人自愿协商；交易的具体操作办法由国务院水资源行政主管部门规定。

关于水污染权交易，总体来看，相关立法并没有明确规定水污染权交易制度，使得水污染权交易缺乏法律依据。例如，《水污染防治法》主要涉及水污染物排放权总量控制制度和排污许可证制度;《排污许可证管理条例》只有征求意见稿而未正式发布。与之相比，一些地方性法规，例如湖北省《主要污染物排污权交易办法》《主要污染物排污权交易规则》，江苏省《电力行业二氧化硫排污权交易管理暂行办法》等作了详细的规定，但是地方性法规在操作性、稳定性方面稍显不足，且地方政策导向性较强，因此缺乏法律应有的权威性和强制力。

而在实践中，水资源使用权交易的实例也逐渐增多，如浙江省东阳—义乌之间的水权交易案例、甘肃省张掖市下属洪水河灌区与梨园河灌区水权制度改革案例、上海市闵行区水污染权交易案例、浙江省嘉兴市秀洲区水污染权有偿出让案例、浙江省楠溪江整体承包案例、宁夏“投资节水、转换水权”的跨行业水权转换案例，等等。但由于立法不完善，实践中存在较多问题，例如在 2000 年浙江省东阳—义乌之间的水权交易案例中，从 2005 年 1 月开始，东阳市向义乌供水工程通水，此后却一直争议不断：东阳市部分干部群众认为交易价格过低，义乌方面却认为交易价格合理，而嵊州市作为交易的第三方，认为此次水权交易不符合我国当前的法律规定，并损害了自己的水利益。

之所以存在如上问题，主要原因在于立法的欠缺导致水资源使用权交易存在障碍。现行立法仅仅规定取水权的转让，并未使用水权转让的称谓。而由前文可知，水资源使用权的范围明显广泛于取水权。这就使得例如排污权之类的水资源使用权的交易缺少法律依据。即使在取水权转让方面，现行立法规定仍有缺陷。例如，立法规定取水权转让标的仅限于通过调整产品和产业结构、改革工艺、节水等措施节约的取水权，未明确界定可交易水权的范围；亦未涉及不同优先位序的水权如何交易。同时，交易双方当事人的权利和义务[①]、交易价格、交易程序等亦未有明确规定。此外，由于水资源本身的特性，水资源使用权交易常常会影响第三方的利益。在水资源使用权交易活动中，交易主体可能会对他人造成损害或带来利益，因此必须为此支付成本或得不到应有的补偿。而对水资源使用权交易的第三方利益相关者的利益协调机制尚未建立。总的来看，相关水资源使用权交易的法律法规效力层次较低、内容滞后，导致水资源使用权交易的无法可依和无序状态，因此水资源法必须明确规定水资源使用权交易的实体与程序内容，使其制度化、规范化。

二、水资源使用权交易的私法构造

按照使用权的类型，水资源使用权交易也相应地主要划分为取水权交易和水污染权交易两种类型。两者的主要区别在于交易主体和标的的不同。下文在分析水资源使用权交易的性质之后，将分别就两种交易类型进行论述。

（一）水资源使用权交易的本质

水资源使用权交易的性质决定了其法律构造，因此首先须确定其性质。其一，由于水资源使用权属于用益物权，因此其交易本质上应是私权的让与。如此来看，水资源使用权交易则是以民事主体平等协商的方式而非行政强制手段来进行，应当适用私法而非公法规则。但是由于水资源的特殊性，所以在适用私法规则的同时还应当受到某些限制。其二，由于水资源使用权交易既不同于一般动产或不动产的买卖，也不同于债权的转让，因此在目前尚无专门规则调整的情况下，可以参照买卖合同的相关规则；[②]同时，水资源使用权交易还应满足物权法对物权变动的要求。

①《取水许可和水资源费征收管理条例》偏重对取水权人义务和责任的规定，关于取水权人所应享有权利的规定不尽完善，并未将作为水权一种的取水权从私法物权的角度进行规定。参见单平基:《水权的取得及转让制度研究——以民法上水资源国家所有权之证成为基础》，吉林大学 2011 年博士学位论文，第 140 页。

② 由于买卖合同的标的与水资源使用权转让合同的标的不同:一为所有权，一为水资源使用权，因此只能是“参照”而不能是“适用”。

由此可见，水资源使用权交易应当具备物权法规定的基本要件方能成立：第一，须存在有效的可交易的水权，这是交易的基本前提；第二，交易主体双方须具有主体资格，并就水资源使用权交易达成协议，明确双方的权利和义务；第三，水资源使用权交易须履行一定的程序；第四，由于水资源的特殊性，国家必然要对交易进行适度干预，体现为水资源使用权交易中若干关键性制度的建立。

（二）取水权交易当事人之确定

在取水权交易中，交易当事人的确定主要包括两方面的内容，一是权利转让人的确定；二是当事人权利和义务的确定。

首先，关于权利转让人。从取水权人的类型来看，主要有两种，第一种类型是需要持有水资源使用许可证的使用权人。对于国家所有的那部分水资源，可以根据《水法》第 7 条和第 48 条规定，对于直接从江河、湖泊或者地下取用水资源的单位和个人，按照国家取水许可制度和水资源有偿使用制度的规定，向水行政主管部门或者流域管理机构申请领取取水许可证，并缴纳水资源费，方能取得取水权。第二种类型是不需要持有水资源使用许可证的使用权人。这里又分为以下几种类型：（1）属于农村集体组织所有的那部分水资源，由于水资源所有权应当归属于集体组织所有，其成员使用本集体经济组织的水塘、水库中的水，无须申请许可证就可以在遵守集体组织规定的前提下直接使用。（2）其他一些行为，包括现行水法规定的"家庭生活和零星散养、圈养畜禽饮用等少量取水""为保障矿井等地下工程施工安全和生产安全必须进行临时应急取（排）水""为消除对公共安全或者公共利益的危害临时应急取水""为农业抗旱和维护生态与环境必须临时应急取水"等情况均不需要持有水资源使用许可证。

基于此，取水权交易中的权利转让人包括两类，即持有取水许可证的权利人，以及作为水库、水塘中水资源所有权人的农村集体经济组织，原因如下。

其一，农村集体经济组织的成员使用本集体经济组织的水塘、水库中的水资源的行为无须取得水权许可证，其意在避免农民缴纳水资源费，从而减轻农民负担。[①] 因此，若赋予集体经济组织成员以交易主体资格，以此谋取经济利益，则违背了制度设计的初衷。

其二，"家庭生活和零星散养、圈养畜禽饮用等少量取水"仅限于少量用水，且必须以家庭为取用水单位，而不包括家庭办的养殖场取水和自来水厂为居民生活供水而取

① 例如在我国 1988 年《水法》修订过程中，有人指出，如果农民要使用该水资源，还要按照修订之后《水法》新增加的国家对水资源实行取水许可制度和有偿使用制度的规定缴纳水资源费，这将加重农民的负担，不利于维护农民利益。参见黄建初主编《中华人民共和国水法释义》，法律出版社 2003 年版，第 275 页。

水的行为。[①] 因此，允许家庭生活和零星散养、圈养畜禽饮用等对水资源所享有的使用权进行转让缺乏现实合理性。且此项例外性规定的设计初衷在于对家庭生活性用水的照顾，若赋予使用权人以交易主体的资格，则同样不符合立法本意。

其三，"为保障矿井等地下工程施工安全和生产安全必须进行临时应急取（排）水""为消除对公共安全或者公共利益的危害临时应急取水""为农业抗旱和维护生态与环境必须临时应急取水"等通常都是紧急性、应急性用水，因此，即使允许此类水资源使用权进行交易，在现实中也无法实现。

其四，农村集体经济组织由于对其土地上的水库和水塘享有所有权，因而享有包括转让权在内的完全的处分权。当然这一权利的行使及其带来的利益须由集体组织全体成员共同决定和分享。

其次，关于当事人的权利和义务。取水权交易主要以合同的形式体现。双方当事人的权利和义务亦是以合同为依据。所谓水资源使用权交易合同，则是指"水权人与受让人之间达成的，水权人将水权移转给受让人，受让人支付水价给水权人的协议"[②]。由此可见，水资源使用权交易是双方当事人意思自治的结果，遵循合同法的一般规则。换言之，一方面，双方当事人在合同的订立、履行和责任承担方面处于平等的法律地位，享有和履行对等的权利与义务，且享有依法缔结水权交易合同、选择水权交易对象、决定合同内容以及变更和解除合同等自由；另一方面，合同的有效与否也应取决于合同法所规定的若干要件，包括合同当事人是否具有相应的行为能力、行为人的意思表示是否自愿及真实、合同的内容是否违反法律的强行性规范和禁止性规范，以及是否符合社会公共利益等。

如上文所述，取水权转让合同可以参照买卖合同的相关规则。基于《民法典》第595条规定，买卖合同是出卖人转移标的物的所有权于买受人、买受人支付价款的合同，其中，作为转移标的物所有权的一方，出卖人的主要义务是转移标的物的所有权，作为受领标的物并支付价金的一方，买受人的主要义务是支付价款。因此，可以认为，在水资源使用权转让合同中，取水权人的主要义务是移转水资源使用权，受让人的主要义务则是按照双方协议的价格支付价款。

（三）取水权交易标的——可交易水权之确定

取水权转让合同的标的即取水权，但是并非所有的取水权都可以作为转让的标的。

---

① 黄建初主编：《中华人民共和国水法释义》，法律出版社2003年版，第81页。

② 崔建远：《水权转让的法律分析》，载《清华大学学报（哲学社会科学版）》2002年第5期。

此时就涉及可交易水权的确定。水资源以价值和用途为标准可分为环境用水和经济用水。对两种用水的区分，是“平衡水资源环境价值和经济价值的关键步骤”①。

首先，对于环境用水，应限制其权利人转让资格，不允许进入交易领域。环境用水一般可以分为陆生生物用水、水生生物用水和水环境用水三类②，所涉及的是人类赖以生存的生态环境。为避免使用权人以环境用水为交易标的物，以牺牲自然生态系统的平衡、野生生物栖息地保护、径流量等为代价换取经济利益，环境用水的水资源使用权不应被允许进入水权市场进行交易。同理，对公共利益、生态环境或第三者利益可能造成重大影响的水权亦不得转让。尤其在目前水资源使用权交易机制尚未建立的情况下，“生态环境水权在什么条件之下可以参与市场交易，应该设置哪些交易的限制等一系列问题，现在从理论上予以总结为时尚早”③。

其次，对于经济用水，应作不同情况的区分。经济用水可分为生活用水、农业用水、工业用水、娱乐用水及其他类型用水。其中，就生活用水而言，其主要是居民用水和畜用水，用于满足饮水、漱洗等日常生活需求。因此原则上生活用水不允许进入交易领域，正如学者所言，“生活水权一般适用特别的取得和保护规则，并且禁止交易。”④在此问题上，有学者认为⑤，由于生活用水的使用权属于私权的一种，若绝对禁止转让亦缺乏合理性，因此主张在满足基本生活用水需求之后节约下来的水权可以作为交易的客体。但在实践中，满足基本生活用水需求之后节约下来的水量较少，用于交易意义不大。相较于生活用水，农业用水、工业用水和娱乐性用水应允许交易。作为生产用水的农业用水和工业用水为生产目的而设，娱乐性用水则为娱乐目的而设，并依法取得使用权许可证，三者都“具有竞争性、排他性等私人权利特性”⑥，因而可以进入水权市场进行交易。

最后，在确定可交易水权之后，还须有进一步的限制。实际上，在水权交易问题上，学者并非都是持支持态度。在美国法学界，学者对于取水权交易的认识就有支持和反对两种截然相反的观点。支持者认为，取水权交易有利于提高水资源的利用效率，这一点实践已有证明⑦。取水权交易有利于提高水资源再分配的决策效率，有利于产生经济激励，

① 徐祥民、柏杨：《可交易水许可权制度构想——关于平衡水资源经济价值和环境价值的思考》，载吕忠梅主编：《环境资源法论丛》第 4 卷，法律出版社 2004 年版，第 370 页。

② 王浩主编：《中国水资源与可持续发展》，科学出版社 2007 年版，第 196 页。

③ 裴丽萍：《可交易水权研究》，中国社会科学出版社 2008 年版，第 143 页。

④ 裴丽萍：《可交易水权研究》，中国社会科学出版社 2008 年版，第 142 页。

⑤ 单平基：《水权的取得及转让制度研究——以民法上水资源国家所有权之证成为基础》，吉林大学 2011 年博士学位论文，第 141 页。

⑥ 单平基：《水权的取得及转让制度研究——以民法上水资源国家所有权之证成为基础》，吉林大学 2011 年博士学位论文，第 142 页。

⑦ Mateen Thobani, “Formal Water Markets: Why, When, and How to Introduce Tradable Water Rights”, *The World Bank Research Observer*, 1997 (2), p.161.

有利于减轻用水的外部效应，有利于节约供水成本。而反对者认为，取水权交易不利于实现公平，不利于公共利益的保护；[①] 同时，从农业用水到城市用水的取水权交易刺激了城市的扩张，并形成了恶性循环。[②] 尽管存在各种争论，取水权交易在美国及其他国家仍然得到越来越多的应用，与之相关的法律实践也在不断拓展。因此，在允许水资源使用权交易的前提下，研究如何提高交易的科学性才是当前的研究重点。

从理论与实践来看，对取水权交易的限制主要体现在可交易水权的用水目的改变时受到的限制。所谓可交易水权的用水目的改变，是指水资源使用权转让后，其用水目的从一种用途转向另一种用途。对于这一情况，一是予以禁止，取水权转让不能改变原来的用水目的。例如，在日本，根据日本《河川法》的条款，水权转让必须提出申请并征得河川管理局同意。按照规定，水权禁止从一种用途转让到另一种用途。[③] 二是禁止后位序水资源使用权的主体受让前位序水权。例如，不允许市政当局为现在和将来的工业、高尔夫场地和公园草地的用水而受让灌溉水权。灌溉水权人有权受让娱乐用水权或者水利用水权，但无权受让家庭用水权、市政用水权，等等。但同时，在实践中允许存在例外，例如甘肃省敦煌市严重干旱缺水、自然条件很差，但有难得的旅游资源。在这种情况下，供水应最大限度地满足旅游功能的需要，使农民依靠旅游业富起来而不是引水种棉花等发展与自身条件不相适应的传统农业。[④] 此外，从理论上看，还可以有其他两种方式，一是并不绝对禁止或允许，水资源使用权转让改变原用水目的时必须经过水资源管理部门的批准；二是允许通过水资源使用权转让自由改变用水目的。

正如学者所言[⑤]，取水权的位序排列代表了不同的价值选择，生活用水、生产用水、娱乐用水及其他类型用水分别代表了生存权、发展权、享用权。因此，基于价值选择，允许可交易水权的用水目的在转让中自由改变显然是不合适的。同时，为防止假借水权转让以改变用水目的、谋取经济利益的情形，对交易中用水目的的改变也应当有所限制。对这一问题，可以在立法中发现类似规定。《农村土地承包法》第 18 条规定："……维持土地的农业用途，未经依法批准不得用于非农建设。" 亦即，在土地承包经营权流转中，

① Santos Gomez, Penn Loh, "Communities and Water Markets: A Review of the Model Water Transfer Act", *Hastings West-Northwest Journal of Environmental Law &Policy*, 1996 (4), p.63.

② 王小军:《美国水权制度研究》，中国社会科学出版社 2011 年版，第 154 页。

③ Masahiro Nakashima, "Water Allocation Methods and Water Rights in Japan", in John R. Teerink and Masahiro Nakashima, *Water Allocation*, *Rights and Pricing: Examples from Japan and the United States*, The World Bank Press, 1993, p.57.

④ 汪恕诚:《水权管理与节水社会》，载水利部政策法规司编:《水权与水市场》(资料选编之二)，2001 年，第 6 页。

⑤ 崔建远:《水权转让的法律分析》，载《清华大学学报（哲学社会科学版）》2002 年第 5 期。

若将承包地用于非农建设，则必须依法经过批准。以此推而广之，一项用益物权转让若改变原用途时，需要经过相关管理部门的批准。由此，对于可交易水权用水目的的改变亦可以采用此种方式，即水资源使用权交易中用水目的的改变，在由较低位序的用水目的转变为较高位序的用水目的时，可以由当事人自行改变；在由较高位序的用水目的转变为较低位序的用水目的时，则必须经过水资源行政管理部门的批准，管理部门在综合衡量社会、环境及经济等各种因素后作出是否批准的决定。[1]

（四）取水权交易价格的确定

取水权交易价格的确定方式，可以从两方面分析：一方面，由于有限理性存在，政府很难准确把握取水权的均衡价格，且政府盲目决定价格易阻碍市场机制的正常运行；加之由于取水权本质上是一项私权，关于私权的交易价格应当由当事人自主商定。另一方面，由于水资源的特殊性，同时也基于保护交易主体的私人利益、保障公众利益以及生态环境的安全的考虑，国家有必要在水资源定价方面发挥必要的指导作用。因此，取水权交易价格的确定应当实行政府指导与市场调节相结合的方式。

（五）水污染权交易的构造分析

前文已述，取水权交易与水污染权交易同属于水资源使用权交易的范畴。两者的区别可以表 4.1 作清晰说明。

表 4.1　取水权交易与水污染权交易之比较

比较项目		取水权交易	水污染权交易
交易前提	稀缺性	水资源稀缺	水环境容量稀缺
	总量	可交易的取水权确定	可交易的水污染权确定
交易主体		持有取水权许可证的用水户之间、区域政府之间、政府与用水户之间	一般是在持有排污权许可证的排污企业之间
交易范围		流域内或跨流域交易	流域内或跨流域交易
交易方式		水权交易市场	水污染权交易市场
交易价格		政府指导与市场调节相结合	政府指导与市场调节相结合

据此来看，取水权交易与水污染权交易的最大区别在于用水功能不同而导致的交易主体和交易标的的不同，其他方面均基本相似。故本书不再详细分析水污染权交易的基本构造。

① 例如，美国水权转让实践中时有发生将农业用水转换为城市用水的现象，而非水权持有人通常以“社会群体福祉”权利或环境利益为依据阻止该类转让或者为之设立条件。参见 A. 丹 • 塔洛克：《水（权）转让或转移：实现水资源可持续利用之路——美国视角》，胡德胜编译，载《环球法律评论》2006 年第 6 期。

三、对水资源使用权交易的适度干预

如前文所述，由于水资源的特殊性，国家必须对交易进行适度干预。因此对于水资源使用权交易，除明确其私法构造之外，还必须建立体现国家适度干预的关键性制度。

（一）第三方利益保障制度

由于水资源的公共属性，水资源使用权交易活动往往会对第三方产生影响，即产生第三方效应。所谓第三方效应，是指在水资源使用权交易活动中，“交易主体的交易行为对第三方的利益造成损害或给其带来收益，第三方无端地承担了损害或得到了收益，没有为其受到的损害得到应有的补偿或者未给其所得收益支付相应的成本”[①]。在实践中，往往会发生交易主体只考虑自己的利益而牺牲买卖双方之外的第三方的利益的情况。基于公平原则的考量，第三方利益保障制度的建立成为水资源使用权交易制度中不可或缺的一个环节。

首先，关于“第三方”范围的确定。由于水资源使用权交易可能涉及具体的第三人的利益，也可能涉及不确定公众的公共环境利益，因此，这里的“第三方”既包括明确的第三人，也包括公众。国外在此方面的研究较为成熟。美国西部水管理委员会认为水权交易“第三方”的范围比较宽泛，包括所有非水权交易主体的一方，即其他水权持有者、农业、环境、城市利益、其他种族团体和印第安部落、非农业社团及联邦纳税人。[②]澳大利亚学者认为，澳大利亚水权交易中的第三方主要包括其他水权持有者、农户等。[③]

其次，关于第三方效应的评价及应对。水资源使用权交易使得原有的水资源配置关系和利用方式发生改变，这可能给第三方带来积极的、有利的效应，即水资源使用权交易的第三方正效应；也有可能给第三方带来消极的、有害的效应，即水资源使用权交易的第三方负效应。例如，国外有学者认为此项交易既可能产生促进地方经济的发展的正效应，又可能产生损害地方经济的发展的负效应。[④]因此立法应规定水资源使用权交易非经评价程序不得为之。在实践操作中，在一项交易合同成立之前，可以经当事人申请或

① 马晓强、韩锦绵:《水权交易第三方效应辨识研究》，载《中国人口·资源与环境》2011 年第 12 期。

② Committee on Western Water Management，National Research Council，*Water Transfers in the West Efficiency*，*Equity*，*and the Environment*，National Academy Press，1992，p.122.

③ Anna Heaney，Gavan Dwyer，Stephen Beare，Deborah Peterson and Lili Pechey，“Third-party Effects of Water Trading and Potential Policy Responses”，in a Report Prepared for the Annual Meeting of the American Agricultural Economics Association，Providence，Rhode Island，2005，July 24-27.

④ Charles W. Howe，Christopher Goemans，“Water Transfers and Their Impacts：Lessons from Three Colorado Water Markets”，*Journal of the American Water Resources Association*，2003，39（5），pp.1055-1065.

者由第三方申请或者由水资源管理部门主动委托具有环境影响评价资质的第三方机构对交易带来的第三方效应进行评估，尤其是对跨流域、跨地区水资源使用权交易对第三方的影响予以客观、充分的评估，对其可能造成的生态环境影响进行估值。

对第三方效应的评价一般有两种结果，即正效应和负效应，应根据不同的情况作不同处理。对于正效应的情形，应当以受益方付费为原则，使通过水资源使用权交易取得正收益的第三方对贡献者予以补偿。当水资源使用权交易不可避免产生负效应即对第三方利益造成损害时，必须对第三方予以适当的补偿或者禁止此项交易。具体来说，有两种情形①：其一，如果评估认为水资源使用权交易将会给第三方带来重大的经济损失或造成严重的生态环境危害，则此项交易应被禁止。其二，如果经过评估，认为水资源使用权交易将会给第三方带来一定的经济损失或造成轻微的生态环境影响，且该交易带来的社会福利的增加大于其带来的外部成本，则在交易当事人缴纳一定的环境补偿费用于修复和保护生态环境的前提下，此项交易可以继续进行。

再次，在合同履行、变更和解除的过程中，第三利益的保护仍不可忽视。应当设定合同双方当事人在水资源使用权交易合同的履行、变更和解除的过程中保护水资源与水环境的法定义务。如果任何一方违反了这一法定义务，侵害了第三人或公众的水资源权利，则第三方有权要求请求变更、撤销合同，并在其权利遭受侵害的情况下主张损害赔偿。

最后，为更为有效地保护第三方的利益，应当允许和鼓励第三方或公众代表参与交易协商。由于水资源使用权交易的第三方效应涉及众多领域，不仅仅是水资源使用权本身，还涉及被交易的水资源周围的生态环境保护以及周边居民的生活保障问题，且实践中对第三方效应的评价往往被忽略或者缺乏经详细调研的科学性，因此需要强化交易过程中和合同履行过程中的公众参与及监督机制。上文提到的“东阳—义乌水权交易案”，其之所以“争议不断”，不能不说与事前东阳市政府和义乌市政府均未对此交易项目举行公众听证会、听取公众意见有关，反映出我国水资源使用权交易中由于公民参与的缺失而引起诸多问题。水资源法应当将水资源使用权交易中的公民参与作为一项强制性规定。一是规范公民参与的方式方法，例如采取听证会、座谈会、网络投票、电话会议、短信投票等多种形式，在保证民意真实有效的同时，使民意得到最大范围的搜集和最广泛的表达；二是将公民参与渗透至水资源使用权交易的每一个环节。从前期环境影响评价报告阶段，到水资源使用权交易的合同签订、履行甚至变更、解除阶段，公民参与应作为

① 张永亮:《水权交易:实证分析与制度构建——东阳—义乌水权交易案的反思与启示》,载《苏州大学学报（哲学社会科学版）》2011 年第 2 期。

必经程序，以确保交易在严格的民意表达和公众监督之下进行。

（二）水资源使用权交易的程序规制

水资源使用权交易必须经过法定程序方为有效，这是规范交易主体及监管部门的行为、防止恣意、保护当事人合法权益的必然要求。从水资源使用权交易的私权转让性质出发，结合水资源本身的特殊性，水资源使用权交易程序应当包括以下方面。

1. 申请。水资源使用权出让人向当地水资源行政管理部门提出书面的水资源使用权交易申请。

2. 公告。在水资源使用权交易中，信息公开透明是保证交易公平、公正的重要保证。因此，水资源行政管理部门应将拟议中的水资源使用权交易事宜和相关信息在当地及全国的重要媒体上进行公告，并设定一定的公告期，例如 90 日等。

3. 异议期。任何认为自身利益可能因该水权出让而受到损害或其他影响的第三方，都可以在公告期满后一定期限内（例如 30 日）向水资源行政管理部门以书面形式提出异议，同时可以要求公开听证。

4. 公开听证。在公开听证过程中，相关利益各方可以提供各种证明材料，证明此项交易对生态环境或其他水资源权利人的不利或其他影响。交易双方可以提供证据证明此项交易不存在不利影响。水资源行政管理部门应当就这些材料进行审查。

5. 登记。如果水资源行政管理部门认为拟议中的交易不存在第三方负效应、符合公共利益，且受让人满足水资源使用权的主体资格，则为其办理水资源使用权变更登记手续。

正如学者所言："物权的绝对对世效力不仅要求对物权种类进行界定，同时也要求物权的具体种类具有可识别性。为了实现物权的可识别性，公示原则发挥了作用。在设立或者转让物权时，法律要求履行不同形式的公示方式。动产物权的公示方式就是占有，不动产物权的公示方式则是不动产登记。"[①] 我国学者亦认为："因水权为准物权，并属于不动产权益，具有绝对效力，基于交易安全的要求，水权转让以到水管部门办理完过户登记手续为生效条件。初始分配水权，须有初始登记；水权转让，则有过户登记"[②]，"水权转让必须办理变更登记手续，否则，不发生水权转让的效力"[③]。在实践中，各国和各地区的水资源立法对水资源的物权变动基本上都采信了水资源物权变动的公示原则，并以各种登记制度贯彻这一原则。例如我国台湾地区"水利法"第 27 条第 1 款规定："水权

① [德] M. 沃尔夫：《物权法》（第 20 版），吴越、李大雪译，法律出版社 2004 年版，第 15 页。

② 崔建远：《水权转让的法律分析》，载《清华大学学报（哲学社会科学版）》2002 年第 5 期。

③ 崔建远：《水权转让的法律分析》，载《清华大学学报（哲学社会科学版）》2002 年第 5 期。

之取得、设定、移转、变更或消灭，非依本法登记不生效力。”由此来看，我国大陆水资源使用权的移转也应当通过登记这一法定方式予以公示。对于水资源使用权交易，应当以登记作为水资源使用权的变动要件；未经移转登记，则不发生水资源使用权变动的效果。当然，水权移转登记是作为用益物权之水权的变动要件，并非转让合同这一原因行为的成立或生效要件。[①]

第3节　水资源资本化法律制度的建构

水资源作为基础性资源，在国民经济中占据重要的战略地位。党的十八届三中全会《关于全面深化改革若干重大问题的决定》指出：“经济体制改革核心问题是处理好政府和市场的关系，使市场在资源配置中起决定性作用和更好发挥政府作用。”面对新形势、新要求，结合我国水资源开发、利用、管理的现状，充分发挥市场在资源配置中的决定性作用，加强资源资产整合、提高配置效率，将水资源转化为水利资本，这对促进我国水利事业的发展具有重要意义。

一、水资源资本化

水资源资本化，与水资源市场化、水资源产权化、水资源产业化等概念有着密切联系，因而水资源资本化概念的明确，须从水资源市场化这一概念谈起。

（一）水资源市场化的内在逻辑

一般认为，市场化是一个动态的概念，是指资源配置从政府方式向市场方式的转化，是市场机制对资源配置的作用持续增大，经济对市场机制依赖程度不断加深，市场体制逐步从产生、发展到成熟的演变过程。[②]水资源的市场化，就是指在水资源的分配、交换等资源配置过程中，政府的直接干预不断减少、市场的自发调节作用逐渐增强的过程。具体而言，其内容包括水的资源化、水资源的权利化、水资源的产业化、水资源的资本化，且彼此之间存在一定的内在逻辑关系。

首先，水的资源化是水资源市场化的基础和前提。水的资源化，即将水作为一种资

① 单平基：《水权的取得及转让制度研究——以民法上水资源国家所有权之证成为基础》，吉林大学2011年博士学位论文，第154页。

② 刘普：《中国水资源市场化制度研究》，武汉大学2010年博士学位论文，第42页。

源来看待。因此，作为法律调整客体的水，应当被认为是水资源，即在社会生活和生产中具有使用价值及经济价值的水。在承认水资源的基础上，水的资源化还要求以水的资源属性为基础进行相关水资源法律制度的设计。资源总是趋于稀缺，这就要求必须保护和有效利用资源，市场化机制则是提高资源利用率、实现优化配置的有效手段。

其次，水资源的权利化是水资源市场化的核心部分。水资源权利主要体现为水资源财产权，是包含占有、使用、收益和处分在内的权利束体系。水资源的权利化涉及三个方面问题：一是权利主体和客体，即明确水资源的权利归属，界定可交易水权的范围；二是权利内容，即建立以水资源权许可、水资源权有偿获得、水资源权交易为核心的制度体系，完善包括水资源权市场配置机制、水资源权交易机制、水价市场机制、水权运营经济补偿机制等在内的相关制度；三是权利救济，即应明确水事纠纷的解决途径，赋予主体复议或诉讼的权利。围绕水资源的权利化建立的法律制度是水资源市场化制度体系的核心，也是推动水资源的市场化向更高层次发展的必要支撑。

再次，水资源的产业化是水资源市场化的重要内容。伴随水权市场的建立，围绕水权交易产生的供水、污水处理、中水回用、农业灌溉、跨流域供水、水运、水产等诸多涉水事务，形成了一个较为庞大和复杂的水资源产业链。因此，水资源的产业化是水资源权利化的必然延伸，也是水资源市场化的必然。亦即，水资源市场化不仅促进了水权市场的建立，还随之促进了水务市场的建立，后者是在权利分配和流转规则明晰基础上引入市场化机制与企业化运作方式而形成的。

最后，水资源的资本化是水资源市场化的高级形式。从传统的技术工程投入到无形的制度探索，从权利化、产业化到资本化，是水资源市场化的必然趋势。与传统的水资源管理方式不同，水资源的资本化以政府水资源管理部门、金融机构、能源企业和水权所有者为主体，以水资源实体、水权，以及以水和水权为标的的金融产品作为对象，以相对成熟的资本市场和金融体系作基础，从建立水资源资本市场的角度为解决水资源短缺、环境污染等问题提供了新的思路。通过水资源的资本化，传统政府配置资源的模式将得到根本性改变，企业、个人将被确立为新的资源市场微观主体参与到资源的配置和交换中，原本虚化的水资源所有权也将会落实至现实的经济主体。

（二）水资源资本化的内涵

作为水资源市场化的高级形式和发展方向，水资源资本化是指利用市场化手段将水资源资产化、资产资本化的过程，是一个水资源被发现、资源价值经过转化被提升、资源变资产、资产变资本的资源与资本经营过程，是产权拥有者将资源资产用来出让、合作或作为股份进行投资以获取一定的经济报酬的经营过程，其核心是资源通过金融手段计入资产，从而发现其市场价值并实现价值转换。

从客体来看，水资源资本化是水资源资本货币化的过程，是对水资源资本进行投入、转换、产出的过程，因而必须以相对成熟的金融市场为依托，将水资源本身、水资源使用或经营权、水资源开发融资项目、水资源使用后的治污环保项目等资本产品作为对象进行交易。

水资源资本化的主体包括中央、地方政府、集体乃至企业和个人。就具体情况而言，主体类型会随着项目规模和收益期的不同而发生变化，例如水资源开发融资项目和资源使用后的治污环保项目会以政府或大财团为投资主体，水资源使用或经营权会有很多个体散户。

水资源资本化的对象是水资源实体，水权，以及以水和水权为标的的金融产品，其形式主要包括水银行、水股票、水基金及水期货等。水银行本质上是通过获取拥有剩余水权的用水户信息并向需水者发布的方式，促成水权交易的购销中介机构。水基金、水股票及水期货等则是在水资本市场成熟的基础上衍生的水资源虚拟产品，市场参与者以获利为目的，随着水资源资本市场的成长，通过投资方式进行交易的金融项目深化水资源金融业，人们对水资源的占有、控制不再是直接购买水资源，而是购买水资源的金融产品。

二、水资源资本化法律制度建构的必要性与可行性

（一）必要性分析

水资源资本化是对原有水资源配置制度的一种创新。通过这一制度安排，水资源由“生态资源”转化为“生态资本”，并进行水资源生态资本化运营，从而实现水资源生态资本长期收益的整体最大化。在水资源资本化运作过程中，国家垄断配置水资源的传统模式得以改变，企业、个人作为市场主体参与到水资源的配置与交换之中，由此产生风险转移、价格公平、交易成本降低、交易安全性增强等不同于传统配置模式的优势。关于风险转移，即水资源资本化运作将交易风险从资本产品持有者转移给那些信息更完全、更愿意承担风险的人，双方各自从中受益。关于价格公平，即水资源资本产品的价格通过买卖双方的合意而形成，相对较为公平。关于交易成本降低，即水资源资本化运作中将建立交易平台，明确交易规则，并公开买卖双方及资源产品的各类信息，从而大大降低了交易成本。关于交易安全性增强，即水资源资本产品交易的公开性、规则化将有利

于保障交易的安全性。因此，从理论上看，由于资本市场具有相对发达和公平的利益传导机制，社会参与性较强，具有较强的公平性和透明性，直接连接资源供给与资源需求，具备资源流动与配置的直接性和高效性，因此水资源资本化对水资源配置市场化改革的推进具有重要意义。

但是从制度建构来看，目前我国水资源的分配主要以政府宏观调控为主要手段，缺乏自由的市场竞争机制，尚未形成多级别、多种经营者参与的交易市场和成熟的资本平台及相应的制度体系。对于更深层次的水资源资本化，譬如水银行、水股票、水基金以及水期货等具体的资本化模式，从交易的主客体、交易的方式、监管机制乃至责任承担上都尚未形成相关法律制度。总体上，包括水资源资本化在内的我国水资源市场化配置尚未形成规范、有效的制度体系。水权市场、水务市场和水资本市场各自尚未形成系统的规范体系和运行制度，各市场的运行也缺乏统一的全国性的制度体系予以保障，且三大市场之间尚缺乏制度予以衔接和协调。基于完善水资源市场化法律制度进而推进市场化进程的考虑，水资源资本化法律制度的建构具有必要性。

（二）可行性分析

我国水资源资本化法律制度的建构已经具备了可行性基础。在立法体系方面，我国基本形成了包括专门法律、行政法规、地方性法规、部门规章等系统的水资源保护法律体系。这为水资源资本化的法律规制提供了法律依据。例如，2006 年的《取水许可与水资源费征收管理条例》，尽管尚未对水权市场进行较为完善的构建，但已为水资源资本市场的发展奠定了必要的制度基础。此外，2021 年国家发展和改革委员会等十部门发布《关于“十四五”大宗固体废弃物综合利用的指导意见》，指出要继续“鼓励地方支持资源综合利用产业发展……引导社会资本加大大宗固废综合利用投入，不断探索依靠市场机制推动大宗固废综合利用的路径和模式”，这为我国水资源的资本化提供了良好的制度基础和政策依据。

在制度实践方面，一方面，我国目前已具备水实体和水权转让较为成熟的基础，例如“义乌—东阳的水权交易案”打破了水资源的分配手段，实现了水权市场化的初探；又如，黄河水利委员会在内蒙古黄河南岸灌区和宁夏青铜峡灌区开展的黄河水权转让试点也为水资源资本化法律制度的建构提供了实践基础。另一方面，我国目前水资源资本化的实践也处在探索阶段，例如 2007 年以水为投资主题的基金——水盈环球基金和动力水资源基金在香港市场的推出，意味着我国的水投资市场已经迈出了重要的一步，此后，我国水资源资本市场不断发展，尤其是在 20 余年的水务行业市场化改革过程中，资本市场对水务市场、上市水务企业的发展起着助推剂的作用。

从国外相关实践来看，水资源资本化在逐步推进之中，也提供了可资借鉴的有益经验。例如在水基金领域，早在2000年初，百达全球水资源基金（Pictet Global Sector Fund Water）作为首支专门投资于水行业的主题式基金率先在欧洲发行，主要投资于水供给、水处理、相关科技创新以及环境服务四个子行业。百达全球水资源基金发行之后，各国的多家金融机构迅速跟进，总部位于苏黎世的可持续资产管理公司、荷兰迈克斯水资产管理公司（Maxx Water Management）、比利时联合（KBC）银行以及德意志银行等先后发行了水基金。近年来，大自然保护协会（The Nature Conservancy，TNC）帮助哥伦比亚近10个地区设立水基金，其以项目衍生出的经济、社会和生态收益为衡量目标，建立了严密的监控体系和严格的责任制度，并定期向由各个国企和私企投资方代表组成的董事会进行报告。又如在水期货方面，虽然水期货尚未出现在期货交易所中，但是事实上，1997年诞生并迅速在全球流行的天气衍生品已经有水期货的痕迹。[①] 可见，水资源资本化是水资源配置方式变革的必然趋势，且具有可行性。实际上，水权市场、水务市场和水资本市场是水资源市场化系统中的必然构成，三大市场之间相互衔接和协调。基于推进水资源配置市场化进程的考虑，需要进行水资源资本化法律制度的建构。

三、水资源资本化法律制度的内容

（一）建立完善的水资源资本市场体系

水资源资本化的实现形式表现为资源与资本市场的结合，其核心即资本市场，因此包括公开资本市场（公开上市的证券交易市场）和非公开资本市场（非公开上市的产权交易市场）在内的资本市场的建立是实现水资源资本化的关键。水资源资本化的市场框架是一个由几大体系密切关联、高度耦合组成的多层次的系统，其大致框架如图4.1所示。

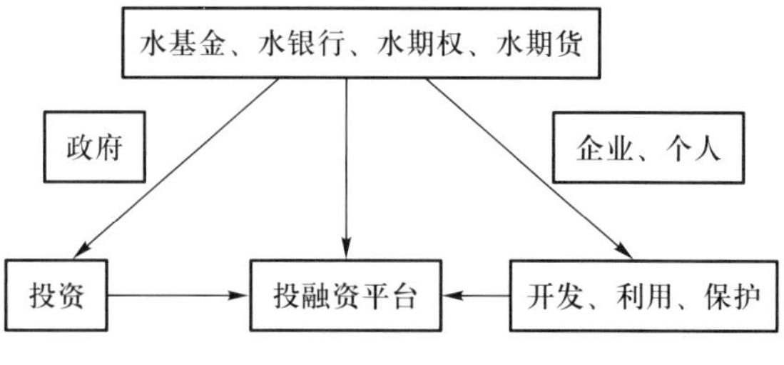

图4.1　水资源资本市场基本框架

首先，作为一种具有自动调节功能的、比较理想的调节机制，市场机制可以保障水资源的有效、合理开发、

① 全球知名天气衍生品交易商演变（Evolution）公司使用的主要天气合约品种就包括降水和水流量，水力发电公司使用降雨量作为天气指数。如果到期日实际水流量指数高于合约中的水流量指数，那么买家将获利，获利额是根据约定的每一点标价乘以指标差；相反，如果实际指数偏低，那么卖家获利。

利用和保护。因此，应建立具有独立性的资本市场，消除政府不必要的干预，使资本市场能够发挥其应有的作用，包括资本市场的价格发现、优化资源配置、促进经济结构调整、促进和完善建立现代企业制度、为投资者增加财富机会的各项基本功能。从而使水资源的所有权和经营权适当分离，使国家对水资源的所有权在经济上得到实现，最终实现水资源资本化的目标。

其次，建立多层次的水资源资本市场体系。这一多层次性主要体现在两个方面：一是指市场覆盖面的多层次性，即水资源资本市场应覆盖水资源的开发、交易转让、治污保护等不同阶段，从而使不同的投资者能够选择适合自己资本需求的资本市场；二是指资本工具的多层次性，即充分开发并利用有效的资本工具，根据水资源开发、利用、保护等阶段的不同，使用不同的资本工具，例如水资源的投资开发、治污环保方面可以使用水股票、水基金的方式予以资本化运营，水权交易转让则可以适用水期权、水期货的方式予以资本化经营。

最后，建立多元化的资本市场体系。水资源资本化是一个新生的复杂的系统工程，这一系统工程的建设需要多方调节机制的参与。作为典型的公共产品，水资源的资本化运作难以全部通过市场调节机制来实现目标，需要市场调节机制、政府调节机制和社会制衡机制综合运用，才能收到良好的效果。其中，水资源资本化的政府调节机制主要是指政府以监管者的身份通过宏观调控的方式对水资源资本化进行宏观指导，控制和避免资本风险，减少和消除资本市场中的投机行为以保护水资源的生态价值。水资源资本化的社会制衡机制则是指公民个人和以独立的第三方机构为主的社会组织以公众监督、公众参与等形式来监督水资源资本化的运作过程，关注水资源产品的质量和社会功能性。[①]

（二）完善水资源资本化的实现形式

如前文所述，水资源资本化即通过资本工具等杠杆的应用，实现水资源生态价值、经济价值和社会价值的最大化，其实现形式具有多元性，例如水银行、水股票、水期权、水期货等。

1. 关于水银行

水银行作为推行水资源市场化配置的有效手段，具有促进节水[②]，满足市场、经济和自然资源需求[③]的优点，因而在美国尤其是美国西部地区得到广泛应用。例如，建立于

① 刘加林等：《“四化两型”视角下湖南水资源资本化运营机制探讨》，载《生态经济》2013 年第 5 期。
② 魏加华、张远东、黄跃飞：《加利福利亚州水银行及水权转让》，载《南水北调与水利科技》2006 年第 6 期。
③ Kevin B. Pratt，“Banking：A New Tool for Water Management”，*Colo. Law*，1994（23），p.595.

1996 年的亚利桑那州水银行有权购买州领域内科罗拉多河的富余水量，并按有关法律规定存放起来以备其他需水人利用；又如，建立于 1991 年的加利福尼亚州水银行逐渐由水权买卖双方的信息交换场所发展成为较为完善的银行；等等。所谓水银行，即在交易过程中吸纳、存蓄水权人的富余水量并向其他需水人转售或出租的中间机构，其基本运作过程如图 4.2 所示。

如图 4.2 所示，水银行的运作过程包括以下步骤：第一，水银行发布买卖双方所提供的需水信息和供水信息，并对参与双方水权的真实性、合法性进行资格审查；第二，水银行召集买卖双方进行协商以确定交易标的物、交易水量、交易价格、结算方式、风险负担以及违约条款等事项，买卖双方根据交易合同办理交割和结算业务；第三，水银行对水权转让协议予以登记备案，对买卖双方水权转让结果进行公告，包括时间、水量、水质、期限等内容，以利于公众监督。在这一过程中，还需要建立若干制度以保障水银行的良性运行。

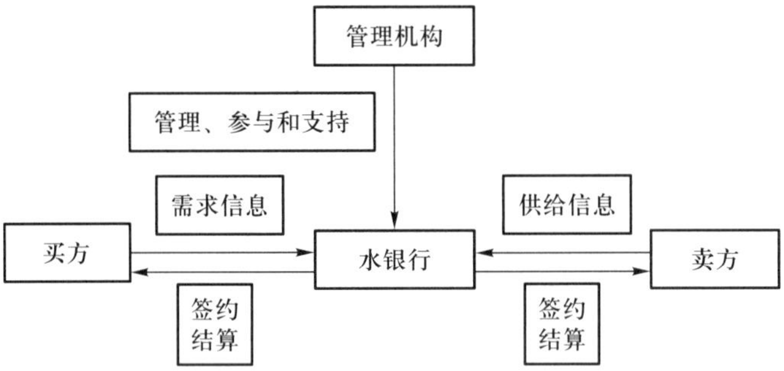

图 4.2　水银行基本运作过程

其一，政府对水银行的统一管理。从国外实践来看，水银行往往由政府统一集中管理，例如美国加利福尼亚州水银行就是一个由州水资源委员会管理的、在水资源余缺双方之间进行调剂的中间机构。政府的参与和主导对于水银行机制的良性运行具有重要作用。在政府主导的水银行机制下，水权交易以格式合同的方式，按照既定程序进行，如此则免除双方逐项协商、草拟合同、监督合同执行等账环节，可以有效降低交易成本，提高交易效率。来自政府的财政支持也可以为用途单一、投资巨大、资金回收周期较长的水银行的建立及持续运行提供重要保障。因此我国水银行应当由相关水资源主管部门统一管理，其形式可表现为在政府宏观调控下由企业具体运作，其主要职责应定位为交易合同文本的制定、合同的执行和监督以及水银行潜在市场风险的防范及监管。

其二，交易价格的确定。目前，国际上关于水银行交易价格的确定有清算所制、固定价格制和拍卖制三种模式。清算所制，即水银行本身充当清算所的角色，买家和卖家将买卖信息在此汇总并公示。例如，阿肯色州盆地水银行和得克萨斯州水银行就通过互联网公示银行的存水信息。固定价格制，即由水银行根据市场信息确定交易价格，且根据水质等要素的不同而价格有所不同，从而减少了交易双方对于价格不稳定和市场波动的担心。拍卖制，即以拍卖的方式完成水权交易。三种方式各有利弊，例如清算制有利于充分体现买卖双方的意愿，但多次的双边协商可能会降低效率；固定价格制有利于提高效率，但不利于反映市场状况和天气状况的改变；拍卖制有益于提高经济效率，也为水银行提供了一种很好的价格发现机制，但其须以较为完善的拍卖法律制度等为依托。目前，在我国水银行实施初期，可以以固定价格制为主，同时允许交易价格在一定幅度内上下浮动，即由水银行与买水方和卖水方根据固定价格通过协商确定买入价格和卖出价格，签订买水与卖水合同。一般来说，固定价格由水资源价格和运行支出两部分构成，既要体现受水地区水资源供求情况，还要包括输水成本、项目管理的成本等内容。

其三，交易外部性的消除。水银行交易尽管发生在买卖双方之间，但也可能对第三方造成经济、生活乃至生态环境等方面的负面影响，例如对农业产生的外部性，由于回流变少而对生态环境产生的外部性，由于地点和用途改变而产生的外部性，等等。而外部性问题是水银行成功运作的最大障碍，须采取适当措施予以矫正或消除。对此，可借鉴美国加利福尼亚州水银行的做法。该水银行有一个专门的审核委员会对每一个提供水权转让的售水方进行严格审查以确保水银行购水行动的正确性。审查内容主要有[①]：售水方将水卖给水银行后能否造成自身水短缺；售水方提供的水是否牺牲其他合法用水者的利益；水权转让方提供的水量是真正过剩的水量还是倒卖的水量；通过调水工程进行水权转让的时期是否对鱼类资源的繁殖有害；售水方是否具有合法的水使用权和转让权；在水权转让时是否会对当地或下游造成不利影响；有无与水权转让相关的地下水或地表水问题；等等。

2. 关于水股票、水基金

水股票是水资源类公司为筹集资金而发行给各个股东作为持股凭证并借以取得股息和红利的一种有价证券，也是水资源资本化运行的重要形式。一方面，通过水股票的发行，水资源类企业筹集社会上的闲散资金并将其转变为巨大的生产资本以克服水资源类企业投入大、成本高的特点，同时由于水资源的自然资源属性，当灾害或水污染事故发生时，

① 张郁、吕东辉：《美国加州“水银行”运行机制研究》，载《世界地理研究》2007 年第 1 期。

水资源类企业将承受较大的经营风险，而水股票的发行则起到了分散投资风险的作用，且当水资源类企业经营状态良好时，水股票的发行还能实现企业资本增值的效果。另一方面，水股票的发行使得中小投资者能够通过购买水股票参与水资源类企业的投资并获取资本增值，而大的投资者可以通过购买水股票实现参股或控股及购买、兼并股份公司的目的，从而实现生产要素的重新组合，并进一步提高水资源类企业的经营效益。由于水股票的本质与其他金融股票基本一致，因此在水股票运行机制方面应依据《公司法》《证券法》中关于上市公司上市、退市以及股票发行、交易等相关规定进行。

水基金，是指通过公开发售水资源类基金份额募集资金，由基金托管人托管，由基金管理人管理和运作资金，为基金份额持有人的利益，以资产组合方式进行证券投资的一种利益共享、风险共担的集合投资方式。作为一种新型的投资工具，证券投资基金将众多投资者的小额资金汇集起来进行组合投资，从而使投资者间接地参与对水资源领域的投资，拓宽了中小投资者的投资渠道，同时也为水资源类企业在证券市场上筹集资金创造了良好的融资环境。关于水基金的运作机制，包括水基金管理人、托管人，水基金的运作方式和程序、水基金份额持有人权利行使等，应依据《证券投资基金法》相关规定进行。

3. 关于水期权、水期货

水期权的概念最早于 1993 年提出，即水期权是一种标准化的合约或协议，规定了期权买方有权在未来的某一特定时间内以某一特定价格从卖方处购买某一定量的水。[①] 其中，期权买方仅仅购买了水资源的使用权，只有执行该期权时才能获得实物水资源；期权卖方有义务在买方要求执行期权时按契约规定的价格出售定量的水。实践中，美国加利福尼亚南加州大都市水区（MWD）最早引入了多种期权契约用于规避干旱年水资源供给的风险。1992 年，MWD 和英国达德利签订了一份有效期为 1 年的看跌水期权契约，契约规定若 MWD 在 1993 年获得的水权低于计划的 50%，期权持有者 MWD 有权以 125 美元 / 英亩 – 英尺的价格从达德利购入部分水权，若期权被执行，达德利则有义务出售水权。[②] 2001 年，MWD 与圣伯纳谷都市水利局签订了一份有效期 10 年的水期权契约，有效期内 MWD 每年有权从该水利局最多购得 20 000 英亩 – 英尺的水量。[③]

① Ari M. Michelsen，Robert A. Young，“Optioning Agricultural Water Rights for Urban Water Supplies During Drought”，*American Journal of Agricultural Economics*，1993（4），pp.1010–1020.

② Teresa A. Rice，Lawrence J. MacDonnell，“Agricultural to Urban Water Transfers in Colorado：An Assessment of the Issues and Options”，*Natural Resources Law Center Research Report Series*，University of Colorado School of Law，1993.

③ 王慧等：《水资源管理和配置中的期权契约研究综述》，载《中国农村水利水电》2008 年第 9 期。

水期权交易是在水权市场比较完善的条件下采用的一种水权交易模式。目前，我国水资源配置市场化改革尚处于初级阶段，实践中的水期权交易也处于尝试阶段，但水期权交易具有提高水资源配置效率、降低由于水权价格波动产生的供水风险、节约交易成本等诸多功能，因此，随着水市场的深入发展，水期权也必将成为水权交易的重要形式。基于我国水资源分布不均匀、经济发展不平衡且水资源流动性高和不易运输的特点，可以以流域为单位设立水期权交易交易所，其职责主要包括：为水期权交易双方提供交易场所，公开全流域水期权交易信息，依法组织水期权交易；制定水期权交易的有关交易规则和规章制度；审核水期权交易主体的资格、交易条件以及水期权交易合同；维护水期权交易秩序，监管各种违反公平原则及交易规则的行为，使交易公平有序地进行。该流域水期权交易双方在持有该流域取水许可证并保证将所购买的水权用于水期权交易所规定的用途的条件下，通过各自的经纪人在交易所中买入或者卖出水期权。

水期货是指期货交易场所统一制定的，规定在将来某一特定的时间和地点交割一定数量水资源的标准化合约。目前为止，水期货还未出现在我国期货交易所中，但在国外，水期货交易已开始起步。自 2014 年 3 月澳大利亚的 Waterfind 在线市场营业以来，已有价值 160 万澳元的 1 650 亿升水期货合同在这个市场上完成了交易。尽管其交易量相对于水资源全球储备而言只是沧海一粟，却标志着水资源在市场化配置的道路上迈出了重要的一步。在全球水资源日趋紧张的形势下，通过水期货交易能够规避水市场的价格波动风险、实现有效的水资源价格的发现，有助于管控市场风险，更好地协调水资源供应和需求，为工业和农业生产发展产生积极影响，同时也可以引导合理利用水资源、避免危机。基于我国水资源分布不均匀，储量相对匮乏，水资源需求不断增长的国情，开展水期货水资源类创新从而为农业、商业和市政用水的用户提供价格发现和风险转移的衍生品工具，就显得尤为必要。

第 4 节　水资源市场监管法律制度的建构

水资源市场作为一种准市场，其建立、培育和发展，既需要为主体设定规则的各项制度，也需要对主体行为进行监督管理，以维护良好的市场秩序，保障水资源使用权交易安全有序地开展。水资源市场法律监管的必要性源于市场失灵现象的存在。随着水资源市场化改革的不断深入以及水资源市场的不断发展，市场调节机制本身的缺陷将逐渐暴露，水权交易的外部性，水资源价格的易波动性，主体信息获取的滞后性、不完全性等问题难以完全通过市场机制达到最优状态。因此，在充分发挥市场在水资源配置中的决定性作用的前提下，政府应对水资源市场予以适度干预。市场调节与政府监管相结合的方式将有利于引导和促进水资源的高效配置，实现水资源的可持续利用。同时，水资源市场主体具有多元化的特征，主体之间水权的确定、转让、交易等关系不仅关系到水资源在主体之间的分配，而且涉及水资源生态环境、水资源安全、水资源经济乃至政治等诸多方面；不仅关系到交易主体之间的利益，而且涉及第三方利益和公共利益。基于协调前述较为复杂的各种利益关系的需要，政府应该对水市场予以监管。水资源市场监管法律制度的建立，有利于保护各方利益，保障水资源公平、公正、合理分配，促进水资源市场运行中个人利益与社会利益的统一。因此，水资源市场监管法律制度的建构具有必要性。

一、水资源市场监管法律制度的内容

（一）水资源市场监管主体制度

水资源市场监管主体在市场的建立、培育和发展中起着重要的导向、服务、监督和管理作用。[①] 为保障水资源市场的有效监管，监管主体须具有以下特性：其一，公共性，即监管机构应当站在社会公共利益的立场，以保护水资源和生态环境为目标；其二，权威性，即监管机构应当具有充分的监管职能，能够在市场监管中充分发挥监督管理作用；其三，中立性，即监管机构能够维持正常的市场秩序，对相关纠纷和冲突予以解决。

有鉴于此，可以在中央层级设立水市场监管委员会，在地方设立其派出机构水市场监管局。中央和地方监管机构在不同层面负责全国范围水权市场与水务市场的监督及管理。其中，中央层级的水市场监管委员会负责全国水市场的宏观调控，地方层级的水市场监管局负责本区域范围内水市场的监督和管理。同时合理分配监管权力，明确监管机构的职责和权限，赋予监管机构以行政权、准立法权和准司法权。

具体而言，监管机构应当具有规章制定权、调查检查权、审核批准权、行政处罚权以及行政裁决权。对监管机构的监管行为设定严格明确的程序，严格规范其管理行为。以监管机构的调查为例，可以从三个阶段予以程序规制：一是调查的启动程序。调查程序可以由监管机构主动提起，也可以由私人举报而提起。对于举报人书面形式的举报，

① 钟玉秀等：《北京市水权水市场建设规划研究》，中国水利水电出版社 2011 年版，第 98 页。

并提供相关事实和证据的，监管机构应当进行必要的调查。二是调查的实施程序。在实施过程中，监管机构有权要求被调查人和举报人提供相关信息，有权进入被调查人的办公场所、营业场所、运输工具中进行调查取证，有权传唤、讯问被调查的经营者、利害关系人或者其他有关个人。三是调查程序的终结。在监管机构对涉嫌违法行为调查核实后应当依法作出处理决定，并向社会公布。这一过程中应赋予相对方陈述、申辩权和提起行政复议与诉讼的权利，作为其权利救济之有效途径。

（二）水资源市场监管关键性制度

水资源市场监管关键性制度包括水权市场监管法律制度、水务市场监管法律制度以及水资本市场监管法律制度三个部分。这将在下文予以详细阐述。

（三）对监管者的监督制度

规制经济学中的规制俘获理论认为，在规制过程中，由于立法者和规制机构也追求自身利益的最大化，因而某些特殊利益集团能够通过“俘获”立法者和规制机构而使其提供有利于他们自己的管制的行为。对此，我国也有学者指出：“政府也常常被‘俘获’，某些监管行为只是促进了特定团体的利益而损害了社会公众的利益。”[①] 由于在水市场领域，管理者、监管者与被管理者、被监管者之间有着千丝万缕的联系，发生规制俘获概率很大。因此，实现“对监管者的监督”具有重要的现实意义。从法学的角度出发，对监管者的监督可以作两种区分。一是通过内部性监管和外部性监管两条途径来实施；二是通过实体性监管和程序性监管两条途径来实施。

第一，关于内部性监督与外部性监督。对监管者的内部性监督主要体现为人事任免和监管绩效评价。可以根据有关规定，明确监管机构的设置、管理目标、组成、职权范围、行使职权的手段、程序、法律责任等事项，从而对监管机构实行事前控制。监管绩效评价机制则能够对监管机构的监管活动产生激励约束作用，同时，监管绩效的提升还可以促进行业效率的提升。

对监管者的外部性监督主要是指社会中介组织和公民对政府监管的监督。例如英国、美国、新加坡等国都建立了消费者组织并健全听证会制度，这些消费者组织对保护消费者利益、监督监管机构的行为起到了积极作用。强化培育和完善社会监督机制的核心在于培育以行业协会、水权计量机构、水权价值评估机构、消费者保护组织为代表的社会中间层的力量，并保障公民的参与权。从制度建构来看，应该完善信息公开制度：明确

① 闫海、宋欣：《公用事业特许经营的政府监管研究》，载《理论与现代化》2011 年第 3 期。

公众有知悉真实情况的权利，赋予公众信息公开的请求权；以"公开为一般、不公开为例外"为原则明确区分经申请必须公开的信息和不能公开的信息；[①] 明确区分不同类型信息公开的程序，即区分与申请相关事项的公开程序[②]，以及与决定相关的事项的公开程序。[③]

第二，关于实体性监督与程序性监督。对监管机构的监督还包括实体性监督和程序性监督两方面，即在授予监管机构权力的同时，以合理的程序对其权力的行使进行规范。

首先，实体性监督主要体现为通过制定统一的水资源法，授予监管机构必要的权力，为监管机构的监管提供法律支撑，并建立监管机构的责任约束机制。

其次，程序性监督包括以下两方面内容。

一是监管机构在行使准立法、准司法权和执法权时应当遵循一定的程序。(1) 关于监管机构的执法权，前文已就调查权的行使进行了探讨，此处不再赘述。(2) 关于监管机构的准立法权的程序，从美国规章制定程序的制度设计和经验来看，主要有非正式程序、正式程序、混合程序、协商制定规章程序和自由裁量程序几种类型。可见，规章制定程序没有单一的模式。尽管如此，其中涉及的一些问题是无论哪一种模式都必须关注和解决的。例如听证程序，这是程序的核心环节。由于准立法权在行使时所涉及的利益主体具有多元性，而且这些主体的利益主张可能存在冲突，监管机构应该从公共利益立场出发、以中立者的身份尽可能协调各方权益。因此，在行使准立法权时，听取各利害关系人的意见是核心的程序环节。又如说明理由制度，包括准立法程序的选择、是否听取利害关系人的异议等问题，监管机关都必须说明理由。实际上，监管机关运用准立法权时，说明理由制度的存在本身就是对其实体合理性的一种保障。(3) 关于监管机构的准司法权程序，包括行政处罚程序和行政裁决程序。前者的行使可以以《行政处罚法》的相关规定为依据。而后者由于是一种准司法性质的活动，其与司法程序有很大的相似度。其中需要特殊考虑的主要有：行政相对人申请裁决的条件；受理或者不予受理决定的依据和期限；当事人由律师或者其他代理人代理的权利；当事人举证和质证；制作案卷并由当事人签名；行政裁决机构根据案卷作出裁决；等等。[④]

---

① 例如不能公开的信息包括：与企业相关的信息中，因公开可能损害企业权利、竞争地位和其他正当利益的；监管机构内部、监管机构与其他国家机关、社会团体、组织和个人之间正在讨论、研究的信息中，因公开可能对内部工作、意见交流造成不当损害，可能产生社会混乱，可能给特定企业带来利益或者不利后果的；监管机构有充分理由相信，因公开可能妨碍其调查违法行为的。

② 例如，申请书的书面形式，申请人的姓名、住址，申请公开的行政文件的名称等事项。

③ 例如决定的期限；具体决定的形式，如公开决定、全部不公开决定、部分不公开决定、不存在所申请文件的决定；全部或者部分不公开的，应说明理由；行政相对人的权利救济形式，等等。

④ 周林军、曹远征、张智主编：《中国公用事业改革：从理论到实践》，知识产权出版社 2009 年版，第 109 页。

二是被监管者应享有完善的权利救济途径，主要体现为行政复议和行政诉讼。当事人对监管机构的行政处罚和行政裁决不服，可以在一定期限内申请行政复议，也可以直接在一定期限内向人民法院提起行政诉讼。

二、水权市场的法律监管

水权市场的法律监管主要在于对水权交易的监管，而水权交易发生于水权持有者之间,涉及诸多环节,因此对水权市场的法律监管应着眼于对水权交易主体及其行为的监管。

（一）对水权交易主体的监管

对水权交易主体的监管主要在于确定交易主体即权利持有人、转让人的资格及当事人双方的权利义务关系，这在上文已有阐述，此处不再赘述。从实践来看，对水权交易主体的监管需要规制以下三类水权交易中可能存在的损害公共利益或第三人利益的行为。

其一，跨区域水权交易中超过区域用水总量控制指标情况下的行为。对于用水总量控制考核不合格，或者地下水开采不合格的地区，应当严格限制开展跨区域水权交易。其二，农业用水向工业或城市用水转让的水权交易中挤占农业用水并对农民用水权益造成侵害的行为。监管重点在于明确灌区管理单位、用水户协会、农民的权利，并建立合理的交易补偿机制。[①] 其三，挤占生态用水并对第三方权益或生态环境造成侵害的行为。监管重点在于对地下水水位、水质进行监测和监控，对于生态脆弱的地区实施用途管制制度，对水资源用途变更进行严格审核和监管。

（二）对水权交易价格的监管

水权交易必然涉及价格问题，水价应当遵循公平性、平等性原则，能够反映水资源的开发成本以及水资源的稀缺程度，反映水资源配置的合理性和效率性。而目前实践中由于水权交易采取政府指导下的市场化运作方式，这种准市场的做法使得水权交易在从农业向工业和城市转移的过程中，农民承受过多的不公平。从已有的水权交易案例来看，水权交易价格的形成机制也凸显了价格不公正的问题。例如内蒙古自治区河套灌区跨盟市水权转让造成河套灌区的水管理部门水费收入减少，而给予他们的相应补偿不包括灌区和农户，只反映对取水成本的静态补偿而未能反映水资源的真实价值。[②] 实践中如宁夏回族自治区、内蒙古自治区等地水权交易价格采用的是以节水工程

① 陈金木等:《可交易水权分析与水权交易风险防范》，载《中国水利》2015 年第 5 期。

② 刘峰、段艳、邓艳:《我国水权交易价格形成机制研究》，载《中国水利》2014 年第 20 期。

的投入推算水权价格的方法，即水权交易价格 = 节水工程投入 / 年实际用水量 × 转让期限。而这一推算方法既没有考虑水资源的使用价值和持续获得水权的运行成本，也没有考虑对不同保证率而带来的风险补偿和必要的经济生态补偿，从而造成水权交易价格的不合理。

因此，在当前水权交易市场化运作机制尚未有效建立的背景下，应该更侧重于对水权交易价格的公平性监管。建议建立水权交易价格评估机制，由第三方机构对水权交易的收益和损失进行评估从而确定交易价格，同时对中介机构的资质取得条件、程序、行为规范等进行监管，以保证其功能的充分发挥和水权交易价格的公平合理。

（三）对水权交易秩序的监管

在市场经济条件下，垄断的产生具有一定的必然性，因而水权交易市场也有可能出现垄断现象，例如工业企业可能会利用囤积的用水指标垄断水权交易市场以牟取高额利润等，这显然会妨碍水权交易的公平和效率。同时，有市场就有竞争，在水权交易中，适当的竞争能够带来高效率，但过度竞争则会导致水资源的浪费。

因此，对水权交易秩序的监管主要包括：其一，建立交易竞争规则。由于水权交易涉及各行政区域、行业领域和利益相关者利益的重新调整，因此必须建立一套各市场主体都能接受的市场竞争机制，确立市场竞争的行为准则，规制价格垄断行为，维护市场价格秩序以促进水权交易市场的健康发展。

其二，建立信息披露机制。政府应公开水权价格的社会平均成本和定价利润水平，从而合理引导市场定价预期，防范非法牟取暴利的价格垄断行为；水权交易其他相关数据也应及时公开，以减少市场信息不对称对交易价格和交易行为的负面影响。

其三，随着水权交易市场的不断发展，政府应及时转换角色，减少对水权市场的不必要干预。

三、水务市场的法律监管

由于水源、制水、供水、污水处理、水资源保护是水资源开发利用大系统的各个子系统，且地表、地下，城市、农村，工业、农业都是水资源系统的各个子系统，相互紧密联系，无法分割，因此，水资源的开发、利用和保护是一项具有内在联系、不可分割的系统性工作。故水资源法律制度的建构不仅指向水权市场，还应包括水务市场的法律制度的建立和完善。广义上的水市场应当包括水权市场和水务市场，其中水务市场是在权利分配和流转规则明晰基础上引入市场化机制与企业化运作方式而形成的水市场的重要组成部分。所谓水务市场，即通过经济杠杆促进对生产、生活用水进行生产以及从事污水处理的水务行业资源优化配置的交易场所。其有广义和狭义之分[①]：狭义的水务行业是指从事水的抽取、净化、储存、传输和分配，以及生活和生产污水（或废水）的收集、传输、处理、排放和循环利用等活动的产业，包括供水和排水（含污水处理回用）两个方面；广义的水务行业还包括与之相关的咨询、工程和设备制造及服务管理业。本书所讨论的是狭义的水务行业所对应的水务市场。

（一）水务市场法律监管的现状

与水权市场类似，我国水务市场法律体系尚不完善。立法中针对水务市场的法律条文较少，主要依赖政府出台各种政策性规范文件加以规范和指导。例如，我国2002年住房和城乡建设部发布的《关于加快市政公用行业市场化进程的建议》和2004年住房和城乡建设部发布的《市政公用事业特许经营管理办法》分别以正式文件的形式确定了允许外资和民间资本进入供水和污水处理领域；《城市供水价格管理办法》对城市供水价格的概念、组成、制定原则、制定程序及主管部门等作了明确规定；《水利工程供水价格管理办法》中将水利工程供水价格纳入商品价格范畴进行管理；等等。目前水务市场的改革和发展尚缺乏长期的统一规划，法制环境仍需要加强稳定性。

由于相关水务市场法律规范的不完善，当前在水务行业的市场化改革中诸多问题已经出现。例如管理低效问题。《市政公用事业特许经营管理办法》规定，“国务院建设主管部门负责全国市政公用事业特许经营活动的指导和监督工作”，“直辖市、市、县人民政府市政公用事业主管部门依据人民政府的授权，负责本行政区域内的市政公用事业特许经营的具体实施”。但实践中，城市水务规制由水务局负责，从而形成管理部门的职能交叉，职能界定模糊，降低了监管的稳定性，且相关管理部门各自为政，降低了监管的权威性；此外，法律制度的不完善又降低了管理部门对价格、水质、准入和退出等关键领域监管的有效性。又如公私合作的不协调问题。在政府与民间资本之间的合作伙伴关系中，在完善的法律制度缺位的情况下，政府的绝对强势地位使双方之间无法形成平等的伙伴关系，甚至有可能发生损害民间投资者合法利益的情况。再如公众利益受损的情形也时有发生。外资进入水务市场后，很有可能以追求利润最大化为唯一目标，力求以最少的付出获得高额的投资回报。在相关法律制度缺位的情况下，“外资……最终还是会把高成本转嫁到消费者身上，而最简便的方法就是提请政府提高水价，最终损失的还是

① 刘普：《中国水资源市场化制度研究》，武汉大学2010年博士学位论文，第89页。

群众的利益”①。因此亟须建立和完善水务市场的法律监管机制。

（二）水务市场法律监管的内容

在水务市场领域，监管内容主要体现为对水务企业和市场秩序的监管。对水务企业的监管包括经济性监管和社会性监管两类。经济性监管主要包括市场准入监管、市场退出监管、价格监管。社会性监管包括质量监管和安全监管。

1. 经济性监管

首先，关于水务市场的准入监管。市场准入是关于国家对市场主体资格进行规范、审核和确认的制度，是保持供给机构的竞争性、引入与强化竞争机制的重要环节，也是确保市场主体具有合格资质的必要措施。由于水务行业的特殊性，因此需要政府对新企业予以适度控制，以避免重复建设或过度竞争，实现规模经济；但同时不排斥新企业的进入，通过适度放开准入条件，发挥竞争机制的积极作用。因此，水务市场准入制度需要解决三个方面问题：一是根据各个行业的特点，区分自然垄断性业务和可竞争性业务，从而采取相应的准入政策；二是消除新企业进入市场的障碍，减少新企业的进入成本；三是对原企业和新进入者实行不对称监管。

政府特许经营是进入市场的特殊形式。所谓政府特许经营，是指在某些社会公用产品或服务领域，由政府根据有关法律、法规的规定，通过市场竞争机制选择投资者或者经营者，并授权其在一定期限和范围内经营某种产品或者提供某项服务的制度。目前关于特许经营的立法主要包括2004年住房和城乡建设部《市政公用事业特许经营管理办法》和地方特许法规、规章。从特许经营的实践来看，仍存在一些问题，例如中央和地方立法的规定不一致；由于政府的角色和动机发生偏差而导致预期目标的落空；特许经营市场准入阶段的竞争不充分；等等。因此，政府特许经营制度的完善一是要明确中央与地方各自的特许经营立法权限，即中央层级的立法主要是把握水务行业公益性之主脉络，地方层级的立法主要是根据本地区具体情况进行灵活性的立法。②二是规范特许经营中的政府行为，避免其偏离公共利益的目标。

其次，关于水务市场的退出制度。从广义的市场准入来看，市场退出机制实际上是前者的有机组成部分。一般认为，水务企业的市场退出主要基于两种原因，一种是项目

① “财政投资比重不足1%城市公用事业过度市场化”，载新浪网财经频道，访问日期2021年10月5日。

② 例如有学者认为，中央立法应当明确规定禁止准入的领域，明确规定授权主体仅为县级以上人民政府，明确准入基本条件的同时允许地方立法在基本条件外设定其他条件，明确只能采用竞争性准入方式及其运作程序。参见章志远、黄娟：《公用事业特许经营市场准入法律制度研究》，载《法治研究》2011年第3期。

合同到期而退出；另一种是在项目期满前因违约或其他原因退出。在前一种情况下，往往根据特许经营协议的约定进行核查评估、移交资产、合理补偿等；在后一种情况下，监管部门应制定和实施相应的应急预案，以确保产品或服务的延续性。需要注意的是，还应当防范企业的恶意退出。实践中不排除有特许经营者进入基础设施领域的动机比较复杂，为了达到不正当获利的目的而置公共利益于不顾，无视产品或服务供给的稳定性、连续性、安全性。例如特许经营者在获得特许经营权后，不按协议履行义务，而是向他人高价转让项目以获取暴利，或者是在运营初期牟取不当利益后再转让项目。这种行为可被称为恶意退出。此时，政府为防范恶意退出，就需要进行合理限制。例如，规定在特许期前期的一定年限内不得转让；任何转让必须事先经政府审核同意；等等。

其中需要提出的是关于水务企业的破产能力问题。就一般竞争性企业而言，当其出现不能清偿到期债务，并且资产不足以清偿全部债务或者不能清偿到期债务，并且明显缺乏清偿能力的情形时，可以启动破产程序，从而完成市场的退出。但是对于水务企业是否具备破产能力这一问题，我国《企业破产法》并无规定，相关立法亦无明确规定。从国外立法实践来看，对法人的破产能力，各国立法往往根据其设立目的分别加以规定。一般采用的原则是，除公法人外，对其他法人的破产能力普遍予以承认，同时又根据具体情况，个别地予以适当限制或排除。① 例如大多数国家规定，公益法人有破产能力，同时又通过对公益法人的特别立法，对某些类型的公益法人的破产能力加以限制或排除，以适应其社会政策。②

由此可知，无论基于公益性还是营利性，水务企业都有可能具备破产能力，但同时也要考虑其特殊性，亦即，承认水务企业的破产能力但须给予特殊限制。这种限制主要体现在造成公用企业资不抵债、严重亏损的原因上。众所周知，由于水务企业具有公益性，因而有着经营上的受限制性，这突出地体现在产品价格方面。这样就有可能存在因为政府定价问题而导致的政策性亏损。对于政策性亏损导致的破产原因，政府可以予以合理补贴或扶助；对于由于自身管理不善等经济性因素导致的经济性亏损，则应当通过破产的方法清算债务。总之，对于水务企业的破产能力，应当予以承认，但是仅仅在经济性亏损导致的破产情况下才启动破产程序，并最终完成市场退出。

最后，关于水务市场的价格机制。水务市场的交易价格应当能够反映水资源从资源水到商品水，再到排水回归自然这一基本循环过程。因此从价格构成来看，完整的水价

① 范健、王建文:《破产法》，法律出版社 2009 年版，第 80 页。

② 王欣新:《破产法》(第二版)，中国人民大学出版社 2007 年版，第 36 页。

应该包括资源水价、工程水价和环境水价三个部分。[①]资源水价是指用水户需要支付的未经过水利工程或水力机械等调节处理过的天然水的价格。从经济学角度看，资源水价包括水资源的稀缺度和劳动投入费用的补偿，属于非市场调节的水价部分。工程水价是指水务企业将资源水加工制作为产品水，并进入市场成为商品水所花费的生产成本、费用、利润和税金，属于由市场加以调节的水价部分。环境水价是指在水资源开发利用过程中造成的环境损失的经济补偿价格，主要包括水环境的恢复补偿费用和水污染防治的费用和补偿，属于由市场加以调节的水价部分。在目前政府对水务行业采用“成本＋合理利润”的标准进行价格规制的情况下，其成本主要由资源水价、工程水价和环境水价三部分组成。

“成本＋合理利润”的标准又称为成本加成机制，或投资回报率监管。在这种机制下，企业向监管者提交一份关于其运营费用、资本成本以及等于或超过其资本成本的税后投资回报的清单，监管者在进行核实调整后，将这些包括利润加成在内的成本传递到向消费者索要的价格中。总的来看，成本加成的定价方法可以直接控制产品的价格，且在形式上兼顾了企业的盈利性和消费者利益，因而具有一定的合理性。但是从目前实践来看，这种方法存在明显缺陷，例如信息不对称导致定价不合理，以个别成本为依据妨碍定价的合理性，缺乏有效的定价程序等。[②]

除成本加成机制以外，还有三种激励性定价方式可供比较。一是价格上限机制。其优点在于避免投资回报率机制在价格调整时复杂的成本审核，显著降低监管成本，使企业有调整价格的激励和自由等。但同时，其缺陷也是明显的：由于规制者在制定价格上限时掌握较大的自由裁量权，如果缺乏完善的监管，就会存在寻租和规制俘获的可能。二是特许投标机制。其优点在于特许经营权竞标可以实现社会最优定价，而且由于通过引入竞争有利于促进企业降低运营成本，对企业也有着较强的激励作用。但其缺陷在于不能排除投标企业之间存在合谋的可能性，此时将无法形成合理的规制价格。三是标尺竞争机制。其优点在于可以使获取信息的成本降低。但由于这一机制的假定条件是各个企业处在完全相同的环境中，而这在现实中是不可能的。

通过以上分析，本书认为，应当建立一种灵活的定价机制，改革目前单一的成本加利润定价方式，而考虑采取一种混合定价方式，即国家应根据不同地区、不同阶段、不同的企业来采取灵活的定价策略。[③]例如，在水网等强自然垄断产业可以采用价格上限机

① 刘普：《中国水资源市场化制度研究》，武汉大学 2010 年博士学位论文，第 95 页。

② 张莉莉：《公用企业法理论与制度研究》，中国检察出版社 2011 年版，第 115 页。

③ 沈颂东：《我国公用企业的政府规制目标的政策选择》，载《经济纵横》2006 年第 8 期。

制，以激励生产效率的提高；在供水行业则可以采用特许投标机制。同时，必须对目前采用的成本加成机制进行完善。其中主要在于建立完善的成本约束机制，可以建立成本定期审核制度，通过规定的监审办法，明确成本内容和范围，发挥成本调查的作用。

除在实体定价方面须进行规制外，立法还应当确定定价的程序以保持水产品的公共属性，维护消费者权益。程序规制主要是指针对价格听证制度在实践中存在的问题[①]加以完善：一是建立信息披露制度，与价格相关的信息，尤其是价格成本的真实信息是保证听证会有效的关键所在；二是广泛吸收各类人员参与听证，除听证主持人之外，听证代表应当主要由经营者代表和消费者代表两部分组成，合理确定两者的比例，并保障社会弱势群体的发言权。此外，应当积极支持社会中介组织，如会计师事务所和咨询顾问机构等按照规定的程序参加价格听证会。

2. 社会性监管

第一，关于质量监管。维护和增进消费者利益是监管水务市场的一个重要目标。但是在水务市场，由于在一定地区范围内只有一家或少数几家企业经营，企业拥有较强的垄断力量，消费者也往往缺乏对不同企业产品和服务的比较而处于被动接受的地位。因此，为增进消费者福利，质量监管成为必要，主要包括两个方面内容。其一，应当建立相关的质量监管机制：建立水务企业产品和服务的质量标准，建立水务企业的产品或服务质量检验体系，建立水务企业产品和服务的质量检测机制。其二，实现产品和服务的普遍供给，即实现水务企业的普遍服务[②]：对提供产品和服务所依赖的基础设施的普及性实行监管，对水务企业提供产品和服务可能存在的歧视行为进行监管，建立包括税收优惠、财政补贴、设立专项基金等在内的普遍服务补偿机制。

第二，关于安全监管。水务企业提供的产品和服务是社会正常运行的基础和保障，因此安全监管成为必要。一是在特许经营协议中明确和充实安全方面的要求。例如可以对设施设备、作业场所、操作流程、故障抢修等方面进行相应的安全规定，将安全因素作为市场准入的首要因素。二是通过约束和激励两种手段促进水务企业对安全的关注：对企业进行严格约束以保证安全；通过鼓励、竞争的方式提高企业的自觉性；制定和完善

① 例如听证会代表的构成代表性不强，听证代表的选拔程序、标准、数量和比例尚不明确，价格听证民意调查制度不够完善；价格听证透明度不高，相当多的价格听证会存在“秘密保护”“暗箱操作”的嫌疑。

② 有学者认为，普遍服务至少包含以下几层意思：其一，普遍服务是一种最低层次的现代意义上的生活必需品；其二，普遍服务在更多情况下是政府的一种政治性的承诺，但也可能是对企业的一种潜在市场需求；其三，任何地方包括那些远离城市的偏远地区之所在；其四，可以承受的价格，意味着潜在的消费者可能属于低收入阶层，因而他们所能支付的是一种弹性很小的低价格；其五，普遍服务是一种动态的需求，其最低层次实际上是一国整体经济发展水平、城市化进程和居民收入水平的因变量。参见周林军、曹远征、张智主编《中国公用事业改革：从理论到实践》，知识产权出版社2009年版，第95页。

各项安全应急预案，提高应急处置能力；实行企业自检、行业监测与行政督察相结合的制度，加强安全责任机制的建立和有效执行。

（三）水务企业治理结构的监管

严格来说，水务企业治理结构的制度设定属于商事法律内容，但是由于水务企业经营产品和服务的特殊性，也需要在此处予以阐释。公司治理结构，即为维护股东、公司债权人以及社会公共利益，保证公司正常有效的运营，由法律和公司章程规定的有关公司组织机构之间权力分配与制衡的制度体系。[①] 对此，早在1999年中共中央《关于国有企业改革和发展若干重大问题的决定》中就明确地指出“公司法人治理结构是公司制的核心”，“要明确股东会、董事会、监事会和经理层的职责，形成各负其责、协调运转、有效制衡的公司法人治理结构”。借鉴别国的改革经验，可从以下方面完善我国水务企业的治理结构。

一是实现产权多元化，并由国家保留必要控制力。[②] 例如匈牙利布达佩斯水务公司1994年实行了公司化改制，1997年引进外资，成为匈牙利第一家公私合伙制企业。目前，其74%股份由布达佩斯市政府持有，两家大企业（Suez 和 RWE）持有25%的股份，另外1%由地方政府持有。[③] 又如，德国柏林市供水公司的股东包括柏林地产公司和柏林水务控股公司，其中直接投资入股的部分占供水公司股本的50.1%，另外由柏林地产公司投资50.1%、私人投资者投资49.9%设立柏林水务控股公司，再由柏林水务控股公司向供水公司投资，并占有股本金的其余49.9%的份额。[④]

二是实行利益相关者共同治理模式。水务企业的公益性使公用企业的治理更适用于利益相关者共同治理模式。这一模式主要是通过董事会、监事会的制度设计以及激励和约束机制的建立来体现。例如匈牙利布达佩斯水务公司监事会由4名市政府代表、2名其他股东代表组成，董事会由3名来自市政府的成员和4名其他股东委任的管理者组成，其中，首席执行官由投资者任命，首席技术官来自Suez公司，首席财务官来自RWE公司。

以国外经验为借鉴，可在以下几方面完善我国水务企业治理结构：其一，完善外部

---

① 张莉莉:《公用企业法理论与制度研究》，中国检察出版社2011年版，第65页。

② 由于水务行业涉及社会公众利益，为了预防私权对公众利益的侵犯，国家应当作适当的产权保留。

③ 国家发展改革委经济体制综合改革司考察团:《德、匈、奥城市公用事业发展和监管考察报告》，载《经济体制改革信息》2006年第6期。

④ 国家发展改革委经济体制综合改革司考察团:《德、匈、奥城市公用事业发展和监管考察报告》，载《经济体制改革信息》2006年第6期。

董事制度，选择由富有管理经验和相关专业知识的专家学者、银行董事以及政府监管部门代表作为外部董事，使得外部董事的设立成为政府对公用企业进行监管的一个重要途径。其二，保证监事会在人员安排和权力构造上的独立性，并保证其有监督权之实以达至公用企业治理的权力制衡。其三，建立共同治理模式下的激励与约束机制，包括针对经营者的激励机制和约束机制，以及针对职工的薪酬激励和约束机制。合理的薪酬激励与约束机制的建立，有利于有效激发经营者和职工对企业运营的积极性。

此外，与其他市场相似，水务市场中难免会出现包括不正当竞争和垄断在内的扰乱市场秩序的不良行为，例如水权交易主体凭借其经济实力控制市场交易量和交易价格，或进行不正当竞争的行为，又如水务企业联合限制竞争的行为或者凭借行政权力进行行政垄断的行为。这些行为都会使水价偏离其真正价值，进而破坏水资源的合理配置，损害其他市场主体利益和社会公共利益。因此，应当对水务市场秩序进行监管，以实现水务市场的制度化和规范化。

四、水资源资本市场的法律监管

水资源资本化法律监管制度是水资源资本化法律规制的核心内容，其内容包括“依据什么原则监管”“谁来监管”“监管什么”等内容。

（一）风险监管原则的确立

对水资源资本市场的监管，我们认为主要应立足于风险监管。作为一项复杂的系统工程，水资源资本化的过程中存在各种风险，例如由于资本市场中投机者的趋利动机等原因而导致负外部性的非系统性风险，以及由于资本市场的交易特点和操作方式而产生的系统性风险。资本市场本身只能转移风险、分散风险，不能消灭风险，这就需要建立有效的监管机制，避免各种潜在风险成为抑制水资源资本化发展的因素。

对水资源资本市场的风险监管主要包括两层含义：一是以风险评估为基础对资本市场的稳健、安全和环境制定相应的监管标准；二是对于被监管个体组织和企业呈现的危害监管机构目标实现的风险进行评估，且采取相应的执行措施和检查措施。[①] 因此，对水资源资本市场的风险监管应以机构和产品为重点。

首先，对机构的风险监管，其重点在于建立一套完善的事前风险预警、事中危机应对和事后危机处理机制；以实地检查、非实地检查、审查监管会议等方式对经营水资源

① Bridgct M Hutter，“The Attractions of Risk-based Regulation: Accounting for the Emergence of Risk Ideas in Regulation”，*Centre for Analysis of Risk and Regulation Discussion Paper*，No.33. London School of Economics，2005.

产品的金融机构实行审慎监管；建立信息披露制度，以提高水资源资本市场交易透明度。

其次，对水资源资本产品的风险监管，其重点在于建立产品的市场准入制度，确定市场准入的标准[①]：水资源资本产品应具有经济目的，必须能够证明产品有明确的市场和潜在的使用者，且并非用于投机或套利；产品的申请机构应证明其具有相应能力，必须具有与该产品的运营相符的，理解、评估、监督和管理该产品风险的内部治理能力和外部融资能力；产品必须具有促进经济发展的积极影响，且该积极影响将明显大于有可能被用于投机或套利的消极影响。

（二）监管主体的设立

水资源资本化法律监管的主体是与监管对象的类型密不可分的，亦即，水资源资本化的种类决定了监管主体的设立类型。就当前水资源资本化的种类来看，主要有水银行、水股票、水期权、水期货等。水银行作为水权交易的中介机构，是在水权交易理论基础与实践基础都已具备的前提下，为了更长期稳定地发展水资源资本市场而设立的。佩吉·克利福德认为，水银行是“一种用来促进地表水、地下水和储存权利的合法转移和市场交换的金融衍生机制”[②]。在水银行发展日趋稳定的基础上，水权交易发展逐步成熟，水现货交易必将不能满足有效的水资源配置，水资源资本衍生出的能源类金融产品将应运而生，这就包括水股票、水期权、水期货等。由此可见，水资源资本市场所衍生出的水银行及其他水产品，兼具金融资本与能源资本的特征，从而对其所进行的监管也可双管齐下，即金融市场的监管和能源市场的监管。

其一，水权交易对象及范围等因素使得跨流域水银行与流域内水银行同时存在。此时，则可以由国家设立不同级别的水资源监管部门，即在中央设立专门的水资源管理机构，对跨流域水银行进行监管，同时可在不同流域内设立下属的办公部门，以监管流域内水银行。水银行监管机构的职责应包括授权与监督两方面：一方面水银行对于水权交易的主客体选择、交易的方式等享有主导权，政府部门只需在政策上作出宏观规定；另一方面，为保证资本市场的发展，监管机构应对水权交易的申请进行审核并实行登记制度，也应对交易的总水量进行控制，避免水权的滥用。

其二，对于水股票、水期权、水期货，可由证监会对具体的水资源资本市场中水股票、水期权、水期货的发行、上市、交易、退市予以监管。

---

① 刘庆飞：《系统性金融风险监管的立法完善》，载《法学》2013 年第 10 期。

② Peggy Clifford，Clay Laundry，Andrea Larsen-Hayden，“Analysis of Water Banks in the Western States”，*Technical Report* 04-11-011，2004(04)，p.156.

（三）监管内容的厘清

就水银行而言，主要包含两个方面。一是对水银行运营过程的监管，这在前文已有阐述。二是针对外部性的消除。如前文所述，水银行中的水权转让所产生的负外部性有时对国民经济发展的全局、当地的生态环境以及对整体水文系统具有不可测的影响。[①]为限制和消除外部性，可以采取以下措施：对水银行交易征税以补偿第三方；对水银行的每次交易予以明确审核，[②]包括强制性的环境和契约要求；对交易的第三方作用予以监测；对公众关于水交易的建议进行评审等。

就水股票、水期权、水期货而言，可以参照对传统股票、期权、期货的监管。以水股票为例，一方面，水股票的发行方，可以由水银行或其他水权交易机构发行，由水权所有者以自己的水权出资，以此获得相应份额的股份；另一方面，水股票的投资方设立自己的股票账户，按照市场价格，对上市的水股票进行买卖。此外，与传统的股票一致的是，水股票亦是股权的符号，可以依照法律的规定进行转让、买卖或抵押，股东也应享有参与股东大会、参与重大决策、收取股息及分享红利的权利，相应地以其出资水权为限承担水银行或其他水权交易机构的运营风险。此外，对于水资源资本市场的监管，不仅仅在于外部法律监管，还须着眼于通过内部组织机构的设立而达到自我监管，例如对于水银行的组织机构，可借鉴美国科罗拉多州的水银行管理模式，以用水户为基础，以促进水银行交易的安全性和透明度为目标予以建构和完善。[③]

① 占超群、白雯、占莉娟:《水银行研究述评》，载《武汉交通职业学院学报》2010 年第 4 期。

② 例如美国加利福尼亚州水银行主要采用行政审核的方法。该水银行有一个专门的审核委员会，包括律师、工程师、地下水勘探专家、土地分析师、水资源利用分析师及加利福尼亚州调水工程人员等，对每一个提供水权转让的售水方进行严格的审查，确保水银行购水行为的正确性。

③ 美国科罗拉多州的水银行管理框架是由理事会、技术人员、内部规章与制度、情报所、外部技术人员、挖渠公司和教育公司等组成，其中理事会成员都是用水户的代表。这种以用水户为基础的管理体制促进了水银行交易的安全性、可操作性，增强了水交易的透明度和可信度。

余　论

水资源之于人类、之于自然的意义毋庸置疑。水资源法作为水资源开发、利用和保护领域的基本法律，其价值在于通过逻辑规范与制度设计彰显水资源的生态意义、社会意义与经济意义并保障其实现。通过研究可知，在我国，一部系统、独立的水资源法不仅具有立法的必要性，更有着可资借鉴的立法实践；而以资源化、多元化和权利化作为水资源法理念更利于彰显其自身所独有的价值。

个人、社会和国家在与法律的相互作用过程中，不仅会由于法律对人们的行为或社会关系的调整而形成一定的社会控制关系，而且会由于法律趋向于为个人、社会和国家的需要及其发展服务而形成一定的价值关系。[①] 对这种价值关系的概括就体现为法律价值。因此对主体在具体的水资源法律活动中的法律地位及其相互关系的研究，是进一步认识和揭示法律价值的基础。本书通过对水资源法的法律关系的分析，揭示水资源法权利（力）体系的相关性、体系性和完整性，从而奠定了水资源法的价值在实践中得以实现的理论基础。

水资源法的价值最终要通过法律规范的制定来表达、通过法律规范在实践中的成功运用来实现。因此，水资源法律规范自身的完善有助于水资源法的价值实现，这也正是研究水资源法的意义所在。本书通过对水资源法的具体制度的研究，对构成水资源法的制度要素进行深入分析，建构水资源权属制度体系、水资源权利流转制度体系、水市场监管制度体系，揭示了水资源法自身的系统性、统一性以及其理论与实践的一致性，从

① 谢鹏程：《法律价值概念的解释》，载《天津社会科学》1996 年第 1 期。

而奠定了水资源法律价值实现的制度基础。

综上所述，研究水资源法并不仅仅限于研究本身，更是在表达某种特定的价值诉求、服务于某种特定的价值目标。研究水资源法应当通过特定的水资源法的形式，容纳特定的水资源法律规范，实现特定的水资源法律制度，并承载特定的价值目标和价值诉求。因此，水资源法理论基础和制度建构的研究，应当遵循从规范到制度、由制度到价值，最后从价值回到规范的逻辑。只有如此，才能避免出现水资源法的规范与制度脱节、制度与实践脱节的尴尬，实现规范与价值之间的循环统一。

参 考 文 献

一、中文文献

（一）著作

［1］陈荣宗．举证责任分配与民事程序法［M］．台北：三民书局，1984.

［2］程燎原，王人博．赢得神圣——权利及其救济通论［M］．济南：山东人民出版社，1993.

［3］仇保兴、王俊豪．中国市政公用事业改革和监管研究［M］．北京：中国社会科学出版社，2006：8.

［4］刁荣华．中西法律思想论集［M］．台北：汉林出版社 1984.

［5］范健，王建文．公司法［M］．北京：法律出版社，2011.

［6］范健，王建文．破产法［M］．北京：法律出版社，2009.

［7］黄建初．中华人民共和国水法释义［M］．北京：法律出版社，2003.

［8］黄亦东．反不正当竞争法及配套规定新释新解（新编本）［M］．北京：人民法院出版社，2001.

［9］姬振海．生态文明论［M］．北京：人民出版社，2007.

［10］孔婉钟．反不正当竞争法实用全书［M］．北京：中国法律年鉴社，1993.

［11］孔祥俊．中国现行反垄断法理解与适用［M］．北京：人民法院出版社，2001.

［12］李鹤．权利视角下农村社区参与水资源管理研究——北京市案例分析［M］．北京：知识产权出版社，2007.

[13] 李晶. 中国水权 [M]. 北京：知识产权出版社，2008.

[14] 鲁篱. 行业协会经济自治权研究 [M]. 北京：法律出版社，2003.

[15] 吕世伦，文正邦. 法哲学论 [M]. 北京：中国人民大学出版社，1999.

[16] 裴丽萍. 可交易水权研究 [M]. 北京：中国社会科学出版社，2008.

[17] 单平基. 水资源危机的私法应对：以水权取得及转让制度研究为中心 [M]. 北京：法律出版社，2012.

[18] 苏永钦. 经济法的挑战 [M]. 台北：五南图书出版公司，1985.

[19] 孙柏瑛. 当代地方治理：面向21世纪的挑战 [M]. 北京：中国人民大学出版社，2004.

[20] 王浩，主编. 中国水资源与可持续发展 [M]. 北京：科学出版社，2007.

[21] 王建文，等. 公司高管重大经营决策失误民事责任研究 [M]. 北京：法律出版社，2012.

[22] 王建文. 商法教程（第二版）[M]. 北京：中国人民大学出版社，2012.

[23] 王利明. 物权法论 [M]. 北京：中国政法大学出版社，1998.

[24] 王名扬. 英国行政法 [M]. 北京：中国政法大学出版社，2004.

[25] 王树义. 俄罗斯生态法 [M]. 武汉：武汉大学出版社，2001.

[26] 王小军. 美国水权制度研究 [M]. 北京：中国社会科学出版社，2011.

[27] 王欣新. 破产法（第二版）[M]. 北京：中国人民大学出版社，2007.

[28] 吴志攀. 经济法学家（2004）[M]. 北京：北京大学出版社，2005.

[29] 武步云. 马克思主义法哲学引论 [M]. 西安：陕西人民出版社，1992.

[30] 席恒. 利益、权力与责任——公共物品供给机制研究 [M]. 北京:中国社会科学出版社，2006.

[31] 夏勇. 人权概念起源 [M]. 北京：中国政法大学出版社，1992.

[32] 谢晖. 法学范畴的矛盾辨思 [M]. 济南：山东人民出版社，1999.

[33] 杨冠琼. 政府治理体系创新 [M]. 北京：经济管理出版社，2000.

[34] 余元玲，等. 水资源保护法律制度研究 [M]. 北京：光明日报出版社，2010.

[35] 俞宣孟. 本体论研究 [M]. 上海：上海人民出版社，1999.

[36] 张莉莉. 公用企业法理论与制度研究 [M]. 北京：中国检察出版社，2011.

[37] 张莉莉. 经济法自由理念研究 [M]. 北京：中国检察出版社，2007.

[38] 张千帆，等. 宪政、法治与经济发展 [M]. 北京大学出版社，2004.

[39] 张文显．二十世纪西方法哲学思潮研究[M]．北京：法律出版社，1996.
[40] 中共中央编译局，编译．马克思恩格斯全集(第26卷)[M]．北京：人民出版社，2004.
[41] 钟玉秀，等．北京市水权水市场建设规划研究[M]．北京：中国水利水电出版社，2011.
[42] 周林军，曹远征，张智，主编．中国公用事业改革：从理论到实践[M]．北京：知识产权出版社，2009.
[43] 周永坤．规范权力——权利的法理研究[M]．北京：法律出版社，2006.

(二) 译著
[1] [美] 埃莉诺·奥斯特罗姆，等．公共服务的制度建构[M]．宋全喜，任睿译．上海：上海三联书店，2000.
[2] [英] 安东尼·吉登斯．社会学[M]．赵旭东，等译．北京：北京大学出版社，2003.
[3] [德] 鲍尔·施蒂尔纳．德国物权法(上)[M]．张双根译．北京：法律出版社，2004.
[4] [英] 彼得·斯坦，约翰·香德．西方社会的法律价值[M]．王献平译．北京：中国人民公安大学出版社，1990.
[5] [美] 伯纳德·施瓦茨．美国法律史[M]．王军等译．北京：中国政法大学出版社，1990.
[6] [美] E. 博登海默．法理学：法律哲学与法律方法[M]．邓正来译．中国政法大学出版社，1999.
[7] [英] 丹尼斯·罗伊德．法律的理念[M]．张茂柏译．台北：联经出版事业公司，1984.
[8] [美] 道格拉斯·C. 诺斯．经济史中的结构与变迁[M]．陈郁，等译．上海：上海三联书店，上海人民出版社，1994.
[9] [德] 迪特尔·施瓦布．民法导论[M]．郑冲译．北京：法律出版社，2006.
[10] [美] 盖瑞·米勒．管理困境：科层的政治经济学[M]．王勇，等译．上海：上海人民出版社，2006.
[11] [英] 哈特．法律的概念[M]．张文显译．北京：中国大百科全书出版社，1996.
[12] [德] 黑格尔．法哲学原理[M]．范扬，张企泰译．北京：商务印书馆，1961.
[13] [美] 康芒斯．制度经济学(上册)[M]．于树生译．北京：商务印书馆，1962.
[14] [美] 罗斯科·庞德．通过法律的社会控制[M]．沈宗灵，董世忠译．北京：商务印书馆，

1984.

［15］［德］M. 沃尔夫 . 物权法（第 20 版）［M］. 吴越，李大雪译 . 北京：法律出版社，2004.

［16］［美］迈克尔·罗斯金 . 政治学［M］. 林震等译 . 北京：华夏出版社，2002.

［17］［法］米歇尔·克罗齐耶，埃哈尔·费埃德伯格 . 行动者与系统——集体行动的政治学［M］. 张月，等译 . 上海：上海人民出版社，2007.

［18］［美］小贾尔斯·伯吉斯 . 管制和反垄断经济学［M］. 冯金华译 . 上海：上海财经大学出版社，2003.

［19］［美］约翰·G. 斯普林克林 . 美国财产法精解［M］. 钟书峰译 . 北京：北京大学出版社，2009.

（三）论文

［1］A. 丹·塔洛克 . 水（权）转让或转移：实现水资源可持续利用之路——美国视角［J］. 环球法律评论，2006（6）.

［2］北岳 . 法律权利的定义［J］. 法学研究，1995（3）.

［3］蔡晶晶 . 从外源型合作到内生型合作：农村合作用水机制的制度选择——以福建省农民用水协会调查为基础［J］. 甘肃行政学院学报，2012（4）.

［4］蔡晶晶 . 水利合作困境的制度分析——以福建省吉龙村农民用水户协会为例［J］. 农业经济问题，2012（12）.

［5］曹可亮，金霞 . 水资源所有权配置理论与立法比较法研究［J］. 法学杂志，2013（1）.

［6］曹可亮 . 我国水资源立法缺陷之检视——一种经济学的视角［J］// 水污染防治立法和循环经济立法研究——2005 年全国环境资源法学研讨会论文集，2005.

［7］陈红卫，陈蓉 . 我国节水立法的现状分析与对策［J］. 水利发展研究，2012（9）.

［8］陈坤 . 流域管理中的法律冲突问题探讨［J］. 科技与法律，2011（3）.

［9］崔建远 . 公共物品与权利配置［J］. 法学杂志，2006（1）.

［10］崔建远 . 水权与民法理论及物权法典的制定［J］. 法学研究，2002（3）.

［11］崔建远 . 水权转让的法律分析［J］. 清华大学学报（哲学社会科学版），2002（5）.

［12］董延军，等 . 贵州省水资源费改税面临问题及对策研究［J］. 中国水利，2019（8）.

［13］樊彦芳，等 . 尼泊尔水资源管理体制与中尼水利合作初步思路［J］. 边界与海洋研究，2018（6）.

［14］冯果，辛易龙 . 公用企业社会责任论纲——基于法学的论纲［J］. 社会科学，2010（2）.

[15] 高登奎，沈满洪．水能资源产权租金的必然分解形式：开发权出让金和水资源费［J］．云南社会科学，2010（1）．
[16] 高富平．公有和私有的法律含义［J］// 马俊驹，主编．清华法律评论第三辑．北京：清华大学出版社，2000.
[17] 葛洪义．论法律权利的概念［J］．法律科学（西北政法大学学报），1989（1）．
[18] 国家发展改革委经济体制综合改革司考察团．德、匈、奥城市公用事业发展和监管考察报告［J］．经济体制改革信息，2006（6）．
[19] 胡晓寒，等．水资源使用权初始分配理论框架［J］．水利学报，2010（9）．
[20] 湖北省党委政研系统考察组．绿色发展引领时代潮流——赴德法意三国考察报告［J］．政策，2011（10）．
[21] “基层水利发展现状、问题与对策研究”课题组．我国基层水利发展的现状、问题与对策［J］．中国水利，2012（7）．
[22] 蓝楠．美法等国地下饮用水源保护法律规定的启示［J］//2008 年全国环境资源法学研讨会论文集，2008.
[23] 李胜兰，于凤瑞．农民财产权收入的土地财产权结构新探——权利束的法经济学观点［J］．广东商学院学报，2011（4）．
[24] 李双元，等．法律理念及其现代化取向［J］．湖南省政法管理干部学院学报，1999（1）．
[25] 李雪松，夏怡冰，张立．中国水资源制度创新目标模式［J］．水利经济，2012（2）．
[26] 廖成林，王璐．公用事业产量隐性下政府管制的有效性分析［J］．中国软科学，2005（1）．
[27] 廖霞林，路桥．我国征收水资源税的法律思考［J］．安徽农业科学，2013（2）．
[28] 刘柄秀．我国实行水资源税的可行性［J］．改革与开放，2007（7）．
[29] 刘春生，等．美国水资源管理研究综述及对我国的启示［J］．未来与发展，2011（6）．
[30] 刘芳，史晋川．组织关系视角下的农民合作组织行政科层化问题研究：以用水协会（WUA）的构建和发展为例［J］．农业经济问题，2009（9）．
[31] 刘峰，段艳，邓艳．我国水权交易价格形成机制研究［J］．中国水利，2014（20）．
[32] 刘加林，等．“四化两型”视角下湖南水资源资本化运营机制探讨［J］．生态经济，2013（5）．
[33] 刘丽，陈初萍，吴初国．英国自然资源综合统一管理中的水资源管理［J］．国土资源情报，2016（3）．

[34] 刘庆飞 . 系统性金融风险监管的立法完善 [J]. 法学，2013(10).

[35] 鲁篱 . 论行业协会经济治理权的正当性 [J]// 吴志攀，主编 . 经济法学家 [M]. 北京：北京大学出版社，2005.

[36] 罗义云 . 农民用水户协会的制度理想与实践困境 [J]. 农村经济，2012(4).

[37] 骆进仁 . 公共性解释与水资源公共性治理 [J]. 甘肃社会科学，2014(3).

[38] 马俊驹 . 国家所有权的基本理论和立法结构探讨 [J]. 中国法学，2011(4).

[39] 马晓强，韩锦绵 . 水权交易第三方效应辨识研究 [J]. 中国人口・资源与环境，2011(12).

[40] 米良 . 泰国水资源管理及其法律制度探析 [J]. 广西社会科学，2014(6).

[41] 彭诚信，单平基 . 水资源所有权基础理论解析 [J]. 金陵法律评论，2011(1).

[42] 屈茂辉，刘敏 . 国家所有权行使的理论逻辑 [J]. 北方法学，2011(1).

[43] R.Connor. 个体可转让配额是财产权吗——定义、学科和分析语段 [J]// 农业部渔业局 . 国外渔业权制度研究资料（一），2003.

[44] 任世丹，杜群 . 国外生态补偿制度的实践 [J]. 环境经济，2009(11).

[45] 邵龙，张忠潮 . 我国用水户协会发展的制度障碍与完善建议 [J]. 安徽农业科学，2013(3).

[46] 沈百鑫 . 水法中的水相关概念辨析——水、水资源、水环境、水体 [J]// 生态安全与环境风险防范法治建设——2011 年全国环境资源法学研讨会论文集，2011.

[47] 沈颂东 . 我国公用企业的政府规制目标的政策选择 [J]. 经济纵横，2006(8).

[48] 舒国滢 . 权利的法哲学思考 [J]. 政法论坛，1995(3).

[49] 孙婷 . 用水户协会法律制度比较研究 [J]. 人民黄河，2007(12).

[50] 汪恕诚 . 水权管理与节水社会 [J]// 水利部政策法规司 . 水权与水市场（资料选编之二），2001.

[51] 王慧，等 . 水资源管理和配置中的期权契约研究综述 [J]. 中国农村水利水电，2008(9).

[52] 王建文，熊敬 . 我国地下水管理主要制度的构建 [J]. 河海大学学报（哲学社会科学版），2012(2).

[53] 王莉 . 世界水污染及各国（地区）水资源立法制度 [J]. 世界经济年鉴 2011~2012.

[54] 王敏，李薇 . 欧盟水资源税（费）政策对中国的启示 [J]. 财政研究，2012(3).

[55] 魏加华，张远东，黄跃飞 . 加利福尼亚水银行及水权转让 [J]. 南水北调与水利科技，

2006（6）.

［56］吴敬琏．腐败：权力与金钱的交换［J］//《经济社会体制比较》编辑部，编．腐败：权力与金钱的交换．北京：中国经济出版社，1993.

［57］吴茂见．国有控股公司治理结构研究［J］// 张宗益，主编．公司治理热点透视与实证分析——中国欧盟国有企业公司治理国际研讨会论文集Ⅱ．北京：法律出版社，2006.

［58］肖加元．跨省流域水资源生态补偿：政府主导到市场调节［J］．贵州财经大学学报，2013（2）.

［59］谢鹏程．法律价值概念的解释［J］．天津社会科学，1996（1）.

［60］徐祥民，柏杨．可交易水许可权制度构想——关于平衡水资源经济价值和环境价值的思考［J］// 吕忠梅，主编．环境资源法论丛（第 4 卷）［M］．北京：法律出版社，2004.

［61］闫海，宋欣．公用事业特许经营的政府监管研究［J］．理论与现代化，2011（3）.

［62］杨宇，马友华．论我国水资源的多主体共同治理［J］．华东电力大学学报（社会科学版），2011（1）.

［63］占超群，白雯，占莉娟．水银行研究述评［J］．武汉交通职业学院学报，2010（4）.

［64］张力．美国水资源管理改革经验对陕西的启示［J］．山西水利，2010（3）.

［65］张莉莉，王建文．水权的内涵重构及其逻辑展开［J］．安徽大学学报，2012（5）.

［66］张彦军，魏健．水资源税研究［J］．华北水利水电学院学报（社会科学版），2006（4）.

［67］张永亮．水权交易：实证分析与制度构建——东阳—义乌水权交易案的反思与启示［J］．苏州大学学报（哲学社会科学版），2011（2）.

［68］张宇燕．利益集团与制度非中性［J］// 张曙光，主编．中国经济学 1994［M］．上海：上海人民出版社，1995.

［69］张郁，吕东辉．美国加州“水银行”运行机制研究［J］．世界地理研究，2007（1）.

［70］章志远，黄娟．公用事业特许经营市场准入法律制度研究［J］．法治研究，2011（3）.

［71］郑太福．论水工程设施收集的水资源的所有权归属［J］．中国环境管理干部学院学报，2010（3）.

［72］钟玉秀．国外用水户参与灌溉管理的经验和启示［J］．水利发展研究，2012（5）.

［73］周国川．国外水资源保护税税制比较研究［J］．水利经济，2006（5）.

［74］周建明．水资源的可持续利用与国家行政体制改革——兼论水权概念的局限性［J］．社会科学，2010（4）.

［75］周林军．公共基础设施行业市场化的政府监管［J］．环境经济，2007（3）.

[76] 周林军 . 简论我国公用事业产权管制体制改革 [J] . 西南大学学报（人文社会科学版），2003（6）.

[77] 朱桂香 . 国外流域生态补偿的实践模式及对我国的启示 [J] . 中州学刊，2008（5）.

二、外文文献

（一）著作

[1] Alfred.E.Kahn.*The Economics of Regulation: Pricinples and Institutions* [M] . Boston: The MIT press，1998.

[2] Committee on Western Water Management，National Research Council.*Water Transfers in the West: Efficiency，Equity，and the Environment* [M] . Washington，D.C.: National Academy Press，1992.

[3] David M. Walker.*The Oxford Companion to Law* [M] . Oxford : Oxford University Press，1980.

[4] Doppelt，B.，M. Scurlock，C. Frissell，J. Karr.*Entering the Watershed: A New Approach to Save America's River Ecosystems* [M] . Washington , D. C.: Island Press，1993.

[5] Gellhon，E.，R.j.Pierce，Jr..*Regulated Industries* [M]，St. Paul: West Publishing Co.，1982.

[6] Hayek. *Law，Legislation and Liberty: Rules and Order (I)* [M] . Chicago: The University of Chicago Press，1973.

[7] Henry Campbell Black，*M.A.. Black's Law Dictionary* [M] . Fifth Edition. St.Paul: West Publishing Company，1979.

[8] James C. Bonbright. *Principles of Public Utility Rats* [M] . New York: Columbia University Press，1961.

[9] James Gordley. *Foundations of Private Law: Property，Tort，Contract，Unjust Enrichment* [M] . Oxford: Oxford University Press，2006.

[10] John R. Teerink，Masahiro Nakashima. *Water Allocation，Rights and Pricing: Examples from Japan and the United States* [M] . Washington，D.C.: The World Bank Press，1993.

[11] Keith M. Howe，Eugene F. Rasmussen. *Public Utility Economics and Finance* [M] .

Upper Saddle River, NJ: Prentice-Hall, Inc., 1982.

[12] Kooiman J.. *Modern Governance: Government Society Interactions* [M] . London: Sage Publications Ltd., 1993.

[13] Peter Rogers. *America's Water, Federal Roles and Responsibilities* [M] . Boston: The MIT Press, 1996.

[14] Peter.Self. *Government by the Market—The Politics of Public Choice* [M] . Boulder, CO: Westview Press, 1993.

[15] Random House. *Random House Webster's Unabridged Dictionary* [M] . New York: Random House, 1998.

[16] Robert D. Putnam. *Democracies in Flux: The Evolution of Social Capital in Contemporary Society* [M] .New York: Oxford University Press, 2002.

[17] Viscusi, W. K., J.M.Vernon and J. E. Harrington, Jr..*Economics of Regulation and Antitrust* [M] . Boston: The MIT Press, 2000.

[18] Walter Wheeler Cook.*Introduction to Wesley N. Hohfeld, Fundamental Legal Conceptions as Applied in Judicial Reasoning* [M] . New Haven: Yale University Press, 1919.

[19] Wolfgang Streeck, Philippe C. Schmitter. *Private Interest Governmemt: Beyond Market and State* [M] ., CA: Sage Publications Ltd., 1985.

（二）论文

[1] Anna Heaney, Gavan Dwyer, Stephen Beare, Deborah Peterson and Lili Pechey. Third-party Effects of Water Trading and Potential Policy Responses [R] . In A Report Prepared for the Annual Meeting of the American Agricultural Economics Association, Providence, Rhode Island, 2005, July 24–27.

[2] Ari M. Michelsen, Robert A. Young. Optioning Agricultural Water Rights for Urban Water Supplies During Drought [J] . *American Journal of Agricultural Economics*, 1993 (4) .

[3] Bonnie G. Colby, Kristine Crandall and David B. Bush. Water Right Transactions: Market Values and Price Dispersion [J] . *Water Resources Research*, 1993 (6) .

[4] Bridgct M. Hutter. The Attractions of Risk-based Regulation: Accounting for the

Emergence of Risk Ideas in Regulation [R] . Centre for Analysis of Risk and Regulation Discussion Paper, No.33. London school of Economics, 2005.

[5] Charles W. Howe, Christopher Goemans. Water Transfers and Their Impacts: Lessons from Three Colorado Water Markets [J] . *Jawra Journal of the American Water Resources Association* 2003, 39 (5) .

[6] David C. Hallford. Environmental Regulations as Water Rights Takings [J], *Natural Resources and Environment*, 1991 (1) .

[7] Dean R. Nicyper. Attorney's Fees and Ruckelshaus v. Sierra Club: Discouraging Citizens from Challenging Administrative Agency Decisions [J] . *American University Law Review*, 1983 (33) .

[8] Ed. White. Water, Water Everywhere [N] . Grand Rapids Press, Dec. 1. 2005, at A12.

[9] Felix S. Cohen. Transcendental Nonsense and the Functional Approach [J] .*Columbia Law Review*, 1935, 35 (6) .

[10] Jeremy Nathan Jungreis. Permit Me Another Drink: A Proposal for Safeguarding the Water Rights of Federal Lands in the Regulated Riparian East [J] . *The Harvard Environmental Law Review*, 2005, 29 (2).

[11] Jon Strand. The Full Economic Cost of Groundwater Extraction [R] . World Bank Policy Research Working Paper, No. 5494, 2010.

[12] Kevin B. Pratt. Banking: A New Tool for Water Management [J] . *Colo. Law*, 1994 (23) .

[13] Kristian Krieger. The Limits and Variety of Risk-based Governance: The Case of Flood Management in Germany and England [J] . *Regulation and Governances*, 2013 (7) .

[14] Mateen Thobani. Formal Water Markets: Why, When, and How to Introduce Tradable Water Rights [J] . *The World Bank Research Observer*, 1997 (2) .

[15] Max E. Clarkson. A Stakeholder Framework for Analyzing and Evaluating Corporate Social Performance [J] . *Academy of Management Review*, 1995 (1) .

[16] Mohamed Said Gheblawi. Estimating the Value of Stochastic Irrigation Water Deliveries in Southern Alberta: A Discrete Sequential Stochastic Programming Approach [D]. Canada: University of Alberta, 2004.

[17] P.A.Samuecson. The Pure Theory of public Expenditure [J] . *Review of Economics*

and Statistics, 1954 (4).

[18] Patrick Weller. Search of Governance [J], In G. Davis & M. Keating (eds.). *The Future of Governance.* London: Allen & Unwin, 2000.

[19] Peggy Clifford, Clay Laundry, Andrea LarsenHayden. Analysis of Water Banks in the Western States [R]. *Technical Report* 04-11-011, 2004 (04), p.156.

[20] Santos Gomez, Penn Loh. Communities and Water Markets: A Review of the Model Water Transfer Act [J]. *Hastings West-Northwest Journal of Environmental Law & Policy*, 1996 (4).

[21] Sara J. Scherr, Michael T. Bennett, Molly Loughney, Kerstin Canby. Developing Future Ecosystem Service Payments In China: Lessons Learned from International Experience [R]. In A Report Prepared for the China Council for International Cooperation on Environment and Development (CCICED) Taskforce on Ecocompensation, 2006.

[22] Shyamu Thapa Magar, Water Resources in Nepal: Institutional Analysis Based on Legal Provisions [J]. *Occasional Papers in Sociology and Anthropology*, 2005 (9).

[23] Teresa A. Rice, Lawrence J. MacDonnell. Agricultural to Urban Water Transfers in Colorado: An Assessment of the Issues and Options [R]. *Natural Resources Law Center Research Report Series*, University of Colorado School of Law, 1993.

索　　引

（词条后页码为该词在正文中首次出现时的页码）